契約違反と信頼関係の破壊による
建物賃貸借契約の解除

－違反類型別　賃貸人の判断のポイント－

編集　弁護士法人 御堂筋法律事務所

新日本法規

は　し　が　き

　不動産賃貸借契約においては、賃借人に契約違反があったとしても、それだけで賃貸人が賃貸借契約を必ず有効に解除できるというわけではなく、賃貸人と賃借人間の信頼関係が破壊されたと認められない特段の事情がある場合には、契約解除の有効性が否定されるという法理（いわゆる信頼関係破壊の法理）が、判例により規範付けられ、適用されています。

　信頼関係破壊の法理は、不動産賃貸借契約では、一旦、契約を締結すれば、契約当事者（賃貸人と賃借人）間に、一定期間、契約関係が継続し、信頼関係が存在することとなるため、これを前提として、賃借人に些細な契約違反があったとしても、信頼関係が破壊されていないと認められるのなら、賃貸人による契約の解除を認めないこととして、賃借人の保護を図ったものですが、解除権を行使する側の賃貸人としても、解除が有効にできないのなら、契約違反を起こした賃借人との契約関係を続けざるを得ませんから、どのような場合に契約の解除が有効と認められるかが、重要な意味を持つことになります。

　多国籍企業の外国駐在の法務担当責任者から、契約書に定めた解除事由に明確に当てはまっているのに、なにゆえ契約書どおりに解除できないのかと疑問をぶつけられて、理解いただくのに苦労したことがありますが、日本在住の者にとっても、法令にも契約書にも明記されていない「信頼関係破壊の法理」は分かりにくいのであって、具体的に理解するには、事実関係に共通項のある類型に分けて判例を分析するしかありません。

　そこで、本書は、賃借人による契約違反の類型ごとに、判例における解除の可否の判断を整理し、分析を加えています。かかる分析に際しては、賃貸借対象不動産が住居用であるか、オフィスや商業用であるか、賃借人が法人であるか個人であるかによっても、検討、考慮される要素が異なってくるため、可能な限り、これらを分けて整理をしています。

　次に、本書の特徴について、信頼関係の破壊による賃貸借契約の解除という、同様のテーマを取り上げた文献が多数存在しますが、これまでの文献は、借地借家法の規定の順序どおり、まず借地契約について検討をした上、借家契約について述べる構成のものが多かったところ、本書は、大規模なオフィス・商業施設のための借地契約（事業用借地）のほかは、建物所有目的での借地契約が減少し、実務上、建物賃貸借契約の重要性が増している現状に適合させて、オフィス・商業施設及び住居での建物賃貸借契約を中心に判例の分析、検討を行っています。また、前述のとおり、借地借家法

は、賃借人保護という趣旨に立つものですが、賃貸人にとっても、いかなる場合に賃貸借契約の解除が認められるかは、法的及び経済的に極めて重要な意味を有することから、本書は、賃借人よりも賃貸人の視点に立って、賃貸借契約における信頼関係破壊の有無（解除の有効性）を検討しております。

　具体的には、第1章の総論のあと、まず第2章で、「賃料の不払」、「電気料金の不払」、「更新料の不払」及び「信用不安」の項に分け、金銭債務不履行による契約の解除を検討し、第3章では、「無断転貸」及び「無断譲渡」について、個人の賃借人がこれを行った場合と、法人が行った場合とに分けて整理をし、第4章では、住居とオフィス・商業施設の双方に関する「無断増改築」による解除を検討しています。次いで、第5章では、賃貸借対象不動産の利用に関する違反行為等について、「使用目的違反」、「その他用法違反」、「ペット飼育」、「居住用物件における迷惑行為」及び「協力義務違反」に分けて検討した上、第6章では、商業テナント特有の問題をピックアップし、これを「業態変更」、「設備・看板等の無断設置」、「店舗の不適切な維持管理」、「ショッピングセンターにおけるリニューアルへの非協力」、「商業施設における迷惑行為」及び「その他」として検討し、第7章では、「賃貸借契約における信頼関係破壊法理に付随する諸問題」に関する判例を紹介しております。

　また、個々の判例の検討に際しては、まず案件の概要を見出しとして示した上、信頼関係の破壊に関する賃貸人及び賃借人それぞれの主張の骨子の対比と裁判所の判断を一覧表にまとめ、その次に事案に関する事実経過の概略を紹介し、これらにより事案の概要を自然に頭に入れてから、争点に関する裁判所の判断を示し、解説を加えることにより、理解を容易にしています。

　本書の執筆は、当事務所の「編集・執筆者一覧」のとおりの所属弁護士によって、事務所内での議論を経てなされています。

　本書が賃貸借契約の解除事例に際しての検討に当たり、解除の可否判断の実務における指針となれば幸いです。

　平成31年1月

弁護士法人　御堂筋法律事務所
弁護士　桑　山　　　斉
弁護士　見　宮　大　介
弁護士　小　倉　純　正

編集・執筆者一覧

編　集　弁護士法人　御堂筋法律事務所

編著者

桑　山　　　斉（弁護士）

見　宮　大　介（弁護士）

小　倉　純　正（弁護士）

執筆者（五十音順）

天　野　里　史（弁護士）

池　田　良　輔（弁護士）

石　井　洋　輔（弁護士）

今　枝　史　絵（弁護士）

大　塚　将　晃（弁護士）

岡　野　紘　司（弁護士）

久　保　宏　貴（弁護士）

佐　藤　洋　希（弁護士）

武　井　祐　生（弁護士）

寺　田　明　弘（弁護士）

堀　部　道　寛（弁護士）

森　　　悠　樹（弁護士）

吉　田　郁　子（弁護士/現　弁護士法人経営創輝所属）

略　語　表

＜法令の表記＞

根拠となる法令の略記例及び略語は次のとおりである。

民法第617条第1項第1号＝民617①一

借地借家	借地借家法
民	民法
改正民法	民法の一部を改正する法律（平成29年法律第44号）による改正後の民法

＜判例の表記＞

根拠となる判例の略記例及び出典の略称は次のとおりである。

東京地方裁判所平成27年2月24日判決、判例時報2260号73頁
　＝東京地判平27・2・24判時2260・73

判時	判例時報
判タ	判例タイムズ
下民	下級裁判所民事裁判例集
裁判集民	最高裁判所裁判集民事
民集	最高裁判所民事判例集

目　次

第1章　総　論

ページ

第1　賃貸借契約の解除について ……………………………………… 1

第2　賃貸借契約の解除に関する法的な手続 …………………………… 4

コラム　賃借人に不利な規定の有効性 ……………………………… 8

コラム　債権法改正について ………………………………………… 12

第2章　金銭債務不履行

第1　賃料の不払

1　賃貸人の賃料増額請求に対し、賃借人が従前賃料と同額以上を供託していたが、適正賃料額に比して著しく低額であって（適正賃料額2万円に対して供託額2,000円）、長期間著しく低額の供託を継続したことが信頼関係を破壊するとして、契約解除を認めた事例（横浜地判平元・9・25判時1343・71）………………………………………………………………… 16

2　賃料の支払を1か月分（1万3,000円）でも怠ったときは当然解除となる旨の訴訟上の和解条項に基づく契約の当然解除が認められないとされた事例（最判昭51・12・17判時848・65）…………………………………… 21

3　店舗の賃貸借契約につき、19日間はエアコンの不具合により貸室は使用収益に適さない状態にあり、その間の賃料は発生しないとされたが、賃借人にはそれ以外の期間4か月弱分、43万6,485円の賃料未払があるとして、解除を肯定した事例（東京地判平26・8・5（平25（ワ）31726・平26（ワ）13214））…………………………………………………………… 25

4　店舗の賃貸借契約につき、約2か月分の賃料不払等約298万円及び敷金の一部不払200万円があるものの、賃貸人に対する背信行為と認めるに足りない特段の事情があるとして、解除が否定された事例（東京地判平24・10・3（平24（ワ）10805））……………………………………………… 30

5　漏水事故を理由に5か月分（137万2,500円）の賃料の支払を止めた場合において、賃料の支払を止めるに至った経緯及びその後の滞納解消等の経過をもって、契約解除が否定された事例（東京高判昭54・12・18判時956・65）………………………………………………………………………… 36

6 修繕を要すとして、賃借人が減額した賃料の支払を継続した場合に（差額36万5,250円）、減額がやむを得ない不具合であること、賃借人が入居当初に不具合を主張してから4か月以上改善されなかったこと等の事情を勘案し契約解除が否定された事例（東京地判平23・12・15（平23（レ）462・平23（レ）881））……………………………………………………………… 40

第2　電気料金の不払

7 賃借人が、賃料は支払いつつ、電気料金とごみ処理費用（電気料金3か月分及びごみ処理費用1か月分、合計約46万円）のみ意図的に賃貸人に支払わなかった場合に、賃貸借契約の解除が認められた事例（東京地判平28・7・28（平27（ワ）34152））…………………………………………… 44

第3　更新料の不払

8 更新料支払の合意は法定更新の場合にも適用されると判断した上、更新料の不払を理由とする建物賃貸借契約の解除が認められた事例（東京地判平5・8・25判時1502・126）……………………………………… 48

9 更新料の支払を定める特約の有効性及び解除の効力等が争われた事案において、特約の有効性を認めつつ、賃借人がそれまで請求を受けていなかった過去4回分の更新料について突如一括して催告を受けたために支払を拒絶したとしても、それのみでは信頼関係の破壊は認められないとした事例（東京地判平23・2・25（平22（ワ）33088））……………… 54

第4　信用不安

10 賃借人の保証金について国税滞納処分による差押えがなされた場合に、著しい信用不安を理由とする契約解除が認められなかった事例（東京地判平22・3・16（平21（ワ）12359））………………………………… 59

第3章　無断転貸及び無断譲渡

第1　無断転貸（一般及び個人）

11 家屋の一部無断転貸借につき、背信行為と認めるに足りない特段の事情がないと判断され、契約解除が有効とされた事例（最判昭43・9・12判時535・52）…………………………………………………………………………… 64

目　　次　　3

12 　無断転貸借が背信行為に当たるとして解除権が発生した場合には、その後に無断転貸借が終了したという一事のみによって解除権の行使は妨げられないと判断された事例（最判昭32・12・10判時137・7） …………… 67

13 　1か月未満の転貸事案につき、賃貸借契約の解除が認められた事例（最判昭33・1・14民集12・1・41） ………………………………………… 70

14 　無断転貸がなされてはいるが、その使用収益形態は賃借人と転借人の共同経営であり、背信行為と認めるに足りない特段の事情があるとして、賃貸人による解除が認められなかった事例（東京地判平24・1・19（平22（ワ）24975）） ………………………………………………………………… 74

コラム 　賃貸居室内における転借人等の自殺について ……………………… 78

第2　無断転貸及び無断譲渡（法人関係）

15 　会社分割及び株式譲渡がなされ、それによる賃借人の人的、物的要素の変更の程度が重大といえる場合には、実質的な賃借権譲渡に当たるとして、賃貸借契約の解除が認められた事例（東京地判平22・5・20（平20（ワ）36400）） ……………………………………………………………… 82

16 　賃借建物での営業委託が実質的には営業の賃貸借に当たると判断した上、建物の無断転貸を理由とする建物賃貸借契約の解除が認められた事例（大阪高判平5・4・21判時1471・93） ……………………………… 88

17 　個人事業主である賃借人が会社を設立して、賃貸人の承諾なくして当該会社に賃貸物件を使用させている事案において、背信行為と認めるに足りない特段の事情が存在し、民法612条の解除権は発生しないとされた事例（最判昭39・11・19判時396・37） ……………………………… 93

18 　賃借建物での営業委託が実質的には転貸に当たると判断したが、信頼関係の破壊があったとはいえないとして、契約解除が認められなかった事例（東京地判平25・3・7（平23（ワ）29604）） …………………… 96

19 　賃貸人に無断で「のれん分け」の試用として賃借人以外の者に営業を任せたことは無断転貸に当たるが、信頼関係の破壊があったとはいえないとして、契約解除が認められなかった事例（東京地判昭61・10・31判時1248・76） ……………………………………………………………… 100

20 　内縁関係の解消に伴い、当初の賃借人である内縁の夫が建物を退去し、内縁の妻が継続して建物を使用し続けた場合に、これを賃借権の譲渡があったと評価し、かかる賃借権の譲渡の事実を知りながら2年半にわたり賃貸人が賃料を受領していた場合に、内縁の妻に対する建物明渡請求が認められなかった事例（京都地判昭54・3・27判タ387・94） ……… 104

第4章　無断増改築

21　簡易粗製の仮設的工作物を賃借家屋の裏側に接して付置するなどの改造工事を理由とする賃貸借契約の解除が認められなかった事例（最判昭39・7・28判時382・23）……………………………………108

22　新たに外壁を築造し、シャッターを設置するとともに、壁面の一部及び天井を撤去の上築造するなどの改修工事を理由とする賃貸借契約の解除が認められなかった事例（東京地判平6・12・16判時1554・69）……………112

23　部屋と部屋の間の壁を撤去するなどの無断改築を理由に賃貸借契約の解除が認められた事例（東京地判平18・11・30（平17（ワ）4075・平18（ワ）8275））………119

24　建築材料販売等ホームセンター用店舗の賃貸借契約について、賃借人による建物敷地への工作物等の設置を理由に賃貸借契約の解除が認められた事例（東京地判平4・4・21判タ804・143）……………………123

第5章　利用に関する違反行為等

第1　使用目的違反

25　不動産業務の事務所として賃借したビルの一室で貸机業を営んだことを理由に賃貸借契約の解除が認められた事例（東京高判昭61・2・28判タ609・64）……………………………………………………………128

26　住居として賃借した建物において、用途条項に違反し会社の事務処理を行ったが、建物の価値を減ずる使用態様ではない等として賃貸借契約の解除が認められなかった事例（東京地判平15・6・20（平14（ワ）26310））…………133

27　転借人の実質的な経営者が現役の暴力団幹部であり、賃借人代表者もその事実を知っていたとして、発砲事件の現場となった事務所の賃貸借契約の解除が認められた事例（大阪地判平6・10・31判タ897・128）……………137

コラム　民泊について ………………………………………………140

第2　その他用法違反

28　ビルのワンフロアの賃借人の漏水を理由とする債務不履行による解除について、漏水には賃借人の注意義務違反以外にも、競合原因があるとし、補修費用もそれほど多額とはいえず、信頼関係を破壊するほどのものではないとして、賃貸人からの解除を認めなかった事例（東京地判平13・3・7判タ1102・184）……………………………………………144

目　次　　5

29　建物の賃借人がその責に帰すべき失火によって賃借建物に火災を発生
させ、これを焼燬させることは、賃貸人に対する賃借物保管義務の重大
な違反行為にほかならず、特段の事情がない限り、賃貸人と賃借人との
間の信頼関係に破綻を生ぜしめるに至るとして、賃貸借契約の無催告解
除を認めた事例（最判昭47・2・18判時661・37）……………………… 148

第3　ペット飼育

30　犬、猫等の飼育がペット飼育禁止特約に違反し用法違反に当たること
を理由に契約解除が認められた事例（東京地判昭59・10・4判時1153・176）………… 151

31　体重2.5kgの小型犬の飼育によるペット飼育禁止特約違反を理由とす
る契約解除が認められなかった事例（東京地判平18・3・10（平17（ワ）8108））……… 155

第4　居住用物件における迷惑行為

32　賃借人の子が友人の少年らと共に毎夜のごとく賃借建物で寝泊まりし
て騒ぐ等の迷惑行為を行ったことを理由に、賃借人に対する賃貸借契約
の解除が認められた事例（大阪地判昭58・1・20判時1081・97）……………… 160

33　早朝や深夜に頻繁に貸室の壁やベランダの手すりを叩いて大きな音を
立て、大声で怒鳴るなどの迷惑行為を繰り返した共同住宅の賃借人に対
する賃貸借契約の無催告解除特約に基づく解除が認められた事例（東京
地判平28・5・25（平27（ワ）34763））………………………………………… 165

34　隣室の入居者らに対して理由なく苦情を述べ、あるいはドアを蹴って
穴を開ける等の行為を繰り返した賃借人に対する賃貸借契約の解除が認
められた事例（東京地判平17・9・26（平16（ワ）27507））………………… 169

35　2年以上の長期にわたって、居室内に多量のゴミを放置した賃借人に
対する賃貸借契約の解除が認められた事例（東京地判平10・6・26判タ1010・
272）…………………………………………………………………………… 173

36　賃借人の長期不在が常態化し、貸室の腐朽等が生じていることから賃
貸借契約の解除が認められた事例（東京地判平6・3・16判時1515・95）…………… 177

37　アパートの共用部分である廊下に布団を敷いて寝る、椅子を置いてテ
レビを見るなどしていた賃借人に対する賃貸借契約の解除が認められた
事例（東京地判平25・5・24（平24（ワ）28046））……………………………… 183

38　著名人である賃借人が大麻取締法違反の容疑で逮捕され、同容疑によ
り、捜査機関が貸室を捜索し、大麻吸引器具を押収した事案において、
無催告解除特約に基づく契約解除が認められた事例（東京地判平21・3・19
（平20（ワ）24804））…………………………………………………………… 187

|39| マンションの一室の賃借人の子が、共用部分で排泄物を漏らすなどした
が、その後、賃借人が子に対する監督を強めたという経緯があるとし
て賃貸借契約の解除が認められなかった事例（東京地判平27・2・24判時2260・
73） ……………………………………………………………………………… 191

| コラム | 賃貸人の義務違反 ……………………………………………… 195

第5 協力義務違反

|40| 賃貸マンションの賃借人が、賃貸マンションの漏水調査・修繕（保存
行為）に協力しなかった場合に、賃貸借契約の解除が認められた事例（東
京地判平26・10・20（平25（ワ）34512）） ……………………………… 198

第6章 商業テナント特有の問題

第1 業態変更

|41| 賃借人が、貸室の用途をマリンスポーツ店から若者向けクラブに変更
し、そのための大幅な原状変更工事を行った場合において、契約解除が
認められた事例（東京地判平3・7・9判時1412・118） ………………… 202

|42| 契約書上、貸室の用途が「店舗」とだけ定められ、業種について明確
な制限はないものの、20年以上ファッション関係の営業店舗として使用
してきた賃借人が、賃貸人から許可を得られなかったにもかかわらず、
アイスクリーム販売店に店舗の用途変更をし、大幅な内装工事を行った
場合において、契約解除が認められた事例（東京地判平元・1・27判タ709・
211） ……………………………………………………………………………… 207

|43| 商店街を構成する賃借区画であり、「店舗」としての利用が前提とされ
ていたが、賃借人が物置として利用し、店舗として利用しなかった場合
において、賃貸人による契約解除が認められた事例（東京高判昭55・6・20
判時971・55） …………………………………………………………………… 212

|44| 賃借人が貸室の用途を活版印刷作業所から写真印刷作業所に変更した
場合において、賃貸人による契約解除が認められなかった事例（東京地判
平3・12・19判時1434・87） ……………………………………………………… 217

第2 設備・看板等の無断設置

45 店舗の賃借人が賃借建物の側面に自動点滅式の看板を設置したことが特約で禁じられた「付属設備の新設」に当たるとして、契約解除が認められた事例（東京地判昭60・10・9判タ610・105）………………… 222

46 看板設置、共用部分への造作、動産類設置等の契約違反が認められるが、都度対応していること等の事情に鑑み、信頼関係を破壊するとまではいえないとして、契約解除が認められなかった事例（東京地判平28・5・23（平26（ワ）10246）)………………… 226

第3 店舗の不適切な維持管理

47 ビルの1、2階のテナントである中華料理店が油脂を飛散させて建物を汚し、洗剤でカーテンウォールを腐食させるなどといった約定違反行為があった場合につき契約解除が認められた事例（東京地判平4・8・27判タ823・205）………………… 231

第4 ショッピングセンターにおけるリニューアルへの非協力

48 ショッピングセンターのテナントにおいてリニューアルに協力しなかったことを理由とする契約の解除が認められた事例（名古屋高判平9・6・25判時1625・48）………………… 235

49 駅の地下街の賃貸借契約において、賃借人が賃貸人に無断で改装を行うなど契約の規定に反する行為をしたが、背信的かつ重大な違反行為とはいえないとして解除が認められなかった事例（東京地判平5・9・27判タ865・216）………………… 238

第5 商業施設における迷惑行為

50 建物賃貸借契約において特約により賃借人に課された付随的義務の不履行が信頼関係を破壊するとして無催告の解除が許容された事例（最判昭50・2・20判時770・42）………………… 242

51 マンション内の店舗のカラオケ騒音が住民の迷惑になり、賃貸人と賃借人間の信頼関係を破壊するに足るとして店舗賃貸借契約の解除が認められた事例（横浜地判平元・10・27判タ721・189）………………… 246

第6 その他

52 賃貸人と賃借人の間で、パチンコ店舗用建物の賃貸借契約と、賃借人は賃貸人以外の者からパチンコの景品を購入してはならない旨の商取引契約が締結されたところ、賃借人が賃貸人以外の者から景品を購入し、賃貸人が景品納入者としての地位を失っている等の事情が認められる場合に、賃貸借契約の解除が認められた事例（東京地判平2・6・29判時1377・71） ………………………………………………………………… 251

53 ショッピングセンターの一部区画で、業務委託契約に基づき物品販売を行っていた会社において、従業員がレジスターの不正操作によって売上げの虚偽報告をし、売上げを着服したことを理由とした業務委託者による契約解除が認められた事例（東京地判平21・12・28（平20（ワ）14319）） ……… 255

54 一つの契約で同一の賃借人に3つの店舗の賃貸借がなされた場合に、その一つの店舗の転借人がした違法行為（用法違反）により契約解除が認められても、契約解除の効力は、他の2店舗には及ばないとされた事例（東京高判平5・11・22判タ854・220） ………………………………………… 259

第7章 賃貸借契約における信頼関係破壊法理に付随する諸問題

第1 業務委託契約・混合契約と信頼関係破壊の要否

55 高速道路における売店営業の委託契約は、商品販売業務委託の準委任契約と建物賃貸借契約の混合契約であり、その更新拒絶には委任契約の解除に関する民法651条2項の法意が類推され、また、信頼関係の破壊がなされたことを要するが、本件では受託者に信頼関係破壊行為があるとし、契約終了を認めた事例（名古屋高判昭58・11・16判タ519・152） ………………… 264

56 百貨店から業務委託を受け、百貨店の区画の一部を管理運営している会社より更に業務委託を受けて飲食店を営んでいる会社との間の契約について、賃貸借契約ということはできず、借家法等の適用もないとした事例（大阪地判平4・3・13判タ812・224） ……………………………… 269

第2 賃貸借契約終了後の賠償金・違約金

57 契約終了後の明渡遅延による賃料等の2倍相当額の賠償予定条項が、消費者契約法9条1号及び10条に該当しないと判断した事例（東京高判平25・3・28判時2188・57） ……………………………………… 273

目　　次　　9

58　テナントビルの1フロアの普通賃貸借契約において、賃借人の債務不
履行による解除の場合に、賃料の約10か月分の違約金（金750万円）の支
払義務を定めた条項が公序良俗に反するとはいえないとして、有効性を
認めた事例（東京地判平27・9・24（平26（ワ）5765・平26（ワ）11461））……………278

第3　定期賃貸借契約の適用

59　契約更新に関する条項が存在し、契約書面上、契約の更新がない旨が
一義的に明示されているとはいえないとして、定期賃貸借契約に関する
借地借家法38条1項の適用を否定した事例（東京地判平20・6・20（平19（ワ）
7245））………………………………………………………………………282

索　引

○判例年次索引………………………………………………………285

第1章　総　論

第1　賃貸借契約の解除について

> ### POINT
>
> **1** 土地、建物の賃貸借契約では、賃借人に契約違反があっても、賃貸人との信頼関係が破壊されたと認められない場合、解除の有効性は否定される。
>
> **2** 解除の有効性（信頼関係の破壊の有無）は、契約違反等の内容や程度、契約違反等により賃貸人が被る不利益、解除により賃借人が被る不利益、解除に至る経緯、契約書上の解除に関する定めの有無及び内容等を総合的に考慮して判断される。
>
> **3** 契約書上、解除事由を明記しておくことは、解除の有効性を肯定する材料にはなるが、絶対的なものではなく、なお信頼関係が破壊されていないと認められるのなら、定めの有無にかかわらず、解除の有効性は否定される。
>
> **4** 賃貸人が賃貸借契約を解除するに先立ち、相当期間内に契約違反等を是正するよう催告することは解除の絶対要件ではなく、無催告解除ができるとする定めがなかったとしても、無催告解除が可能な場合があるが、解除を確実にするため、催告を行うことが望ましい場合がある。

1　信頼関係破壊の法理

　賃貸借契約は、例えば、特定の不動産の売買契約のように、一度だけの履行、取引を想定する契約ではなく、一旦、契約を締結すれば、一定期間、契約関係が存続することとなる継続的契約であって、契約当事者（賃貸人と賃借人）間に一定の信頼関係が存在することを前提としている。そして、契約当事者に、契約違反、すなわち債務不履行がありさえすれば、それが契約当事者間の信頼関係を破壊しないような軽微なものであっても、常に契約解除ができるとすると、特に賃借人にとっては、事業の拠点や住居を失うことになり、酷に過ぎる結果となるおそれがある。そのため、賃借人に債務不履行があっても、それが信頼関係を破壊しない程度のものであれば、賃貸人は、契約の解除をすることができないとされている。これがいわゆる信頼関係破壊の法理である。

なお、信頼関係破壊の法理は、民法に明文の規定が設けられているものではなく、判例上、認められている理論である（最判昭27・4・25判タ20・59、最判昭28・9・25判時12・11、最判昭39・7・28判時382・23等）。

② 信頼関係の破壊の有無の判断基準

賃貸借契約において、信頼関係の破壊が認められるかどうかは、賃借人による契約違反や債務不履行の内容及び程度、これにより賃貸人の被る不利益の有無及び程度、契約が解除されることにより賃借人が被る不利益の程度、違反行為に関する当事者の対応（違反後、是正がなされたかどうか等）、その他契約解除に至る経緯、解除に関する契約上の定めの有無及び内容等、各種の事実関係を総合的に考慮して判断されることになる（もちろん、考慮すべき事情はこれだけに限られない。）。

そして、信頼関係の破壊について考慮される要素及び考慮される程度は、解除事由が、賃料や共益費といった金銭債務の不払か、物件の無断転貸や賃借権の無断譲渡か、物件の無断増改築か、その他用法義務違反か等によって変わってくるため、賃借人が債務不履行を行った場合、賃貸人としては、当該債務不履行が、信頼関係を破壊するものとして、解除が認められるかどうかを慎重に検討する必要がある。本書は、かかる検討において、賃貸人の参考となるよう、解除事由ごとに、判例において信頼関係の破壊が認められたかどうかを整理し、分析するものである。

③ 契約書に定められた解除事由の効力

上記のとおり、信頼関係の破壊の有無は、様々な事実関係を考慮して、総合的に判断されることになるので、契約書において、解除事由が定められている場合であっても（例えば、賃借人が賃料の支払を2回分怠れば、賃貸人は契約を解除できると定めている場合、あるいは、非常に軽微な契約違反が解除事由とされている場合）、その規定の存在は解除の有効性に関する判断において、解除の有効性を肯定する方向で、一定の考慮がなされる可能性があるとはいえ、規定が存在し、その事由が充たされさえすれば、必ず契約の解除が有効となるわけではないことに注意が必要である。

④ 無催告解除の可否

賃借人において、債務不履行の行為があった場合、賃貸人としては、その是正を求めた催告を行わなければ、信頼関係が破壊されたとして契約を解除できないのか、それとも催告をせずにいきなり契約を解除できるのかも問題となる。

実務上、賃貸借契約書においては、無催告解除ができるとする定めが設けられるこ

とが多いが、判例（最判昭43・11・21判時542・48）は、「家屋の賃貸借契約において、一般に、賃借人が賃料を一箇月分でも遅滞したときは催告を要せず契約を解除することができる旨を定めた特約条項は、賃貸借契約が当事者間の信頼関係を基礎とする継続的債権関係であることにかんがみれば、賃料が約定の期日に支払われず、これがため契約を解除するに当たり催告をしなくてもあながち不合理とは認められないような事情が存する場合には、無催告で解除権を行使することが許される旨を定めた約定であると解するのが相当である」とし、無催告解除を認める規定があっても、当然に無催告解除が有効とされるわけではないが、当該規定の存在も考慮して、無催告解除の有効性を判断する旨を判示している。

　また、契約書上、無催告解除を認める規定がない場合でも、判例（前掲最判昭27・4・25）は、「賃貸借は、当事者相互の信頼関係を基礎とする継続的契約であるから、賃貸借の継続中に、当事者の一方に、その信頼関係を裏切つて、賃貸借関係の継続を著しく困難ならしめるような不信行為のあつた場合には、相手方は、賃貸借を将来に向つて、解除することができ」、「この場合には民法541条所定の催告は、これを必要としない」とし、契約書上、無催告解除を認める規定の存在が絶対要件ではないことを判示している。

　したがって、無催告解除を認める規定がある場合でも、ない場合でも、最終的には、信頼関係の内容、程度によって、解除の有効性が判断されることになるから、賃貸人が契約を解除するに際しては、解除事由の別及びその内容を踏まえ、慎重を期し、是正を求める催告を行っておくことが考えられる。特に賃料の不払等、金銭債務の不履行については、一般に、催告を行えば、是正（支払）がなされる可能性があると見られることが多く、また、無断転借のような場合と異なり、支払がなされれば違反が治癒されやすいため、原則として、是正の催告を行うことが望ましいと思われる。

第2 賃貸借契約の解除に関する法的な手続

> ## POINT
>
> 1 賃借人に対し、解除通知を送る場合、後に書面を受け取ったかどうかといった紛争を避けるため、配達証明付内容証明郵便を用いることが望ましい。
>
> 2 賃借人が、任意の明渡しに応じない場合、民事訴訟を提起することになる。
>
> 3 賃貸人において、勝訴判決を得ても、賃借人が物件を任意に明け渡さない場合、強制執行手続により明渡しを実現することになる。
>
> 4 賃借人が、物件の占有を第三者に移転し、強制執行を妨害するおそれがある場合には、民事保全手続として、占有移転禁止の仮処分を活用することが考えられる。
>
> 5 訴訟提起前に、賃借人が任意の明渡しをすることに合意したが、その実現性に疑問や心配がある場合は、即決和解手続をとり、強制執行を可能としておくことが考えられる。

1 解除通知

契約の解除は、意思表示であり、賃借人に対する契約解除の通知が必要である。なお、契約解除の意思表示は、法的には口頭でも足りるが、後日の紛争を避けるため、書面で行うべきである。

なお、**本章第1**のとおり、契約違反、すなわち債務不履行を理由に賃貸借契約を解除する際には、原則として、賃借人に対し、是正を求める催告を行っておくことが考えられるが、具体的には、通知書面において、相当の期間を定めた是正の催告をするとともに、相当期間内に是正がなされない場合は、賃貸借契約を解除する旨の意思表示を当該書面においてあらかじめ行っておくことが考えられる（いわゆる停止条件付きの解除の意思表示。この意思表示を行うことにより、催告と停止条件付解除の意思表示を同一書面で行うことが可能となり、まず催告書面を送り、相当期間内に是正がない場合に改めて解除通知を送るという手間を省くことができる。なお、かかる停止条件付解除の意思表示の記載例としては、「賃貸人は、本書面において、賃借人に対し、本書面到達後、2週間以内に滞納金全額の支払をいただけない場合、当該期間の経過をもって、賃貸借契約を解除する旨の意思表示をあらかじめ行います。」というような文

言が考えられる。)。

　また、当該書面については、事後、書面を受け取ったかどうか等、無用な紛争が生じることを避けるため、配達証明付内容証明郵便の形式で賃借人に送付することが考えられる。さらに、債務不履行の内容、従前の賃借人の対応及び今後の見通し等によっては、弁護士に委任し、弁護士名での内容証明郵便を送ることにより、今後、法的な措置も辞さない旨を示すことも選択肢の一つとなる。

2　裁判手続

　解除通知を送っても、賃借人が、物件の任意の明渡しに応じない場合には、賃貸人を原告、賃借人を被告として、建物、土地の明渡しを求める民事訴訟を提起することになる。なお、この訴訟提起に際しては、建物、土地の明渡しのみならず、不払の賃料、共益費その他金銭債務の請求を行うことができ、また、賃貸借契約において連帯保証人が設定されている場合には、同時に連帯保証人への金銭債務の請求を行うことも可能である。

　訴訟では、賃借人が、解除事由が生じたこと自体を否認するほか、当該解除事由によっては信頼関係が破壊されたとは認められないと争ってくる可能性がある。争われた場合、例えば、賃料の不払であれば、口座の入金記録等から比較的容易に立証を行い得るが、賃借人が第三者に物件を転借したものの、裁判までに転借を終了させ、転借を否定してきた場合など、解除事由によっては、賃借人が争えば立証が困難となる場合もある。そのため、訴訟提起に先立って、立証手段を確保しておく必要がある（無断転借の例であれば、表札や郵便受けでの氏名表示の撮影、住民票の調査、マンションの防犯カメラでの人の出入りの確認、貸室を訪問しての確認などが考えられる。）。

　訴訟では、解除事由の有無、及び解除が有効かどうか（信頼関係の破壊が認められるかどうか）を裁判所が判決において判断するほか、判決前の主張整理あるいは証人調べ等の段階で、裁判所による和解（裁判上の和解）が試みられることがよくある。和解を成立させるには、原告と被告双方の同意が必要であるが、裁判上の和解が成立した場合、裁判所が和解調書を作成することになり、かつ、この和解調書は、判決と同じ効力を持ち、和解調書に基づく強制執行が可能となるため、賃貸人にとっても、裁判上の和解による早期解決に利点がある場合が多い。

　なお、第一審訴訟手続において、判決が言い渡された場合でも、判決に不服のある当事者は、控訴、さらには上告等の手続を行うことが可能であり（いわゆる三審制）、この場合、最終決着までには相応の期間を要する。

6　　　第1章　総論

3　強制執行手続

　訴訟において、賃借人（被告）に物件の明渡義務を認める判決の言渡しがなされた
としても、賃借人が退去をせず、そのまま物件に居座る場合がある（勝訴判決を得た
としても、それだけで、賃貸人が、賃借人を強制的に退去させることはできないため。）。
このような場合には、判決の確定を待って、強制執行を求めることになる（なお、判
決の確定前であっても、裁判所により判決に仮執行宣言が付された場合、原告は、こ
れに基づき、強制執行を行うことができる。）。
　強制執行について、具体的には、判決又は和解調書に基づいて裁判所の執行官に対
し、不動産明渡しの強制執行の申立てをすることになる。判決又は和解調書に基づき
強制執行の申立てを行った場合、通常は、申立てから2週間程度で、執行官が物件を訪
れ、1か月以内の具体的な日を強制執行の実施日と定め、賃借人に告知する。その日ま
でに賃借人が退去していない場合、執行官は、その職務権限により、明渡しを強制的
に実現させることになる。

4　民事保全手続

　先に述べたとおり、賃借人が任意の明渡しに応じない場合、賃借人に対する民事訴
訟を提起することが考えられるが、訴訟で物件の明渡しを命じる勝訴判決を得たとし
ても、賃借人以外の第三者が物件を占有するに至っていた場合、せっかく得た勝訴判
決でも、当該第三者には明渡しの強制執行ができない。
　そのような場合、改めて当該第三者を被告にして、訴訟提起をやり直さなければな
らなくなるが、かかる事態を避けるため、民事保全手続として、訴訟提起に先立ち、
占有移転禁止の仮処分（不動産明渡請求訴訟を提起する場合に、不動産の明渡請求権
を保全するために、賃借人による不動産の占有の移転を禁止する仮処分）を行ってお
くことが考えられる。裁判所が、占有移転禁止の仮処分決定を出した場合、事後、不
動産を賃借人以外の第三者が占有することになったとしても、賃貸人は、賃借人に対
する勝訴判決により、当該第三者に対し、明渡しの強制執行を行うことができる。
　賃貸人の明渡請求権の実行を妨害するため、賃借人が、物件を第三者に占有させる
ことは、一定の経済的利益を当て込んで、かかる不法占有をなりわいとする者が存在
し、一時期、反社会的勢力等により少なからず行われていた。近時、そのような事態
は減少傾向にある。また、仮処分を得るためには、賃貸人は、裁判所が定める保証金
を供託する必要がある（供託した保証金は、問題なければ事件終了後手元に戻る。）。
しかしながら、賃借人の属性、対応等によっては、占有移転禁止の仮処分の申立てを
行っておくことは検討に値する。

5 即決和解手続

　訴え提起から強制執行という通常の裁判手続のほか、賃借人が任意の明渡しに応じる意思を示した場合の保全策として、裁判所による即決和解の手続を利用することが考えられる。

　即決和解とは、裁判上の和解の一種であり、民事上の争いのある当事者が、判決を求める訴訟を提起する前に、簡易裁判所に和解の申立てをし、紛争を解決する手続である。裁判所は、紛争が存在することを確認し、そして、当事者間に和解の合意があれば、合意内容を和解調書に記載し、即決和解を成立させることになる。

　これは、仮に賃借人が賃貸人との間で、物件の明渡しに関して裁判外での和解をしたとしても、賃借人が、和解の内容どおり、物件を明け渡すとは限らないところ、即決和解がなされていれば、その内容は確定判決と同一の効力を有することになり、万一、賃借人が和解調書に記載した明渡しを行わない場合、賃貸人は、即決和解調書に基づき強制執行を行うことができる点に大きな利点がある。

　なお、当事者間の合意に執行力を持たせる別の手段として、公正証書があるが、公正証書が執行力を備えるには、公正証書に執行受諾文言が記載され、かつ、執行の対象が金銭債権である場合に限られるため、物件の明渡しという非金銭債務の執行には公正証書を用いることはできず、物件の明渡しについては、即決和解が有用である。

| | コラム | 賃借人に不利な規定の有効性 |

1　借地借家法の強行規定性

本来、賃貸借契約を含め契約というのは、原則として当事者間の合意により自由に内容を取り決めることができるものであるが、借地借家法は、建物、土地の賃貸借について、賃借人が、賃貸人に比べて立場も弱く経済的にも不利になりやすいことから、賃借人を保護するため、土地や建物について民法の規定を修正して作られた特別法である。そして、契約当事者である賃貸人と賃借人の合意により、借地借家法の規定を自由に排除できるとすれば、賃貸人に比べて立場の弱い賃借人が、賃貸人に求められ、自己に不利な特約を承諾することを余儀なくされ、借地借家法が制定された趣旨が失われるおそれがある。例えば、借地借家法上、賃借人に賃料減額請求権が認められているが（借地借家11①・32①）、仮に当事者間の合意により、この請求権を排除できるのであれば、賃貸人としては、新たに賃貸借契約を締結するに際して、賃借希望者に対し、自らの賃料増額請求権を認めさせる一方、契約上、賃料減額請求権の排除に合意するよう強く求め、賃借希望者としても、物件を賃借するため、かかる求めに応じざるを得なくなる場面が容易に想定される。

そのため、借地借家法は、多くの規定を強行規定（当事者が強行規定と異なる合意をしたとしても無効となり、法令の規定が強行して適用される。）として設定している。

なお、旧借地法、旧借家法においても、一部の規定を強行規定とする定めが置かれている。

2　強行規定の具体例

借地借家法上の具体的な強行規定について、例えば、建物賃貸借については、借地借家法26条から29条の規定に反するもの（借地借家30）、並びに借地借家法31条・34条及び35条の規定に反するもの（借地借家37）で、賃借人に不利になる特約が無効となると定められ、土地賃貸借についても、借地借家法3条から8条の規定に反するもの（借地借家9）、借地借家法10条・13条及び14条の規定に反するもの（借地借家16）、借地借家法17条から19条の規定に反するもの（借地借家21）で、賃借人に不利になる特約が無効となると定められている。なお、上記文言からも分かるとおり、借地借家法は、賃借人に不利な特約は全て無効とすると定めているわけではなく、賃借人に不利であっても、強行規定に反しなければ特約は有効である。

(1)　建物賃貸借契約において無効となる主な特約

強行規定により無効となる特約の主立ったものとして、建物賃貸借については、①

借地借家法26条に反し、契約の更新に関して同条より賃借人等（賃借人のほか、転借人も含まれることになる。以下同じ。）に不利な特約をする場合（例えば定期賃貸借契約ではないのに、契約の更新をしない旨の特約を設けても無効となる。）、②借地借家法27条に反し、建物賃貸借の解約に関して同条より賃借人等に不利な特約をする場合（例えば、賃貸人の要求があれば、いつでも無条件で契約を解約できる旨の特約は無効となる。）、③借地借家法28条に反し、更新拒絶の要件に関して同条より賃借人等に不利な特約をする場合（例えば、賃貸人が更新を拒絶すれば、必ず契約が終了する旨の特約は無効となる。）、④借地借家法29条に反し、賃貸借期間を1年未満とする場合などが挙げられる。

　(2)　土地賃貸借契約において無効となる主な特約

　土地賃貸借についても、①借地借家法5条に反し、契約の更新に関して同条より賃借人等に不利な特約をする場合、②借地借家法6条に反し、契約の更新拒絶に関して同条より賃借人等に不利な特約をする場合、③借地借家法7条（建物の再築による借地権の期間の延長）・8条（土地賃貸借契約の更新後の建物の滅失による解約等）の規定に反し、より賃借人等に不利な特約をする場合、④借地借家法10条（借地権の対抗力等）・13条（建物買取請求権）・14条（第三者の建物買取請求権）の規定に反し、より賃借人等に不利な特約をする場合、⑤借地借家法17条（借地条件の変更及び増改築の許可）・18条（土地賃貸借契約の更新後の建物の再築の許可）・19条（土地の賃借権の譲渡又は転貸の許可）の規定に反し、より賃借人等に不利な特約をする場合、⑥借地借家法3条に反し、借地期間を法定期間未満のものとする場合（土地賃貸借契約の新規契約の際は、期間を30年未満とすることは認められず、また、更新後の契約についても、更新後の契約期間を初回の更新時は20年未満、2回目以降の更新時は10年未満とすることはできない（借地借家4）。）などが挙げられる。

　なお、土地賃貸借については、借地借家法上、契約の中途解約に関する規定自体が存在せず（建物賃貸借に関する借地借家法27条のような規定は存在しない。）、まず賃借人による中途解約は、土地賃貸借契約に中途解約ができる旨の特約が設けられていない限り認められない（かかる特約があれば、賃借人からの土地賃貸借契約の中途解約は可能であり、この場合、中途解約の申入れから契約が終了するまでの期間が土地賃貸借契約において定められている場合は、当該規定に従って契約は終了し、当該期間の規定がない場合は、解約を申し入れてから1年後に土地賃貸借契約は終了する（民618・617①一）。）。

　また、賃貸人による中途解約については、借地人が期間満了まで借地を使用する権利が法律上保護されているため、土地賃貸借契約において中途解約ができる特約を定めていたとしても無効となる。

(3)　建物・土地賃貸借契約における賃料減額請求権の排除特約について

　また、借地借家法11条・32条による賃料の増減額請求権についても、強行規定を定めた借地借家法の規定の直接の対象にはなっていないが、借地借家法11条1項・32条1項で、「契約の条件にかかわらず」、当事者は、賃料の増減を請求することができるが、一定の期間、賃料増額しない旨の特約がある場合には、その定めに従うとあることから、解釈上、「減」額請求権については強行規定であり、契約当事者が減額請求を認めない旨の合意をしても、借地借家法に反し、無効になるとされている。

(4)　借地借家法上、一部の強行規定の適用が除外される契約

　なお、これらの強行規定は、普通賃貸借契約に関するものであり、借地借家法上、定期借地権契約（借地借家22）、事業用定期借地権契約（借地借家23）、定期建物賃貸借契約（借地借家38）、一時使用賃貸借契約（借地借家25・40）などについては、一部の強行規定の適用が除外されることなる。

　具体的には、まず建物の賃貸借に関し、定期建物賃貸借契約では、契約期間の満了により契約は終了し、更新拒絶をするため借地借家法28条の要件を満たす必要はないし（借地借家38①）、賃料の改定に関する特約があれば、賃料の減額請求権も排除することができる（借地借家38⑦）。また、建物の一時使用賃貸借契約については、借地借家法「第3章　借家」の規定、すなわち借地借家法26条から39条の規定全体が適用されない（借地借家40）。

　また、土地の賃貸借に関しても、定期借地権契約及び事業用定期借地権契約では、契約期間の満了により契約は終了し、更新拒絶をするため借地借家法6条の要件を満たす必要はないし、建物の築造による存続期間の延長及び借地借家法13条の建物買取請求権も特約により排除することができる（借地借家22・23①）。さらに事業用定期借地権契約の中でも契約期間を10年以上30年未満とする契約については、規定を排除する特約の有無を問わず、借地借家法3条から8条・13条・18条の規定が適用されないことになる（借地借家23②）。また、土地の一時使用賃貸借契約についても、借地借家法3条から8条・13条・17条・18条・22条から24条の規定は適用されない（借地借家25）。

3　賃借人に不利な特約の有効性が争われた例

　特約が無効であるとした事例として、旧借家法下の判例であるが、賃貸人の実弟が復員したら賃貸借契約は終了するとの特約につき、そのような将来の不確定かつ到来時期の不明な特約は、賃借人の安定した権利を保障した借家法2条・3条の規定に反し無効であるとした例が挙げられる（名古屋地判昭25・5・4下民1・5・678）。かかる判決は、賃貸借契約の終了事由が発生するかどうか、及びその時期が不明であり、かつ、終了

事由が専ら賃貸人の事情にかかっており、賃借人に不利であることを考慮したものである。

　他方、特約が有効であるとした事例として、第三者から家屋を賃借している者（転貸人）が、第三者への賃料と同額で当該家屋を転借人（法人）に転貸し、電話、什器を無償で使用させていたが、契約の際、転借人が転貸人を雇用している限り、転借を行うこととし、雇用が終了すれば、転借も終了する旨の特約が設けられていたところ、その後、転貸人が転借人から解雇されたため、転貸借契約の終了を主張したのに対し、裁判所は、本件で雇用と転借は不可分の関係にあり、また、転貸人を解雇するかどうかは転借人の意思のみにかかっており、前記特約は、賃借人に不利益なものとして無効になるとは認められないと判断した例が挙げられる（最判昭35・5・19民集14・7・1145）。

コラム	債権法改正について

　民法は、明治31年に施行されたものであるが、今般、債権法を中心として、120年ぶりとも言われる大改正が行われ（平成29年法律44号による改正）、改正法が平成32年4月1日に施行されることになった（以下「改正民法」という。）。この改正は、不動産賃貸借にも大きな影響を及ぼすものであるため、以下、不動産賃貸借に関係する改正民法の重要な点を整理する。

不動産賃貸借に関係する改正民法のポイント〜120年ぶりの大改正〜

1　不動産賃貸借に関係する民法改正の大半は、従前の判例や実務の内容を整理したものであり、これまでの実務を変更するものではない。

2　改正民法の下では、建物賃貸借契約の個人根保証についても書面で極度額を定めないと無効になり、また主債務者（賃借人）が死亡した場合、その主債務の元本が確定する。現行民法にない定めの新設であり、実務への影響は大きい。

　ただし、この改正はあくまで「個人」の「根保証」を対象とし、保証人が法人である場合、根保証ではない特定債務保証は、対象外である。

3　賃貸借契約では、連帯保証人が付けられることが多いが、賃借人あるいは賃貸人による保証人に対する情報提供制度が新設された。現行民法にない定めの新設であり、実務への影響は大きい。

4　改正民法では、事業性借入れに対する個人保証について、公正証書を作成しなければ、効力を生じないこととなったが、賃貸借契約における通常の家賃等の保証は対象外であり、公正証書の作成は要しない。

1　不動産賃貸借に関係する民法改正（敷金・原状回復・譲渡について）

(1)　敷金及び原状回復に関するルールの明確化

　まず、現行民法では、敷金に関する規定はないが、改正民法では、敷金の定義等が明記されることとなった（改正民法622の2）。

　また、改正民法では、通常の使用による損耗や経年変化が賃借人の原状回復義務の範囲外であること、ただし、賃借人自身の故意や過失により生じさせた損傷などについては原状回復義務を追うことが明確化された（改正民法621）。

これらの改正は、民法改正前の判例や実務の内容を整理したものであり、これまでの実務を変更するものではない。

なお、原状回復の範囲について、改正によっても、特約で通常損耗等を賃借人に負担させることは可能と解されるが、その特約は、賃借人が原状回復義務を負う範囲、内容が具体的に明らかにされていることを要し、特約の内容によっては、無効とされる可能性があることに注意が必要である。

(2) 賃貸不動産が譲渡された場合のルールの明確化

賃貸不動産が譲渡された場合、譲渡前に賃借人が賃借権についての対抗要件を備えているのであれば（具体的には、物件の引渡しを受けているか、賃借権の登記をしている場合）、原則として、賃貸人の地位は不動産譲渡人から譲受人に移転し、敷金返還債務、必要費及び有益費償還債務も譲受人に移転することが明確化された（改正民法605の2）。

この改正も、民法改正前の判例や実務の内容を整理したものであり、これまでの実務を変更するものではない。

2 貸金等根保証契約のルールの個人根保証契約への適用拡大

(1) 極度額の設定

現行民法は、465条の2第2項で貸金等根保証契約についてのみ、極度額の設定がなければ、保証は無効であると定めているが、改正民法では、対象を個人根保証一般に拡大し、個人根保証は、全て書面での極度額の定めがないと無効とされることになった（改正民法465の2）。なお、根保証とは、例えば、何年何月何日に借りた何万円の保証というように、一つの特定された債務を保証するのではなく、「一定の範囲に属する不特定の債務を主たる債務とする保証」を意味する。

この改正は、根保証では、保証人が負うこととなる責任範囲に上限がないため、保証人の責任が極めて重かったところ、貸金等根保証以外の個人根保証についても、上限（極度額）を書面により必ず設定させることで、保証人の予測可能性を確保し、責任の拡大を防止するというものである。

したがって、改正民法の下では、建物賃貸借契約の個人根保証についても書面で極度額を定めないと無効になることに注意が必要である。

ただし、この規定はあくまで「個人」の「根保証」を対象とするものであり、法人が保証人である場合は含まれず、また、根保証ではない特定債務保証も適用外である。

極度額の定めについて、賃貸借契約における規定の例としては、「連帯保証人は、賃貸人に対し、賃借人が本契約上負担する一切の債務を極度額○○○万円の範囲内で連

帯して保証する。」というようなものが考えられる。

　なお、改正民法の施行日前に締結された保証契約に係る保証債務については、現行民法の規定が適用されるため、現在締結済みの賃貸借契約に関して、保証人について極度額の定めを追加で設ける必要はないが（平29法44附則21①）、改正民法施行後に締結された賃貸借契約においては極度額の定めを設定しなければならず、かつ、定めなかった場合には保証が無効となり、極めて重大な結果を招くことになるため、早めに対応しておくことが望ましい。

　(2)　元本の確定

　また、現行民法は、465条の4第3項で「主債務者が死亡したとき」を貸金等根保証契約における主債務の元本確定事由として掲げているが、改正民法では、この対象を個人根保証一般に拡大し、個人根保証においても、「主債務者が死亡したとき」には元本が確定することになった（改正民法465の4①三）。これにより、改正民法施行後に締結された賃貸借契約においては、主債務者たる賃借人が死亡した場合、賃借人死亡後の賃料等の債務については、賃借人の生前に賃貸借契約において個人根保証をした連帯保証人には請求できないことになるため、注意が必要である。

3　保証人に対する情報提供制度の新設

　現行民法は、債権者あるいは主債務者の保証人に対する情報提供に関して規定を設けていないが、保証人になろうとする者が、主債務者から「絶対に迷惑をかけない」などと言われ、保証債務の履行を求められることはないと考えて保証人になったところ、予期に反して保証債務の履行を求められるというような事態が多発していることから、改正民法では、このような事態が生じないようにするため、保証人に対する一定の情報提供制度が設けられた。

　現行民法にない定めの新設であり、実務への影響は大きい。

　なお、下記①の契約締結時の情報提供義務は、契約締結時に必ず履行されなければならない義務であるが、「事業のために負担する債務」を対象とするものであり、一般の住宅の賃貸は対象とされていない。また、当該義務は、あくまでも主債務者（賃貸借契約においては賃借人）が提供義務者であるが、主債務者（賃借人）が連帯保証人に対して情報提供義務を果たしていない場合には、連帯保証人から保証を取り消されるリスクが存することから、債権者（賃貸人）としても、主債務者（賃借人）による情報提供義務の履行状況を確認しておく必要がある。

	提供義務者	保証人の範囲	時　点	情報の内容	義務違反の効果
①契約締結時の情報提供義務（改正民法465の10）	主債務者（※1）	事業のために負担する債務について委託を受けた保証人（個人のみ（※3））	契約締結時（必ず）	主債務者の財産及び収支、負債の状況、主債務者による他の担保の内容等	主債務者による情報提供の懈怠について、債権者が悪意、有過失であれば、保証人は、保証を取消可（改正民法465の10②）
②履行状況の情報提供義務（改正民法458の2）	債権者（※2）	委託を受けた保証人（個人、法人）	保証人の請求時	主債務の不履行の有無、残額等	対応規定なし
③期限の利益喪失時の情報提供義務（改正民法458の3）	債権者（※2）	保証人（個人のみ（※3）、委託の有無を問わない）	主債務の期限の利益喪失から2か月以内（必ず）	主債務の期限の利益喪失	通知までの間の遅延損害金について保証履行請求ができない（改正民法458の3②）

※1　賃貸借契約では、賃借人を意味する。

※2　賃貸借契約では、賃貸人を意味する。

※3　①の契約締結時の情報提供義務、③の期限の利益喪失時の情報提供義務は、個人保証人のみを対象としており、法人保証人は含まれないことに注意が必要である。

4　公正証書作成ルールの非適用

　改正民法においては、事業性借入れに対する個人保証について、公正証書の作成が義務付けられ、公正証書の作成がなされなければ、保証は効力を生じないこととなった（改正民法465の6等）。

　しかしながら、かかる規定は、あくまで事業性借入れを対象とするものであり、賃貸借契約における通常の家賃等の保証は、これに該当せず、公正証書の作成までは求められない。

第2章　金銭債務不履行

第1　賃料の不払

1 　賃貸人の賃料増額請求に対し、賃借人が従前賃料と同額以上を供託していたが、適正賃料額に比して著しく低額であって（適正賃料額2万円に対して供託額2,000円）、長期間著しく低額の供託を継続したことが信頼関係を破壊するとして、契約解除を認めた事例

（横浜地判平元・9・25判時1343・71）

信頼関係破壊の判断ポイント

賃貸人の主張	賃借人の主張	裁判所の判断
賃貸人（原告）は借地上の建物の賃貸借契約（以下「本件契約」という。）の賃料を月額2万円に増額する旨の意思表示をしたが、以後6年間にわたり、賃借人（被告）は適正賃料に比して著しく低額である月額2,000円を供託するのみであり、その滞納額は約106万円にも及んでいた。	賃料増額請求は不相当である。本件契約には、造作等の修理等を賃借人の費用で行う旨の特約があった。本件建物の近隣には、本件建物の賃料額と同程度の賃料の借家があった。	賃貸人の主張を認める。
―	本件建物は地代家賃統制令（以下「統制令」という。）に定める併用住宅であるため、賃料は同令所定の統制家賃額によって定められるべきであると信じていた。	本件建物は併用住宅に当たらない。
―	賃貸人は、賃料増額請求後、賃借人と直接交渉する態度を示さず、本訴に至るまで賃料増額請	賃借人の主張を排斥する。

第2章　金銭債務不履行　　17

	求等の訴えも提起しなかったのであり、突如差額全額の請求と解除を求めるのは権利濫用である。	
賃借人が著しく低額な賃料の供託を長期間続けたことにより、信頼関係は破壊された。	争う。	信頼関係破壊を認める。

事　実　経　過

昭和35年12月19日	賃貸人は、賃借人に対し、賃貸人が宗教法人から賃借している土地上に所有する本件建物を、賃料月額1,000円、期間の定めなしで賃貸した（本件契約）。 なお、賃貸人は、本件建物を前賃貸人から譲り受け、賃貸人の地位を承継したものである。 賃貸人は、自らが賃貸人となった当初から、賃借人に対して賃料の増額を求めていた。
昭和35年12月	賃借人は、賃貸人からの賃料増額の要求を拒み、月額1,000円の供託を開始した。
昭和54年4月	賃借人による供託金額が、4回の増額を経て、月額2,000円に増額された。
昭和56年4月24日	賃貸人は、賃借人に対し、賃料を同年5月1日より月額2万円に増額する旨の意思表示をした。
昭和62年5月23日	賃貸人は、賃借人に対し、昭和57年6月分から昭和62年4月分の賃料（賃貸人主張の月額2万円）合計118万円から供託済みの11万8,000円を控除した106万2,000円の支払を催告するとともに、催告到達後5日が経過したときは本件契約を解除する旨の意思表示を行った。

裁判所の判断理由

　本件建物の敷地相当分の地代は、契約当時の月額495円から昭和56年4月当時には11倍強の月額5,560円に上昇しており、本件建物の賃料は、地代にも及ばないものとなったことが認められる。

そして、3つの鑑定結果において、昭和56年5月1日現在における本件建物の適正賃料額は、それぞれ、月額3万4,000円、2万8,000円、2万4,700円とされていることに照らせば、賃貸人の請求する月額2万円の賃料が適正、相当であることは明らかであり、本件建物の賃料は、昭和56年5月1日以降月額2万円に増額されたものというべきである。

借家法7条2項本文は、賃料増額について当事者間に協議が調わない場合には、借家人は増額を正当とする裁判が確定するに至るまで「相当ト認ムル借賃」を支払えば足りる旨規定している。そして、右の「相当ト認ムル借賃」とは、同項但書の趣旨に照らし、原則として借家人が主観的に相当と認める額でよく、必ずしも客観的な適正賃料額に一致する必要はないと解されている。

したがって、原則としては、借家人が自ら相当と認める賃料額の供託を継続している以上、借家人に賃料不払の債務不履行はないということができるが、たとえ借家人が主観的に相当と認める額であっても、従前の賃料より低額であったり、適正賃料額に比して著しく低額である場合には、その供託を相当額の供託ということはできず、したがって、債務の本旨に従った履行と評価することはできないものといわなければならない。

賃借人のした供託は、敷地の地代にも及ばず、適正賃料はもとより、賃貸人が増額を請求した賃料月額2万円の10分の1という著しく低額なものであることが認められ、相当性がないものといわざるを得ず、これを債務の本旨に従った履行ということはできない。

そして、賃貸人が本件契約締結の当初より賃料の増額を求めていたこと、これに対し賃借人は統制令の適用があると主張して増額を拒絶し続けていたこと、賃借人が契約当初の昭和35年12月から月額1,000円の供託を始め、その後4回供託額を増額した後、同54年4月から同62年12月まで月額2,000円を供託していること、賃貸人の同56年4月の増額請求に対して賃借人が何らの回答をせず供託を続けていること等の事実を総合考慮すると、賃貸人の増額請求を無視し、統制令の適用があると信じていたとしながら、同令による本件建物の具体的賃料額について検討することもなく（鑑定によれば、仮に統制令の適用があるとしても、昭和56年5月1日当時の本件建物の賃料は月額1万2,116円である。）、前記のとおり長期間にわたり著しく低額の供託を継続した賃借人の態度は明らかに常軌を逸するものであり、賃貸借関係において要求される信頼関係を破壊するものというほかはない。

賃借人は、昭和56年4月に賃料増額の請求をしながら、6年余り賃借人との交渉を放置した後契約を解除した賃貸人の態度を非難するが、これは、主として、賃借人の側から協議に応ずる態度がなかったことに基因するものと認められるので、賃貸人が増

第2章　金銭債務不履行　　19

額請求の後6年余りを経て契約を解除したことをもって、信義則違反ないし権利の濫用ということはできない。

　よって、本件契約は催告の到達後相当期間を経過した昭和62年5月29日に解除により終了したものというべきである。

解　　説

　本件は、賃貸人から賃料増額請求がなされたのに対し、賃借人がその請求額に満たない賃料を供託していた場合に、賃借人が主観的に相当と認める額であっても、従前の賃料より低額であったり、適正賃料額に比して著しく低額である場合には、その供託を相当額の供託ということはできず、債務の本旨に従った履行と評価することはできないとの判断のもと、客観的な適正賃料額やそれと支払賃料額との乖離の程度、本件建物の敷地部分の地代相当額と支払賃料との関係等から、適正賃料額に比して著しく低額であると判断した上で、賃借人が増額協議に応じる態度を見せず、また具体的賃料額について検討することもないまま長期間にわたりかかる低額の供託を行い続けたことが、信頼関係を破壊するものと判断したものである。借家法（当時。本判決の考え方は、現在の借地借家法においても妥当する。）の規定では、増額の裁判が確定するまで賃借人が支払う賃料は、賃借人が主観的に相当と認める金額でよく、当該額を支払えば、賃料不払の債務不履行となることはないが、本件のように適正賃料額に対して著しく低額である場合には、例外的に、賃料不払の債務不履行となることがあるというのであり、同種事案の判断に際し、実務上参考になる。

　なお、本件の後、最高裁平成8年7月12日判決（判時1579・77）は、当初の賃料月額6万円から月額12万円への増額請求がなされた事案において、一般論として①「賃料増額請求につき当事者間に協議が調わず賃借人が請求額に満たない額を賃料として支払う場合において、賃借人が従前の賃料額を主観的に相当と認めていないときには、従前の賃料額と同額を支払っても、借地法12条2項にいう相当と認める地代又は借賃を支払ったことにはならない」、②「賃借人が自らの支払額が公租公課の額を下回ることを知っていたときには、賃借人が右の額を主観的に相当と認めていたとしても、特段の事情のない限り、債務の本旨に従った履行をしたということはできない」と判示しており、債務不履行の認定に当たっては、賃借人が支払額を主観的に相当と認めているか否か及び支払額が公租公課の額を上回っているか否かという点を考慮すべきことを示している。

＜参考となる判例＞

○適正賃料額の2分の1以下の従前賃料の支払を相当と認め、契約解除の効力を否定した事例（東京高判昭56・8・25判時1014・73）

○15年以上にわたり、地代家賃統制額の4分の1程度の地代を供託していた事案において、かかる供託を続けた賃借人の態度は、信頼関係を破壊するに足るものと認めた事例（千葉地判昭61・10・27判時1228・110）

○20年間にわたり、公租公課の額に満たないか、その1.1倍程度の地代を供託していた事案において、低額の供託であることについて認識ないし認識の可能性があったとして、契約解除を認めた事例（横浜地判昭62・12・11判時1289・99）

第2章　金銭債務不履行　　21

2 賃料の支払を1か月分（1万3,000円）でも怠ったときは当然解除となる旨の訴訟上の和解条項に基づく契約の当然解除が認められないとされた事例

（最判昭51・12・17判時848・65）

信頼関係破壊の判断ポイント

賃貸人の主張	賃借人の主張	裁判所の判断
賃料の支払を1回でも怠ったときには、契約が当然解除となる旨の条項（以下「本件和解条項」という。）を含む訴訟上の和解により建物賃貸借契約（以下「本件契約」という。）が成立していたところ、賃借人（原告・控訴人・被上告人）は賃料支払を怠った。	和解成立後、賃貸人（被告・被控訴人・上告人）から賃料の受領を拒絶された昭和46年11月に至るまで、同年5月分の賃料を除いては毎月の賃料を約定の期日までに誠実に支払っていた。同年5月分の賃料についても、手違いで期日までに支払われなかったが、賃借人はそのことに気付いていなかった。	賃貸人の主張が認められるが、賃借人の主張も認められる。
前記訴訟事件は、賃借人が8か月間も賃料を滞納した事案であり、和解により本件契約を再締結したのは、賃貸人の最大の譲歩であって、本件和解条項もその点を踏まえて解釈されるべきである。	―	和解締結の経緯を考慮しても、結論に影響はない（賃貸人の主張を排斥する。）。
本件和解条項の定めに従い、1か月分の賃料滞納によって信頼関係は破壊された。	争う。	信頼関係破壊を認めず。

22 第2章 金銭債務不履行

事 実 経 過	
昭和43年2月	賃貸人が賃借人に共同住宅の1戸を賃貸した。
昭和43年	賃貸人が賃借人に対し、8か月分の賃料不払を理由に建物明渡訴訟を提起した。
昭和44年9月4日	前記の建物明渡訴訟につき、和解が成立した。和解により、賃料月額1万3,000円、期間の定めなしとの内容で改めて賃貸借契約（本件契約）が成立した。その際、和解条項において、賃料の支払を1回でも怠ったときには、本件契約は当然解除となる旨の特約（本件和解条項）が付された。
昭和46年5月26日	賃借人が同年5月分の賃料1万3,000円を滞納した。
昭和46年11月26日	賃借人が同年11月分の賃料を賃貸人の事務所に持参して支払を申し出たところ、賃貸人は、賃借人が従来賃料を1か月分滞納していることを理由に受領を拒否した。
昭和46年12月16日	賃借人が、賃貸人の銀行口座へ、同年11月分の賃料として1万3,000円を振込送金した。
昭和46年12月～昭和47年3月	賃借人は、毎月26日に当月分の賃料を持参して賃貸人の事務所を訪れるも、賃貸人は同様の理由により受領を拒否した。
昭和47年4月17日	賃貸人は、賃借人が、昭和46年11月から昭和47年3月までの賃料支払を遅滞したとして、本件契約を解除する旨の意思表示をした。

裁判所の判断理由

　訴訟上の和解については、特別の事情のない限り、和解調書に記載された文言と異なる意味にその趣旨を解釈すべきものではないが、賃貸借契約については、それが当事者間の信頼関係を基礎とする継続的債権関係であることに伴う別個の配慮を要するものがあると考えられる。すなわち、家屋の賃借人が賃料の支払を1か月分でも怠ったときは、賃貸借契約は当然解除となり、賃借人は賃貸人に対し直ちに家屋を明け渡す旨を定めた訴訟上の和解条項は、和解成立に至るまでの経緯を考慮に入れても、いまだ信頼関係が賃借人の賃料の支払遅滞を理由に解除の意思表示を要することなく契約が当然に解除されたものとみなすのを相当とする程度にまで破壊されたとはいえず、したがって、契約の当然解除の効力を認めることが合理的とはいえないような特

別の事情がある場合についてまで、賃料の支払遅滞による契約の当然解除の効力を認めた趣旨の合意ではないと解するのが相当である。

本件においては、①賃借人は、和解成立後賃貸人から賃料の受領を拒絶された昭和46年11月に至るまで、同年5月分の賃料を除いては毎月の賃料を約定の期日までに銀行振込の方法によって誠実に支払っていたこと、及び②同年5月分の賃料は何らかの手違いで期日までに支払われなかったが、賃借人はそのことに気付いていなかったことが認められる。かかる事実関係の下においては、本件の和解成立に至るまでの経緯を考慮に入れても、賃借人の賃料の支払遅滞により、当事者間の信頼関係が、解除の意思表示を要せず本件契約が当然に解除されたものとみなすのを相当とする程度にまで破壊されたとはいえず、したがって、本件和解条項に基づく契約の当然解除の効力を認めることが合理的とはいえない特別の事情のある場合に当たると解するのが相当である。

それゆえ、本件和解条項に基づき賃借人の昭和46年5月分賃料の支払遅滞によって本件契約が当然に解除されたものとは認められない。

解　　　説

判例上、借家契約において、1か月分の賃料の遅滞を理由に無催告で契約解除することができる旨を定めた特約については、賃料の遅滞を理由に当該契約を解除するに当たり、催告をしなくても不合理と認められない事情が存する場合に、催告なしで解除権を行使することが許される旨を定めた条項として有効と解するのが相当であるとされている（最判昭43・11・21判時542・48）。

本件和解条項は、1回の賃料支払債務の不履行により当然に本件契約が解除されるというものであり、解除の意思表示すら不要とする点で、上記判例の無催告解除特約より賃借人にとって不利な規定であった。

本件の特殊性は、当該特約条項が、単なる契約上の定めではなく、裁判所での和解条項として定められていたことにあると言えるが、本判決は、和解調書の記載どおりの解釈を行うべきことを原則とした上で、賃貸借契約については、当事者間の信頼関係を基礎とする継続的債権関係であることにより、別個の配慮を要することを認めた。

その上で、本件和解条項を、契約の当然解除の効力を認めることが合理的とはいえないような「特別の事情」がある場合にまで当然解除の効力を認めた趣旨の合意ではないと解釈した。そして、本件においては、1か月分の未払が、賃借人の何らかの手違いによって生じたものであり、賃借人がこれを認識していなかったことや、その前後

については欠けることなく支払を続けていたことなどから、「特別の事情」がある場合であると認定し、解除の効果を否定したものである。

　本件は、賃貸借契約が信頼関係を基礎とする継続的債権関係であることを理由として、裁判上の和解であっても、賃料不払を理由とする解除に関する規定が制限的に解釈される可能性があることを示し、具体的な事案において実際に特約の適用を排除したケースとして、参考になる。

＜参考となる判例＞

○土地の賃貸借契約における「土地使用料が3か月以上延滞の節は別に催告を要せず当然解除に帰すべきこと」との約定を失権約款と解釈した事例（最判昭39・8・28裁判集民75・127）

○借家契約において、1か月分の賃料の遅滞を理由に無催告で契約解除することができる旨を定めた特約は、賃料の遅滞を理由に当該契約を解除するに当たり、催告をしなくても不合理と認められない事情が存する場合に、催告なしで解除権を行使することが許される旨を定めた条項として有効と解するのが相当であるとした事例（最判昭43・11・21判時542・48）

第２章　金銭債務不履行　　25

3 店舗の賃貸借契約につき、19日間はエアコンの不具合により貸室は使用収益に適さない状態にあり、その間の賃料は発生しないとされたが、賃借人にはそれ以外の期間4か月弱分、43万6,485円の賃料未払があるとして、解除を肯定した事例

(東京地判平26・8・5（平25（ワ）31726・平26（ワ）13214))

信頼関係破壊の判断ポイント

賃貸人の主張	賃借人の主張	裁判所の判断
賃借人（被告）は、平成25年8月1日から同年12月12日までの4か月弱、賃料及び共益費（合計50万7,367円）を支払わなかった。	争わない。	賃貸人（原告）の主張を認める。
賃貸借が開始したのは、平成25年2月1日であるが、賃貸人が賃借人から、賃借物件（以下「本件建物」という。）内のエアコンの不具合についての報告を受けたのは、平成25年7月上旬になってからであり、かつ、賃貸人は、かかる報告を受け、誠実かつ迅速に対応している。	賃借人が本件建物の引渡しを受けた当初から、本件建物内のエアコンの不具合のため、本件建物は、通常の使用ができない状態にあり、賃借人に賃料の支払義務はない。	賃貸期間中の19日間は、エアコンに不具合があり、本件建物は使用収益ができない状態にあり、その間、賃料及び共益費の支払義務はないが、本件建物の引渡当初から、かかる状態にあったとは認められない。
争う。	賃貸人は、保証会社及び管理会社に、賃借人に対する執拗な請求行為、恐喝、脅し及び営業妨害をさせたものであり、賃借人	賃貸人が、保証会社及び管理会社に、賃借人に対する営業妨害

	には賃料の支払義務がない。	等をさせていたことを認めるに足りる証拠はない。
上記を理由に、賃貸借契約の解除を求める。	争う。	エアコンの不具合が認められた期間以外については賃料等及び賃料等相当損害金の支払義務を免れず、その不払を理由とする賃貸人の本件契約解除は有効である。

事 実 経 過	
平成25年1月31日頃	賃貸人は、賃借人に対し、本件建物を、概要以下の約定で賃貸し（以下「本件契約」という。）、賃借人は、本件建物でカイロプラクティックを開業した。 ① 賃貸借期間　2年間 ② 用　途　　事務所及び店舗 ③ 賃　料　　月額9万9,900円 ④ 共益費　　月額1万5,750円 ⑤ 賃借人が2か月以上にわたって賃料等の支払を怠った場合は、賃貸人は、無催告解除できる。
平成25年7月上旬	賃借人は、本件建物の管理会社に対し、本件建物内のエアコンがきちんと効かない旨等を記載したメールを送信した。
平成25年7月20日	管理会社が手配したエアコンの修理業者が本件建物内のエアコンの点検をしたが、問題なく作動していたため、賃借人の承諾を得て、辞去した。
平成25年8月6日	賃借人が、管理会社に対し、再びエアコンが故障した旨の連絡をし

	た。
平成25年8月7日	エアコンの修理業者が、本件建物内のエアコンの点検作業を開始した。
平成25年8月22日	修理業者による点検の結果、本件建物内のエアコンの圧力機の不具合が判明し、賃貸人は、エアコンの交換を手配し、同月24日、交換が完了した。
平成25年9月25日	本件建物において、賃借人と保証会社の担当者との間で、いさかいがあり、警察官が本件建物を訪れたが、暴行等の事実はなく、双方が話合いを行うことで納得した。
平成25年12月9日	賃貸人は、同日に賃借人に到達した訴状によって、平成25年8月から同年11月分までの賃料等合計46万2,600円を支払うことを請求するとともに、訴状送達後3日以内に支払がない場合は、本件契約を解除する旨の意思表示を行った。

裁判所の判断理由

　賃貸借契約の対象不動産につき、賃借人の責めによらない原因により、賃貸借の対象物が滅失するに至らなくても、客観的にみてその使用収益ができず、賃貸借契約を締結した目的を達成できない状態になった場合は、公平の見地から、民法536条1項を類推適用して、賃借人は賃借物を使用収益できなくなったときから賃料の支払義務を負わないものと解される（大阪高判平9・12・4判タ992・129）。また、上記のような場合には、賃貸借契約終了後の賃料相当損害金の発生も認められないというべきである。

　この点、本件について検討するに、平成25年7月及び同年8月のうちの一時期において、本件建物内のエアコンに不具合が生じたことが認められるが、本件建物の引渡当初から、本件建物につき、客観的にみてその使用収益ができない状態にあったとは認められない。

　また、平成25年7月のうちの一時期において、エアコンの不調が見られたものの、修理業者が点検した際は、問題なく作動していたものであり、同月中は、本件建物につき、客観的にみて使用収益ができない状態にあったとまでは認められない。

　次に、平成25年8月6日から、エアコンの交換が完了した同月24日までの間は、エアコンの不具合のため、本件建物内の温度が高い状態が継続したことがうかがわれる。そして、本件建物の使用目的が事務所及び店舗（カイロプラクティック）であることに照らし、上記期間（合計19日間）は、本件建物につき、客観的にみてその使用収益

ができず、賃貸借契約を締結した目的を達することができない状態にあったというべきである。

　そして、エアコンの交換が完了した後である平成25年8月25日以降は、エアコンの不具合があったことはうかがわれず、それ以降は、本件建物につき、使用収益ができる状態にあったことが推認される。

　したがって、賃借人は、本件建物の平成25年8月分の賃料等のうち、本件建物を使用収益することができない状態にあった同月6日から24日の19日分について、支払義務を免れるが、それ以外の本訴請求に係る賃料等及び賃料等相当損害金の支払義務を免れず、その不払を理由とする賃貸人の本件契約解除は有効である。

　なお、賃借人は、賃貸人が、保証会社及び管理会社に、賃借人に対する営業妨害等をさせていた旨主張するが、本件記録を総合しても、そのような事実を認めるに足りる証拠はない。

解　　　　　説

　本件は、エアコンの不具合が認められた19日間については、エアコンの故障により貸室の温度が高い状態が継続し、その間、貸室は、客観的にカイロプラクティックとしての使用収益に適する状態にはなかったとして、賃料及び共益費の支払義務の発生を否定しながらも、それ以外の期間について、同様の状態にあったとは認められず、賃借人はそれ以外に4か月弱分の賃料、共益費（合計43万6,485円）が不払となっているとして、賃貸人による賃貸借契約の解除を認めた事案である。

　賃料不払による解除が争われた事例は多数存在するが、例えば、解除を認めた判例として、賃貸借の開始当初から賃料等の支払の遅滞を繰り返し、滞納期間も約5か月にわたっていることから、賃借人が分割支払の和解を申し入れているという点をもってしても信頼関係を破壊しない特段の事情があるとは認められないとしたものがある（東京地判平19・3・28（平19（ワ）2093））（以下「平成19年判決」という。）。

　一方で、賃料不払を理由とする解除を否定した判例としては、①3か月分の賃料の滞納が生じているが、②賃貸人から滞納賃料の支払を催促したことがなかったこと、③解除通知が賃借人らに到達した5日後に、賃貸人が未払額であると指摘した賃料5か月分相当額である175万円を一括して支払っていること、④それ以降は滞納がないこと、⑤審理の過程において、賃借人らは、従前は差し入れていなかった敷金を新たに差し入れること、新たな保証人を付することなどを和解の条件として提示していることから、客観的かつ実質的な信頼関係の破壊を招来したと認めることはできないとしたも

のがある（東京地判平14・11・28（平13（ワ）17443））（以下「平成14年判決」という。）。

　平成19年判決と平成14年判決を比較すると、信頼関係破壊の判断に当たって、細かな事実関係の相違はあるが、解除通知が賃借人の元に到達後、賃借人が実際に弁済や保証を行ったかどうかが考慮されていることがわかる。本件では、賃借人は、訴状が到達した後も、第3回口頭弁論期日において、「賃料滞納分は今後分割で支払いたい。」旨等を記載した準備書面を陳述しただけであり、弁済や供託といった行為を行わず、不払状態が継続しているため、かかる観点においても、解除を認めた本判決は妥当といえよう。

＜参考となる判例＞

○震災により賃貸借の対象物が滅失に至らないまでも損壊して修繕されず、使用が全面的に制限された場合、賃借人はそれ以後の賃料の支払義務を負わないとした事例（大阪高判平9・12・4判タ992・129）

○賃貸人が賃借人に対し、賃料不払を理由とする建物の明渡等を求めた事案で、賃借人らは未払賃料を支払い、敷金も差し入れ、新たな保証人を付しており、賃借人らに信頼関係の破壊を招来したと認めることはできないとした事例（東京地判平14・11・28（平13（ワ）17443））

○賃貸人が賃借人に対し、賃料不払を理由とする建物の明渡等を求めた事案で、滞納期間が約5か月にわたっていることから、賃借人が分割支払の和解を申し入れているという点をもってしても信頼関係を破壊しない特段の事情があるとは認められないとした事例（東京地判平19・3・28（平19（ワ）2093））

30　　　　　　第2章　金銭債務不履行

4　店舗の賃貸借契約につき、約2か月分の賃料不払等約298万円及び敷金
の一部不払200万円があるものの、賃貸人に対する背信行為と認めるに
足りない特段の事情があるとして、解除が否定された事例

(東京地判平24・10・3(平24(ワ)10805))

信頼関係破壊の判断ポイント

賃貸人の主張	賃借人の主張	裁判所の判断
賃貸借契約(以下「本件契約」という。)において、賃借人(被告)は、敷金を500万円預託するとされているが、そのうち200万円について、支払をしていない。	争わない。	賃貸人(原告)の主張を認める。
賃借人は、賃料及び共益費の支払を度々怠っており、契約の解除の意思表示を行った時点での滞納額は、賃料等が264万円、電気料が約29万円、水道料が約5万円である。	争わない。	賃貸人の主張を認める。
上記不払の事実は、賃貸人と賃借人との信頼関係を著しく害する行為である。なお、賃貸人と賃借人との間で、予約契約が成立した事実はない。	賃貸人と賃借人間では、賃料を月額100万円とする内容で、賃貸借予約契約が成立しており、賃借人は、貸室でイタリアレストランを開店するため、別の会社(以下「旧賃借人」という。)に支払った店舗経営権の買取代金(720万円)のほか、2,000万円以上の出費をしたところ、賃貸人は、後戻りできない賃借人	賃料不払(債務不履行)という解除原因は存するが、賃貸人に対する背信行為と認めるに足りない特段の事情が認められ、賃貸借契約の解除は無効である。

の弱みに乗じ、予約契約を反故にし、月額120万円で契約を締結させたものである。賃料等支払の遅延は、むしろ賃貸人が招いたものであり、賃貸人の解除権の行使は、権利濫用であって許されない。

	事　実　経　過
平成7年8月	本件建物は、元々（平成7年8月以降）、旧賃借人が賃貸人から賃借し（以下「旧賃貸借」という。）、イタリアレストラン（以下「旧店舗」という。）を営業していた。 旧賃貸借における賃料は、当初、月額100万円であったが、平成16年8月に110万円、平成19年8月に132万円、平成22年8月に129万5,000円に変更されている。
平成23年2月頃	賃借人は、旧賃借人から旧店舗の買取りの打診を受け、賃料が月額100万円に抑えられるのであれば旧店舗を買い取ってもよい旨を旧賃借人及び不動産仲介業者に伝えた。その後、不動産仲介業者から、賃貸人が賃料100万円で了解した旨聞いたため、契約する意向であることを回答するとともに、別途、旧賃借人と旧店舗の経営権を720万円で買い取ることで合意した。
平成23年6月1日頃	賃借人は、本件建物でオープンする予定のレストランのスタッフ3名を雇用し、店舗内外の改修工事や什器備品の取替えの準備に入った。
平成23年6月中旬	賃借人は、仲介業者を通じて、賃貸人が家族会議を開いた結果、賃料を月額130万円にしてもらいたいと言っている旨聞いたため、約束が違うとして、賃料を100万円とすることを賃貸人に依頼したが、賃貸人はこれに応じず、結局、賃貸人と賃借人間で賃料は当初1年間が120万円、その後は130万円とすることで合意がなされた。
平成23年7月1日	賃貸人と賃借人は、次の約定で本件契約を締結した。 ・期　　間　　平成23年8月1日から3年間 ・賃　　料　　1か月130万円（ただし、平成23年8月1日から平成24年7月31日までの間は、1か月120万円） ・共益費　　　1か月2万円

	・敷　金　　　　500万円 　なお、敷金は、本件契約締結時に100万円、平成23年 　7月27日に200万円、同年9月30日に200万円を支払う。 ・契約の解除　賃料等の支払を2か月以上滞納したとき又は敷金の 　預託を1回でも怠ったときは、何らの通知催告なく 　して契約を解除することができる。
本件契約締結後	賃借人は、イタリアレストランの開店のため、本件建物の改修工事等を行い、その費用は下請工事代金及び部材発注に要した代金だけでも合計1,118万円余に上った。
平成23年9月5日	賃借人は、本件建物でイタリアレストラン（以下「新店舗」という。）を開店した。
平成23年12月19日	賃借人は、平成23年11月末日までに支払うべき同年12月分の賃料等の支払をしなかったが、賃貸人に対し、これを翌20日に支払う旨、また、平成23年9月30日に支払う約定であった敷金残金200万円につき、平成24年2月から同年5月まで毎月末日限り50万円ずつ分割して支払う旨、申し入れた。 その後、賃借人は、平成23年12月分の賃料等を同月20日に支払い、平成24年1月分の賃料等は一部が約半月遅れとなったものの支払った。
平成24年1月中旬	賃借人は、賃料等の滞納分（未払の敷金200万円は除く。）を一旦解消させた。
平成24年3月16日	賃貸人は内容証明郵便により、賃借人に対し、以下の合計498万5,686円を5日以内に支払うよう催告するとともに、支払がないときは本件契約を解除する旨、意思表示をした。 ・敷金（平成24年2月分以降支払予定分）　　200万円 ・賃料等（同年2月・3月分）　　　　　　　264万円 ・電気料（同年1月・2月分）　　　　　　　29万525円 ・水道料（同年2月分）　　　　　　　　　　5万5,161円
平成24年3月以降	賃借人は、おおむね2か月遅延しつつも、月額賃料等に相当する122万円をほぼ1か月ごとに支払った。
平成24年4月19日	賃貸人は、訴状において、敷金50万円、賃料等残金（平成24年2月分残金8万3,239円、同年3月及び4月分）252万3,239円の支払がないことを理由として、本件契約を解除するとの意思表示をした。

第2章　金銭債務不履行　　33

裁判所の判断理由

　賃借人は、本件契約締結の約4か月後である平成23年11月分から約定の賃料等の支払が遅れがちとなり、一旦は滞納が解消したものの、すぐ後の平成24年2月末日以降、再び滞納するようになり、その後、約2か月分の賃料等を滞納した状態が数か月間にわたり継続しているほか、光熱費の支払も遅れがちであることがうかがわれ、また、敷金500万円のうち200万円が未払である。これら滞納・未払額は決して少ない額ではないといわざるを得ない。

　もっとも、賃借人の滞納の主な原因は、新店舗の開業費用に相当額を要したことや、その後の経営不振にあったと解されるところ、この間も新店舗の営業は継続しており、平成24年春以降には、新店舗の経営が軌道に乗ってきていることがうかがわれ、平成24年3月頃ないしそれ以降の時点で、以後、業績を回復し賃料等の支払が行われる見込みがないとはいえない状況であったということができる。こうした賃借人の事情については、本件契約の締結経緯や賃貸人が本件建物の2階を住居としていることからすると、賃貸人にとっておよそ想定できない事態とまではいえない。

　そして、敷金のうち300万円は約定どおり支払済みであり、同年2月以降においても、賃料等につきおよそ一切の支払がされていないわけではなく、遅れながらも、10万円を超える光熱費、同年3月末以降の賃料等は、一応支払がされ、敷金残金の未払及び賃料等につき約2か月の遅延は解消されていないものの、滞納額がそれ以上に大きく拡大することなく現在に至っているといえ、賃借人において遅滞状態の解消のため一定の努力はされていると評価し得る。

　加えて、賃料等の金額については本件契約において当事者間が合意した金額ではあるものの、賃借人としては、少なくとも、当初賃料月額100万円との前提で新店舗の開業を計画しその準備をしたものであると認められ（ただし、賃貸人との間で正式に賃料月額100万円とする賃貸借契約の予約が成立したものと認めるのは困難である。）、それが賃料月額120万円（契約の1年後から130万円）という金額で合意せざるを得なかったことについては、酌むべき事情があるといえる。仮に、賃料が賃借人の想定していた月額100万円であれば、現在までの滞納額との対比からすると、滞納額は計算上平成24年春頃までにほぼ解消できたことになる。敷金については、当初から500万円の約定であったが、この金額は安い金額ではなく、新店舗開業までの経緯に照らすと、賃借人の一部未払につき宥恕されるべき事情がないとはいえない。

　また、賃借人はイタリアレストランの開業のために少なくとも1,000万円を超える金額を支出しているほか、従業員の新規雇用もし、平成24年春以降その営業が軌道に

乗りつつあるところ、本件契約を解除して本件建物を明け渡すこととなれば、ようやく軌道に乗ってきた新店舗の営業を放棄することになり、初期費用の回収もままならなくなることが予想され、本件建物の原状回復費用も相当額を要することとなって、賃借人が受ける損害は相当大きいものとなる。

　他方、賃貸人においては、賃料等の滞納額は少なくない上、敷金が建物明渡しに伴う原状回復費用にも充当されることを考慮すると、賃料等の未払額が支払済みの敷金300万円の範囲内にとどまることが明らかであるということもできないから、敷金残金及び賃料等の滞納による不利益がないとはいえない。しかし、これらの滞納解消の見込みが全くないとはいえず、また、本件建物の適正賃料については本件証拠上必ずしも客観的に明らかではないが、認定事実からすると相場よりも高めであることもうかがわれ、これまでに賃借人が支払った賃料等の額がそれなりの金額に達していることからすると、滞納により賃貸人が受けた損害は、支払済みの敷金を考慮しないとしても、賃借人が明渡しによって受けるであろう損害と比較して大きいものとはいい難い。さらに、賃貸人において本件建物の明渡しを受けた場合のその後の利用の必要性等について格別主張立証はない。

　以上の諸点を総合考慮すると、賃借人の賃料不払（債務不履行）という解除原因は存するものの、賃貸人に対する背信行為と認めるに足りない特段の事情が認められるというべきである。

	解　　　　　説	

　本件は、賃借人が、賃貸借契約を締結してから4か月後に賃料等の滞納を生じさせ、以後、滞納金の一部又は全部を払うなどしたものの、滞納を完全には解消できず、また、分割払の約定であった500万円の敷金のうち200万円についても、支払をすることができないままとなっている事案である。

　裁判所は、賃料等及び敷金の滞納・未払額は決して少ない額ではないこと、これが賃貸借契約の解除事由（債務不履行）に該当することを認めながらも、認定した様々な事実から、賃貸人に対する背信行為と認めるに足りない特段の事情が認められると判断した。

　賃借人が賃料等不払という債務不履行を生じさせたこと、及び判決言渡しの段階でも、それを解消できていないこと、その中には賃借人の債務不履行を担保する敷金の未払もあることは、客観的に認められる（賃借人も争わない）事実であり、それでもなお契約の解除を認めなかった本判決は、賃貸人に対する背信行為と認めるに足りな

い特段の事情の有無の判断において、解除を無効とした事案として、かなり限界事例的な判断を行った事案と考えられる。

　裁判所がかかる判断を行ったのは、前述したような様々な認定事実、特にその中でも賃借人が、賃料等の滞納を解消できないとはいえ、滞納額が拡大しない範囲で支払を続けており（賃料等でいえば滞納額が約2か月分にすぎないこと）、今後、滞納が解消される可能性があること、及び解除を認めた場合の賃借人の損害が大きいことを重視したものと思われる。

　本件は、あくまで個別事案において、各事実関係を総合的に評価した上で、解除の有効性を否定したものであり、別途の事案での裁判所の判断に際し、強い先例性が認められるものではないと思われるが、賃借人に、約2か月分とはいえ相当高額の賃料未払及び敷金500万円のうち200万円の未預託という債務不履行があり、それが解消されていない場合でも、信頼関係が破壊に至っていないとして、解除の有効性が否定される場合があることを示した判例として、参考になる。

＜参考となる判例＞
○賃料の不払額は、契約解除時点で1か月分のみであったが、過去、5年の間に賃料の遅滞を
　継続してきたこと等から、賃料不払を理由とした賃貸借契約の解除を有効とした事例（東
　京地判平19・3・8（平18（ワ）18301））

5 漏水事故を理由に5か月分（137万2,500円）の賃料の支払を止めた場合において、賃料の支払を止めるに至った経緯及びその後の滞納解消等の経過をもって、契約解除が否定された事例

（東京高判昭54・12・18判時956・65）

信頼関係破壊の判断ポイント

賃貸人の主張	賃借人の主張	裁判所の判断
賃借人（被告・控訴人）は、5か月分（137万2,500円）の賃料を支払わなかった。	争わない。	賃貸人（原告・被控訴人）の主張を認める。
—	賃貸人が賃借建物について修繕義務を履行し、かつ、後述する漏水事故②による賃借人の損害を賠償するまで賃料の支払を留保したものであって、債務不履行にはならない。	修繕義務の内容が具体的に確定できず、漏水事故による賃貸人の損害賠償義務と賃借人の賃料支払義務とは、同時履行の関係に立つものではないから、賃借人において賃料の支払を拒み得る理由にはならない。
—	解除の通知を受けて間もなく未払賃料を全額支払った。	賃借人の主張を認める。
—	漏水事故②による損害賠償の問題はその後示談により解決した。	賃借人の主張を認める。
—	賃借人は今後も賃借建物におい	賃借人の主張を

	て営業を継続したい意向を有している。	認める。
上記の理由により信頼関係は破壊された。	賃料の不払について背信性はない。	賃借人の賃料不払が契約の存続を否定しなければならないほどに背信的なものとは到底認めることができず、解除は認められない。

事 実 経 過	
昭和46年7月1日	賃貸人が賃借人に対し、駐車場用土地と建物（以下賃借建物を「本件建物」という。）を、保証金250万円、賃料月額27万4,500円（毎月5日限り当月分支払）、賃料の支払を2か月以上怠ったときは賃貸人において無催告解除できる旨の約定で賃貸した（以下「本件契約」という。）。なお、賃借人は、本件建物においてレストランを経営するものであるが、開店時に約1,300万円を支出して、改装し、設備を整えた。
昭和46年10月10日	本件建物の地階天井の一部が抜け落ち、そこから大量の水が流れ込んだ（以下「漏水事故①」という。）。
昭和46年11月1日	漏水事故①につき、賃借人は賃貸人に対し185万7,146円の損害賠償を求めて交渉した結果、賃貸人から70万円の支払を受けた。
昭和48，49年頃	水道の突然の断水事故、水道への汚水、油水の混入事故が発生した。
昭和50年7月13日	地階の床全面が水浸しになり賃借人が3日間の休業をした（以下「漏水事故②」という。）。 賃借人は漏水事故②による損害賠償として賃貸人に対し60万6,187円の支払を請求して交渉したが、交渉が進展しなかった。そのため、賃借人は交渉の促進を図るべく、既に遅滞していた昭和50年6、7月分の賃料を含めて同年6月分以降の賃料を支払わなかった。
昭和50年10月20日	賃貸人が同日到達の内容証明郵便をもって賃借人に対し本件契約を解除する旨の意思表示をした。

昭和50年11月7日	賃借人が賃貸人に対し同年6月分から同年10月分までの未払賃料合計137万2,500円に電気、水道料金等を含めた164万2,611円を支払った。
昭和51年2月	賃貸人と賃借人の間で、漏水事故②による賃借人の損害額を20万円とする示談が成立した。

裁判所の判断理由

　賃借人には、漏水事故②による損害賠償の問題の解決を促進すべく賃料の支払を拒むなどとがめるべき点がないではないが、かかる未払賃料については賃貸人からの本件契約解除の通知に接して間もなく支払い、その後上記損害賠償問題が示談によって解決し、賃借人は本件契約の継続を望んでいるというのであり、また、賃貸人及び賃借人間における本件契約関係の推移、本件建物につき漏水等の事故が相次いで発生し、賃貸人及び賃借人間で交渉が持たれた事実等諸般の事情経緯を考慮すると、賃借人の賃料不払が本件契約の存続を否定しなければならないほどに背信的なものとは到底認めることができない。

解　　　説

　本件は、賃借人が、賃借建物において発生した漏水事故による賠償問題の解決を促進するべく、賃貸人に対する5か月分（137万2,500円）の賃料の支払を止めていたという事案である。

　まず、裁判所は、賃借人が、賃貸人において修繕義務を履行し、かつ漏水事故による損害を賃貸人が賠償するまで支払を留保したものであり、賃料不払につき正当な理由があるから債務不履行はない旨主張したのに対し、修繕義務の内容が具体的に確定できず、漏水事故による賃貸人の損害賠償義務と賃借人の賃料支払義務とは、本件契約における履行上の牽連関係に立つものではないから、賃借人において上記損害賠償がなされるまで本件賃料の支払を拒み得る筋合いのものではないとして、賃借人の上記主張を排斥した。

　その上で、裁判所は、上記賠償問題を解決するべく賃料の支払を拒んだとする賃借人の態度については非難しつつも、①賃借人が解除の通知後間もなく未払賃料を支払ったこと、②本件建物については従来漏水、断水及び水道への汚水混入等の事故が相次ぎ、賃借人の賃料滞納当時も水浸し事故があってその損害賠償につき賃貸人と交渉

が進行中であったが、当該交渉がその後示談によって解決したこと、③賃借人は本件契約を継続してその営業を続けたい意向であること、④その他本件契約関係の推移(例えば、保証金250万円の預託、賃借人が入居時約1,300万円を投じて改装設備をした上でレストラン営業をしており、賃料増額請求にも応じ、本件に至るまで上記漏水事故を除いて格別の問題もなく経過してきたこと)等諸般の事情の下では、賃借人の賃料不払が本件契約の存続を否定しなければならないほどに背信的なものとは到底認めることはできない旨結論づけた。

　裁判所が述べているように、賃借建物において漏水事故があり、示談交渉が進展しないからといって賃料支払義務を履行しないことが許される法律上の理由はない。もっとも、本件では、賃借人が賃貸人による解除の通知後直ちに未払賃料を支払い、滞納が解消されたこと、そして、過去の経過やその後両者間で示談交渉が解決したことからしても不履行継続のおそれは低く、契約を継続させることによる賃貸人の不利益が小さい一方で、解除を認めた場合に賃借人が賃借建物で営業できなくなることにより被る不利益が非常に大きいことが重視され、上記結論に至ったものと思われる。

＜参考となる判例＞

○建物の賃貸借において、催告期間内に延滞賃料が弁済されなかった場合でも、延滞額は合計3,000円程度と少額で、賃借人は過去18年間にわたり建物を賃借居住し、当該催告に至るまで、今回を除き賃料を延滞したことがなく、その間、台風で当該建物が破損した際に賃借人において2万9,000円を支出して屋根を修繕したが、当該修繕費については本訴提起に至るまでその償還を求めたことがなかった等判示の事情があるときは、上記賃料不払を理由とする賃貸借契約の解除は信義則に反し許されないものと解すべきであるとした事例(最判昭39・7・28判時382・23)

40　　　　　第2章　金銭債務不履行

6　修繕を要すとして、賃借人が減額した賃料の支払を継続した場合に（差額36万5,250円）、減額がやむを得ない不具合であること、賃借人が入居当初に不具合を主張してから4か月以上改善されなかったこと等の事情を勘案し契約解除が否定された事例

（東京地判平23・12・15（平23（レ）462・平23（レ）881））

信頼関係破壊の判断ポイント

賃貸人の主張	賃借人の主張	裁判所の判断
賃借人（被告・控訴人）は、賃料のうち63万4,935円を支払わなかった。	支払わなかったのは、賃料の一部であり、それは後述するとおり、賃貸人（原告・被控訴人）の修繕義務不履行を理由とするものである。	賃貸人の主張を認める。賃借人の主張も認められるが、賃借人が支払を減額できるのは月額1万円であり、賃借人はこれを超えて減額したから、賃借人には未払がある。
否認する。	貸室には、入居当初から、①ドアの鍵の故障、②台所及び風呂場換気扇の不具合、③備品である冷蔵庫の故障、④トイレのタンクの故障、⑤便器の取付け部からの汚水の漏れ、⑥台所の水道の蛇口、風呂場のシャワー及び洗面台の水道の蛇口からの水漏れ、⑦洗濯機置場のパンの不具合があった。	入居当初から、左記①から⑦までの不具合があったことが認められ、現在、修繕を要するのは、②、③及び⑤である。
争う。	貸室の賃料は、上記不具合を前	賃料減額幅は、

第2章　金銭債務不履行　　41

	提にすれば、約定の月額6万円ではなく、月額2万9,580円が相当であり、その旨通知し、かかる賃料の支払を行っており、仮に賃料未払が生じるとしても、賃貸人が修繕義務を怠ったことが理由であり、背信性は認められない。	月額1万円が相当であり、未払賃料が生じているものの、本件経緯に照らせば、賃借人に背信性は認められない。
以上の事由により信頼関係は破壊された。	争う。	解除は認められない。

事　実　経　過	
平成21年12月上旬	賃貸人が本件貸室のリフォームを実施した。
平成21年12月21日	賃貸人と賃借人は、期間2年間、月額賃料6万円として、本件貸室の賃貸借契約（以下「本件契約」という。）を締結した。
平成21年12月23日	本件契約に基づき賃貸人が賃借人に本件貸室を引き渡した。
平成22年1月20日	賃借人が賃貸人に本件貸室の不具合を指摘し、賃貸人は確認の上、対応すると回答した。
平成22年1月末～同年2月末	賃貸人が手配した業者により、①ドアの鍵、④トイレのタンク、⑥台所の水道の蛇口、風呂場のシャワー及び洗面台の水道の蛇口並びに⑦洗濯機置場のパンの修繕がなされた。
平成22年3月頃～同年5月頃	リフォーム業者複数社が、現場調査し、②台所及び風呂場換気扇、③備品である冷蔵庫並びに⑤便器の取付け部の不具合を確認した。
平成22年8月5日	賃借人が賃貸人に対し、②台所及び風呂場換気扇、③備品である冷蔵庫並びに⑤便器の取付け部の不具合を理由として、平成22年5月以降の賃料を月額2万9,580円に減額して支払う旨の通知を発送し、当該通知書は、賃貸人に到達した。
平成22年10月8日	賃貸人が賃借人に対し、未払賃料等について支払督促申立てを行い、その後、当該手続は、通常訴訟に移行した。
平成23年9月15日	賃貸人は、賃借人に対し、控訴審第2回弁論準備手続期日において、本件契約の解除の意思表示をした。

42 第2章 金銭債務不履行

裁判所の判断理由

　賃借人が入居して間もなく、賃貸人に対して不具合の指摘を行い、賃貸人も不具合を確認していること、不具合の一部が実際に修繕されていること、修繕されていない残りの不具合についてもリフォーム業者が修繕の必要性を認めていることからすれば、入居当初から、不具合があったものと認められる。

　賃貸人が修繕義務を履行しないときは、民法611条1項の規定を類推して、賃借人は賃料減額請求権を有すると解されるところ、賃借人は、平成22年5月分から賃料が1か月2万9,580円であるとして賃料減額請求を主張するので、減額されるべき金額を検討する。

　上記修繕の対象は、修繕がなされていない残りの不具合であり、本件建物の使用収益に及ぼす障害の程度その他諸般の事情に鑑みると、本件契約においては、減額されるべき賃料額は月額1万円をもって相当とする。

　本件契約においては、契約条項に、賃借人が、賃料、共益費等の支払を1か月でも滞納したときには、賃貸人が本契約を解除することができるとの条項があるが、賃料不払につき背信性がないことを基礎付ける事情があれば、解除は制限される。

　賃料の支払状況を見ると、賃借人は、平成22年5月分から1か月の賃料を2万9,580円に減額して支払っており、減額幅は大きすぎるといわざるを得ない。しかしながら、上記に判示のとおり1万円の賃料減額は認められるべきであること、賃借人は入居当初から不具合を主張しており、入居後から平成22年5月まで4か月以上が経過しても修繕がされなかったこと、賃借人は、同年8月になってからではあるが、賃貸人に対し、賃料を減額する理由及び減額する金額を明示した内容証明郵便を送付していること、賃借人が賃料を1か月2万9,580円しか支払っていなかったのは専ら賃貸人の修繕義務不履行を原因とするものであると認められること、その他紛争に至った経緯等本件に関する一切の事情に照らせば、本件における賃借人の賃料不払については背信性がなかったというべきであり、契約解除は有効と認められない。

解　　説

　本件は、入居時点で、本件貸室内に複数の不具合があり、賃借人が賃貸人に対して、修繕要求を行ったものの、一部については修繕がされたものの、残りの部分については修繕がなされず、そのため、賃借人がやむを得ず、自らが妥当であると考える、減額した賃料のみの支払を継続したところ、それに対して、賃貸人が約定賃料の未払が

存するとして、本件契約の解除及び本件貸室の明渡しを求めた事案である。

　本件のように、入居当初から、本件貸室内に複数の不具合が存在し、修繕要求を行ったにもかかわらず、なお修繕がなされないケースは多くはないと思われるが、賃貸人としては、入居前にリフォーム工事を行っていたものの、業者任せになっており、入居前の時点で賃借人が主張する不具合が存在したか否かについては、把握できていなかった。

　本件では、入居時点で、不具合が存在したことを認定した上で、減額されるべき金額を1万円とし、賃借人が支払った賃料は、認定額より下回るものの、賃借人は入居当初から不具合を主張していたが4か月以上経過しても改善されなかったこと等の事情を勘案し、賃借人の賃料未払には背信性がないとして、解除を認めなかったものであり、賃借人が賃貸人の修繕義務不履行を理由に、あえて約定賃料の一部の支払を行わなかったケースにおいて、背信性が認められない場合の事例として参考になる。なお、本件は入居当初からの不具合が問題となっているが、入居後に不具合が生じた場合で、賃借人の指摘により賃貸人がその不具合を確認したにもかかわらず、修繕がされなかった場合にも妥当し得る裁判例であると思われる。

第２　電気料金の不払

7　賃借人が、賃料は支払いつつ、電気料金とごみ処理費用（電気料金3か月分及びごみ処理費用1か月分、合計約46万円）のみ意図的に賃貸人に支払わなかった場合に、賃貸借契約の解除が認められた事例

（東京地判平28・7・28（平27（ワ）34152））

信頼関係破壊の判断ポイント

賃貸人の主張	賃借人の主張	裁判所の判断
賃借人（被告）は、賃貸人（原告）に対して、電気料等の負担義務を負い、その計算方法は賃貸人又は賃貸人の指定する者の計算方法によるものとする旨定められていたにもかかわらず、3か月分の電気料金及び1か月分のごみ処理費用合計約46万円の支払を怠った。	賃貸人の請求額は著しく高額で過剰なものであるからその支払義務はない。	賃借人の主張を排斥し、賃貸人の主張を認める。
上記不払により、信頼関係は破壊された。	争う。	賃借人の主張を排斥し、賃貸人の主張を認める。

事 実 経 過

平成27年4月21日	賃貸人は、賃借人に対し、中華ラーメン店を使用目的として、次の特約を付して、貸室を賃貸し（以下「本件契約」という。）、平成27年5月1日、これを引き渡した。 【特　約】 ①　その他費用 　賃借人は、貸室の使用に伴い発生する電気料、上下水道料金、

	ガス料金、清掃費、ゴミ処理費、塵埃処理等に要する費用を負担するものとし、賃貸人又は賃貸人の指定する者の指定する時期及び方法により支払うものとする。なお、上下水道料金、ガス料金、電気料金等の諸費用の計算方法は、賃貸人又は賃貸人の指定する者の計算方法によるものとし、賃借人はこれを承諾しているものとする（以下「費用負担約定」という。）。 ② 解 除 　賃借人が、賃料又は共益費の支払を2か月分以上遅滞したとき、その他契約を継続することが著しく困難であると認められるときは、賃貸人は、何らの催告を要しないで契約を解除することができる。
本件契約締結後	貸室を含むビル全体（以下「本件ビル」という。）の電気料について、賃貸人は、全体の電気料金を供給元の電力会社に一括して立替払をした上で、本件ビルの各テナントに対し、1kWh（キロワットアワー）当たり単価30円として各使用量に応じて算出した額を、費用負担約定に従い負担すべき電気料として、毎月請求していた。 また、本件ビルのゴミ処理費について、賃貸人は、本件ビルの各テナントに対し、厨芥1kg当たり24円、紙屑1kg当たり24円、段ボール1kg当たり10円、缶・廃プラスチック1m³当たり1万円として算出した額を、費用負担約定に従い負担すべきものとして毎月請求していた。
平成27年10月27日	賃貸人は、賃借人に対し、平成27年10月27日到達の内容証明郵便をもって、14日以内に、滞納電気料等46万2,060円（平成27年6月分電気料14万6,605円、同年7月分電気料17万6,645円、同年8月分電気料13万6,015円及び同月分ゴミ処理費2,795円の合計額）を支払うよう催告した。
平成27年12月24日	賃貸人は、賃借人に対し、前記電気料等の不払を理由に本件契約を解除するとの意思表示をした。

裁判所の判断理由

　賃借人は、賃貸人の電気料の請求は、著しく高額で過剰なものであるから、その支払義務はなく、その不払を理由としてされた本件契約解除も無効なものであると主張する。

　しかしながら、証拠によれば、賃貸人が本件ビルについて電力会社に対して一括して支払をしている電気料金は、平成27年7月分が36万3,165円（使用量1万3,703kWh、

単価約26.5円）、同年8月分が54万8,373円（使用量2万2,099kWh、単価約24.8円）、同年9月分が44万7,423円（1万7,321kWh、単価約25.8円）、同年10月分が37万4,949円（1万3,419kWh、単価約27.9円）であること、この間、賃貸人が本件ビルのテナントに請求した電気料の合計額は、同年7月分が39万2,461円、同年8月分が65万4,577円、同年9月分が49万2,804円、同年10月分が33万8,256円であることが認められる。これらの事実によると、賃貸人が前記のとおり単価30円として各使用量に応じてした電気料の請求は、電力会社へ支払っていた電気料金と著しく乖離するものではなく、費用負担約定に基づく費用の請求として相当な範囲のものであることは明らかである。

本件契約には、賃借人において賃貸人の計算方法により算定される費用を負担する旨の費用負担約定が定められている以上、賃貸人における費用の計算方法が相当性を欠くものでない限り、賃借人において、これにより算定される費用を同約定に基づき支払う義務を負うというべきであって、賃貸人の電気料の請求が実際に供給元の電力会社に支払った電気料金より高いことがあったとしても、前記のとおり著しく乖離するものではなく、相当な範囲のものである以上、その請求する電気料の支払を拒絶することはできないというべきである。

そうすると、賃借人は、賃貸人に対し、本件契約に基づき、別紙電気料計算書及びゴミ処理費計算書のとおり算定される電気料等の支払義務がある。しかるところ、前記のとおり、賃借人において、この電気料等の滞納額が約46万円に達し、賃貸人からその支払の催告を受けながら、これらの支払義務を争うなどし、本件契約解除時点でも、上記滞納はほとんど解消されていなかったのである。こうした賃借人の債務不履行は、賃貸人との信頼関係を破壊するに足りるものであって、本件契約が契約解除事由として定める「その他契約を継続することが著しく困難であると認められるとき」に当たることは明らかであるから、本件契約解除は有効なものというべきである。

解　　　説

1　賃貸借契約における電気料の取扱い

一般に、賃貸借契約においては、賃借人と電力会社が直接契約を締結するパターンと、賃貸人が電力会社と契約を締結して、賃借人使用部分も含めて一括して賃貸人が電力会社に支払い、賃貸人が賃借人の使用した電力量をいわゆる子メーターで検針した上で、当該電力量に対応する電気料を賃借人に請求するパターンが存する。

前者であれば、賃借人の電気料不払は何ら賃貸借契約には影響しないところであるが、後者の場合、その不払が賃貸人との信頼関係に影響を及ぼす場合があり得る。

そして、後者の場合、個別に賃借人との間で、電気料の請求単価についても数値（金額）をもって合意ができていれば特段紛争は生じないが、そうでない場合（本件のように賃貸人の計算方法によると合意されている場合や、そもそも何らの合意もなされていない場合）には紛争が生じる余地があり、近年、実際に、かかる紛争や裁判が増加している傾向にある。

2　本件での判旨

本件では、電気料に関し、賃貸人の計算方法により算定される費用を負担する旨の約定が定められている以上、賃貸人における費用の計算方法が相当性を欠くものでない限り、賃借人には、かかる計算に基づく電気料を支払う義務があり、かつ、その支払を催告されながら賃借人が滞納を解消しなかった場合には賃貸人との信頼関係を破壊するに足りるものである旨判断したものである。

電気料を請求する側の賃貸人としては、子メーターの検針に要するコストやキュービクルなどの受電設備の維持管理に関するコスト等も考慮して、単に電力会社からの請求額を踏まえた純粋な電力使用量割での請求とはしないケースも珍しくないところ、かかる計算方法自体が相当性を欠くとまでは認められないが、それでも、その金額によっては、そのような実際の賃貸人側のコストの賃借人への一部転嫁にとどまらず、まさに「電気料」として利得していると評価される場合には（なお、この場合は、無登録で小売電気事業を営んでいるとの評価を受けかねない。）、相当性を欠くものと判断されるおそれが存するため、賃貸人としては留意が必要である。

第3 更新料の不払

8 更新料支払の合意は法定更新の場合にも適用されると判断した上、更新料の不払を理由とする建物賃貸借契約の解除が認められた事例

(東京地判平5・8・25判時1502・126)

信頼関係破壊の判断ポイント

賃貸人の主張	賃借人の主張	裁判所の判断
契約上、更新時に更新料を支払う旨の定めがあるにもかかわらず、賃借人（被告）は支払を拒絶している。	更新料の支払を拒絶した事実は認める。	賃貸人（原告）の主張を認める。
争う。	本件契約における3年という期間は家賃の据置期間であって、契約の存続期間は20年であり、更新料の支払義務がない。	賃借人の主張を排斥する。
争う。	更新料を支払う旨の特約は、借家法違反であるから無効であり、更新料の支払義務がない。	賃借人の主張を排斥する。
争う。	更新料は期間満了時の異議権の放棄のための対価であるから、更新料の不払は、賃貸借契約そのものの解除原因とはならない。	賃借人の主張を排斥する。
争う。	仮に、更新料の不払が債務不履行に当たるとしても、賃借人は、更新料特約の有効性に疑義があるから裁判所の判断に従うと述べていたものであること、新賃	賃借人は、更新料の支払義務自体を一貫して否定し、賃貸人の請求に応じよう

	料の額が未確定で支払うべき更新料の額も未確定であったこと等の事情からすれば、更新料の不払は賃貸借関係の継続を著しく困難ならしめる不信行為とはいえず、解除はその効力を有しない。	としなかったものであって、賃借人の更新料不払により、信頼関係を破壊するものと認められる。

事　実　経　過	
昭和62年11月25日	賃貸人は、賃借人に対し、以下の特約を付して本件建物を使用目的を飲食店、賃料を月額32万4,990円として賃貸した（「本件契約」をいう。）。 【特　約】 契約期間満了の場合は、協議の上更新できるものとし、更新の場合は、賃借人は更新料として新賃料の3か月分を支払う。
平成2年5月11日	賃貸人は、賃借人に対し、平成2年11月24日の期間満了を前に、更新に当たっては新賃料の3か月分を更新料として支払うことを求めるとともに、更新後の賃料と管理費の改定額について案を提示した。
平成2年10月11日	上記賃貸人の提案に対して、賃借人は、契約更新を希望するが、更新料の支払は拒絶すること、及び賃料の増額幅が大きすぎることを回答した。 その後、何度か協議するも、更新料の支払を求める賃貸人に対して、賃借人は、更新料の支払には疑問があるので裁判で決着をつけてほしい等として支払を拒み続けた。
平成2年11月24日	本件契約は、更新料の支払がなされず、また新賃料額等の協議が調わないまま法定更新された。賃借人は、同年12月分から賃料を35万円に増額して賃貸人に支払った。
平成3年8月30日	賃貸人は、賃貸人の催告にもかかわらず更新料の支払を拒絶し続ける賃借人に対し、債務不履行を理由として本件契約を解除する旨意思表示をした。
平成4年3月9日	賃借人は、更新料として賃借人が支払っていた賃料の3か月分である105万円を供託した。

裁判所の判断理由

1 更新料支払義務の有無について

　賃借人は、本件賃貸借における3年の期間は家賃の据置期間であって、契約の存続期間は20年であるとして、いまだ契約更新の時期に至っていないと主張するもののようである。しかし、本件賃貸借の存続期間が3年であることは契約書によって明らかであり、賃借人の右主張は、何らの根拠に基づかない全くの独自の見解というほかなく、失当であることはいうまでもない。

　賃借人は、更新料の支払を定めた特約は借家法に違反し無効である旨主張する。店舗等の賃貸借において、期間満了時に更新された際には更新料として一定額の金員を支払うべきことがあらかじめ合意されることは、よくみられるところであるが、そのような合意も、更新料の額が不相当に高額で、賃借人にとって借家法2条による法定更新を不可能又は著しく困難ならしめるようなものでない限り、借家法6条により無効とされるべき賃借人に不利な特約に該当するものとはいえないと解するのが相当である。そして、本件賃貸借における新賃料3か月分相当額の更新料の定めは、契約期間が3年とされていることなどに照らせば、いまだ不相当に高額であるとはいえず、借家法6条により無効とすべき賃借人に不利なものということはできない。

　次に、本件のように賃貸借契約が法定更新された場合にも、賃借人に更新料支払義務があるかどうかについて考えるに、本件賃貸借の契約書には、「契約期間満了の場合は甲乙協議の上更新出来るものとし、更新の場合は更新料として新賃料の参か月分を甲に支払う。」と記載されていることが認められ、右文言のみからすれば、合意による更新を念頭に置いたものとみられないこともないが、しかし、①賃貸借が期間満了後も継続されるという点では、法定更新も合意更新も異なるところはなく、右文言上も、更新の事由を合意の場合のみに限定しているとまでは解されないこと、②本件賃貸借の契約書では、契約期間が満了しても更新条件についての協議が調わないときは、「引続き暫定として本契約を履行する」ものとする旨定め（16条3項）、法定更新の場合にも、契約書の定めが適用されるものとしていること、③本件賃貸借が期間を3年と定め、3年ごとの更新を予定して、新賃料を基準とする更新料の支払を定めていることなどからすると、右更新料は、実質的には更新後の3年間の賃料の一部の前払としての性質を有するものと推定されること、④本件のように、当事者双方とも契約の更新を前提としながら、更新後の新賃料等の協議が調わない間に法定更新された場合には、賃借人が更新料の支払義務を免れるとすると、賃貸人との公平を害するおそれがあることなどを総合考慮すると、本件賃貸借においては、法定更新の場合にも更新料の支払を

定めた前記条項の適用があり、賃借人はその支払義務を免れないと解するのが相当である。

2 解除の可否について

賃借人は、本件賃貸借が平成2年11月24日の経過をもって法定更新されたことにより、更新後の賃料（少なくとも更新前の賃料と同額）3か月分相当額の支払義務を負ったものというべきであり、前示のように右更新料が賃料の一部としての実質を有していることからすると、賃借人が右更新料を支払わないことは賃貸借契約上の重要な債務の不履行であり、解除の原因となると解すべきである（更新料の不払は解除原因にならない旨の賃借人の主張は採用することができない。）。

賃借人は、賃借人の更新料の不払はいまだ賃貸借関係の継続を著しく困難ならしめる不信行為とはいえない旨主張するが、賃借人は、契約書で定められた更新料の支払義務自体を一貫して否定し続けるとともに、本件賃貸借の存続期間は20年であるとの特異な見解に固執して、賃貸人の更新料の請求に応じようとしなかったものであって、賃借人の右更新料不払は、賃貸借当事者間の信頼関係を破壊するものと認めるのが相当である（なお、新賃料について合意が成立していないときは、従前の賃料額に基づいて更新料を計算すればよいのであって、右合意の不成立をもって更新料不払の理由とすることはできない。）。

解　　　　　説

---

1 更新料をめぐる問題の所在

更新料とは、借地又は借家契約において賃貸借期間が満了し更新される際に賃借人から賃貸人に支払われる金員である。民法や借地借家法に更新料に関する規定はなく、当事者間で締結される特約に基づき支払われるものであり、実務上（とりわけ借家契約では）、かかる更新料支払特約が定められている例が関西圏、特に京都においてしばしば見受けられる。

更新料については、いかなる趣旨で支払われるものかという点ともあいまって、従来から、①更新料支払特約は、賃借人に不利な規定として借地借家法、消費者契約法10条、民法90条に違反し無効ではないか、②更新料支払特約は、法定更新の場合にも適用されるのか、③更新料の不払は借地又は借家契約の解除原因となるか、④解除原因となるとして（個別の事案において）信頼関係の破壊が認められるかといった点が議論され、また個々の事案において争われてきた。

これらの論点に関連した判例は、借地契約か借家契約か、合意更新と法定更新のいずれの更新料が問題となっているか、更新料支払特約の内容及び文言等個々の事案の違いに応じて複雑に分かれているのが現状であり、個別の事案ごとに事実関係を吟味して判断する必要がある。

2　本件における争点と裁判所の判断

本件は、期間3年、更新時に賃料3か月分の更新料を支払う旨の約定で店舗を賃借していた賃借人が、更新時の協議がまとまらず法定更新されたにもかかわらず、更新料を支払わなかったことから、賃貸人が、賃借人の更新料不払を理由に本件契約を解除し、賃借人に店舗の明渡しを求めた事案である。

賃借人は、①3年の期間は家賃の据置期間であって契約の存続期間は20年であり、更新料の支払義務がない、②更新料支払特約は借家法違反で無効であり、更新料の支払義務がない、③更新料は期間満了時の異議権の放棄のための対価であるから、更新料の不払は解除原因とはならない、④仮に更新料の不払が債務不履行を構成するとしても、本件の事実関係の下では、賃貸借関係の継続を著しく困難ならしめる不信行為とはいえず解除は効力を有しないとして、解除の効力を争った。

裁判所は、①については独自の見解として賃借人の主張を排斥し、②については、更新料支払特約は更新料の額が不相当に高額で法定更新を不可能又は著しく困難ならしめるようなものでない限り有効との前提に立ち、本件の更新料は不相当に高額ではないとしてこれを有効と判断した上、③については、更新料の不払は賃貸借契約上の重要な債務の不履行であり解除原因となる、④については信頼関係を破壊するとそれぞれ判断し解除を認めた。

また、賃借人から明示的に主張があったわけではないが、⑤更新料支払特約契約が法定更新の場合にも適用されるかという点について、本件契約における更新料支払特約の文言解釈等を理由にこれを肯定する判断を下している。

上記①、②及び③に関する裁判所の判断については、従来の判例に沿うものであり異論は少ないところと考えられるが（ただし、②については、学説上様々な見解が存在する。）、④及び⑤については、実務の取扱いが一様ではなく判例上も事案によって判断が分かれているため、事例判断として参考になる。

特に④に関して、事案に沿った文言解釈等に加えて、更新後の新賃料等の協議が調わない間に法定更新された場合には賃借人が更新料の支払義務を免れるとすると賃貸人との公平を害するとして、事案を離れた一般化が可能な理由にも言及している点は注目に値する。

第2章　金銭債務不履行　　53

＜参考となる判例＞

○建物賃貸借契約に関して、法定更新の場合でも、約定更新料の不払が契約上の信義則違反として解除の対象となる場合があるが、更新料の額が慣行に照らして著しく適正額を超えているため、更新料の不払をもって賃貸人に対する信頼関係の破壊に当たるということはできないとして、解除の効力が否定された事例（東京地判平4・9・25判タ825・258）

○建物賃貸借契約に関して、2度の更新料不払を理由とした解除の効力が争われた事案において、信頼関係の破壊が認められ解除の効力が肯定された事例（東京地判平18・4・28（平17（ワ）16420））

○土地賃貸借契約に関して、更新料の支払を1回怠ったことを理由とする解除の効力が争われた事案において、信頼関係の破壊が認められ解除の効力が肯定された事例（東京地判平22・5・17（平20（ワ）11894））

○土地賃貸借契約に関して、更新料不払を理由とする解除の効力が争われた事案において、更新料支払特約は合意更新について定められたものであり、法定更新の場合には適用がないとして、解除の効力が否定された事例（東京地判平23・7・25（平22（ワ）27854））

54   第2章　金銭債務不履行

9 更新料の支払を定める特約の有効性及び解除の効力等が争われた事案
において、特約の有効性を認めつつ、賃借人がそれまで請求を受けてい
なかった過去4回分の更新料について突如一括して催告を受けたために
支払を拒絶したとしても、それのみでは信頼関係の破壊は認められない
とした事例　　　　　　　　（東京地判平23・2・25（平22（ワ）33088））

信頼関係破壊の判断ポイント

賃貸人の主張	賃借人の主張	裁判所の判断
賃貸借契約上、更新条項による契約更新時に賃料の1か月分の更新料を支払う旨の定め（以下「本件更新料条項」という。）が存するところ、賃借人（被告）は、賃貸人（原告）による過去4回分（201万6,000円）の更新料の支払の催告にもかかわらず、これを拒絶し、また、その後賃料を滞納した。	更新料の支払を拒絶した事実及び賃料不払の事実は認める。	賃貸人の主張を認める。
争う。	本件更新料条項は、借地借家法26条、28条所定の法定更新の要件を加重するものであり、無効である。	賃借人の主張を排斥する。
争う。	初回の更新料については黙示の免除が、2回目以降の更新料については支払不要との黙示の契約変更があった。	賃借人の主張を一部認める（平成21年分の更新料以外は黙示の免除を認める。）。
賃借人は、更新料の支払を拒絶する意思を明確にした上、更新	賃借人は、①支払義務のない更新料を除き、それ以外の賃料等	本件の事情の下では、1回分（1

料とは関係のない賃料の支払まで停止しており、信頼関係は破壊された。

は怠りなく支払ってきており、②平成22年6月分以降の賃料不払は、賃貸人からの突如の更新料請求に困惑して保証金が返還されない危険を感じ、やむを得ず執った対抗措置であり、信頼関係を破壊するに足りない特段の事情がある。

か月分）の更新料の不払程度では、信頼関係の破壊は認められない（ただし、更新料の支払を拒絶した後、合計6か月分の賃料を滞納するに至った時点では、信頼関係の破壊が認められるとして、結果的に解除を認めた。）。

事　実　経　過	
平成13年12月4日	賃貸人と賃借人とは、本件建物について下記条項を含む賃貸借契約を締結した（以下「本件契約」という。）。 【賃貸借期間及び更新】 平成13年12月4日から平成15年12月3日まで。ただし、期間満了の6か月前までに相手方に対し別段の意思表示をしないときはさらに2年間、本件契約を更新する。その後の期間満了に際しても同様とする。 【本件更新料条項】 更新条項による本件契約更新の場合、賃借人は、原告に対し、更新手数料として新賃料の1か月分を支払う。
平成22年3月3日頃	賃貸人は、賃借人に対し、それまで請求を行っていなかった平成15年、平成17年、平成19年及び平成21年の更新時分の更新料として、合計201万6,000円を支払うよう催告した。
平成22年5月25日	賃借人は、平成22年6月分の賃料の支払をしなかった（以降も同様）。
平成22年6月2日	賃貸人は、賃借人に対し、上記過去4回分の更新料のうち平成15年更新時分の更新料を保証金返還債務と相殺する旨を意思表示するとと

	もに、更新料残額及び平成22年6月分賃料の不払に基づき本件契約を解除する旨の意思表示をした。
平成22年7月5日	賃貸人は、賃借人に対し、更新料残額及び賃料（平成22年6月分及び7月分）の不払に基づき、再度、解除の意思表示をした。
平成22年9月2日	賃貸人は、賃借人に対し、更新料残額及び賃料（平成22年6月分から9月分まで）の不払に基づき、再々度、解除の意思表示をした。
平成22年12月8日	賃貸人は、賃借人に対し、更新料残額及び賃料（平成22年6月分から12月分まで）の不払に基づき、改めて、解除の意思表示をした。

裁判所の判断理由

1　本件更新料条項の借地借家法26条、28条違反について

　賃借人は、本件更新料条項は借地借家法26条、28条所定の法定更新より賃借人に不利な条項であり、同法30条により無効となる旨主張する。

　しかし、本件更新料条項による更新時に賃料1か月分の更新手数料を支払うとの本件更新料条項の内容は、その額、名目に照らしても、主として期間満了時における賃貸人の更新拒絶権等放棄の対価との趣旨と認められ、その限度で賃貸人の更新料支払の期待は保護に値するというべきである。そして、例えば更新拒絶が正当事由を欠く場合に更新料支払を伴わない法定更新の可能性を排除する趣旨とは解されないから、同条項が同法26条、28条に違反して無効となるとは解することはできない。

2　信頼関係破壊と認めるに足りない特段の事情の有無について

　約定更新料の不払は、賃料自体の不払とは異なるものの、当該賃貸借成立後の当事者双方の事情、更新料支払合意に至る経緯、更新料不払に至る経緯その他の事情を総合考慮した上、信頼関係を破壊すると認めるに足りる特段の事情がある場合には賃貸借契約自体の解除原因となり得ると解される（最判昭59・4・20判時1116・41参照）。しかし、前記認定の事情に照らせば、平成22年3月に至っての突然の過去4回分の更新料の催告に対する支払拒絶及び1、2か月程度の賃料不払をもって、直ちに賃借人の責に帰すべき信頼関係の破壊があったと認めるには足りないというべきである。

　しかし、上記経緯を考慮しても、賃借人が、単に更新料の不払にとどまらず、同年6月分以降の賃料の支払も停止し、本訴提起後も供託すらしないまま、合計6か月分の賃料を滞納するに至った平成22年12月8日の時点では、すでに信頼関係が破壊された

第2章　金銭債務不履行　　57

ものと認めざるを得ない。

　したがって、賃貸人の主張は、同日時点における解除を認める限度で理由がある。

<hr>

解　　　　　説

　本件は、期間2年、自動更新条項に基づく更新時に新賃料1か月分の更新料を支払う旨の約定で建物を賃借人に賃貸していた賃貸人が、4回の自動更新を経た後に、それまで請求をしていなかった過去4回分の更新料（201万6,000円）を一括して請求したところ、賃借人が支払を拒絶したことから、賃貸人が更新料不払を理由に本件契約を解除し、賃借人に建物の明渡し等を求めた事案である。

　争点は多岐にわたるが、本稿においては、①本件更新料条項は、借地借家法26条、28条所定の法定更新の要件を加重する賃借人に不利な条項として、同法30条により無効か否か、②信頼関係の破壊が認められるか否か、との争点について取り上げる。

　なお、本件では、それらの争点のほか、更新料を免除する黙示の意思表示又は更新料の支払を不要とする契約変更があったか否かという点も争われたところ、裁判所は、本件更新料条項自体の変更は認めなかったものの、直近の更新にかかる更新料以外の過去の更新料について黙示の免除を認めた。その他の争点に関する裁判所の判断は、かかる認定が前提となっていることに留意が必要である。

　裁判所は、①については、更新料の金額等から、本件更新料条項に基づく更新料は賃貸人の更新拒絶権等放棄の対価として支払われるものであり、賃貸人の更新料支払の期待は保護に値すると認定するとともに、本件更新料条項は更新拒絶が正当事由を欠く場合に更新料支払を伴わない法定更新の可能性を排除する趣旨とは解されないとして、借地借家法30条に違反し無効であるとする賃借人の主張を退けた。②については、更新料の不払を理由とする賃貸借契約の解除を肯定したリーディングケースである最高裁昭和59年4月20日判決（判時1116・41）を引用し同判例理論に依拠しつつ、更新料の不払と1、2か月程度の賃料不払では信頼関係の破壊は認められないが、訴え提起後も供託をせず6か月分の賃料を滞納するに至った時点では信頼関係の破壊を認めざるを得ないとの判断を示した。

　②に係る判断の背景には、過去3回分の更新料について黙示の免除を認めた点を含め、賃貸人がそれまで請求をしていなかった更新料を突如一括請求したという経緯を重視し、更新料の不払を理由に解除を認めることは賃借人に酷であるとの考慮と、他方で、更新料請求に対する対抗措置とはいえ、供託が可能であったにもかかわらず供託をせずに賃料の支払を6か月間も怠った点は賃借人として看過し難い帰責性があっ

たとの考慮が存在したものと考えられる。

　事例判断ではあるが、同一事案において段階的に信頼関係の破壊を認定した事例として実務上参考になると思われる。

＜参考となる判例＞

○土地賃貸借契約に関して更新料の支払を1回怠ったこと（不払金額は300万円と高額）を理由とする解除の効力が争われた事案において、賃借人には約50年の賃貸借期間中に特段の背信行為がなかったこと、そもそも更新料が相場に比して高額であったこと等に照らして、信頼関係の破壊が認められないとして解除の効力が否定された事例（東京地判平19・1・18（平17（ワ）15236））

○建物賃貸借契約に関して3回分の更新料の不払を理由とする解除の効力が争われた事案において、法定更新後は期間の定めのない契約となり更新料は発生しないとして、1回分のみの更新料不払を認定した上、信頼関係の破壊が認められないとして解除の効力が否定された事例（東京地判平19・7・27（平17（ワ）17005））

○土地賃貸借契約に関して更新料の不払等を理由とする解除の効力が争われた事案において、信頼関係の破壊が認められ解除の効力が肯定された事例（東京地判平27・4・10（平25（ワ）30032））

第2章　金銭債務不履行　　59

第4　信用不安

10　賃借人の保証金について国税滞納処分による差押えがなされた場合に、著しい信用不安を理由とする契約解除が認められなかった事例

（東京地判平22・3・16（平21（ワ）12359））

信頼関係破壊の判断ポイント

賃貸人の主張	賃借人の主張	裁判所の判断
賃借人（被告）が本件契約（「本件契約」の定義は後述する。）に基づき賃貸人（原告）に差し入れた保証金が国税滞納処分により差押えを受けたことは、本件契約の約定解除原因である「著しい信用不安を生じた場合」に当たる。	賃借人が差押えを受けたときに賃貸人が直ちに賃貸借契約を解除できる旨の特約は、借地借家法28条の趣旨に反し、賃借人に不利なものであるから、同法30条により無効である。	賃料債務の不払が現実的、具体的に予想されるほどに重大で、本件契約を継続し難いほどに当事者間の信頼関係を破壊するに至ったといえる場合にはじめて、解除が認められる（特約自体は有効）。
賃借人は、以前にも1回目の差押えを受け、それに続いて2回目の差押えを受けたところ、いずれの差押えも、賃貸人からの解除の意思表示後まで長期間にわたって継続し、信用不安が解消されなかった。	—	—
—	賃借人は、1回目及び2回目の差押えに係る滞納税のうち500万	—

	円を納付するとともに、今後の分割納付を約束することにより、既に、両方の差押えを解除された。	
賃借人は、賃料及び共益費の支払を恒常的に遅滞している。	約定の支払日に遅れることはあっても、翌月分の支払日までには支払っており、2か月分以上の滞納が発生したことはない。	2か月分以上の滞納が発生したことはないとの賃借人主張を認める。
賃借人には、滞納税を納税する資金ができる財務上の余裕がなく、将来的に見ても国税の滞納が解消される見込みが希薄である。	賃借人は、金融機関借入れも順調に返済しており、経営危機に陥っているものではないし、滞納税の残額は、毎月25万円ずつ納税すれば20か月で完済できる予定であるから、賃貸人に対する賃料債務の不履行の危険はない。	賃借人の経営状態は、本件契約の賃料の支払が困難なほどの危機にあるとはいえない。
以上より、いつ賃貸人に対する不履行が発生してもおかしくない状況であり、賃貸人と賃借人との間にはもはや契約を維持するだけの信頼関係が喪失している。	差押えによって賃料債務不履行の危険性が直接的、具体的、実質的に生じたことは全くない。	賃料債務の不払が現実的、具体的に予想されるような状況にあるとはいえず、契約を継続し難いほどに信頼関係を破壊するに至ったものとはいえないから、解除は認められない。

第2章　金銭債務不履行　　　61

事　実　経　過	
平成9年6月1日	賃貸人は、賃借人に対し、本件建物を、期間3年、賃料月額30万円、保証金500万円（以下「本件保証金」という。）、賃借人が銀行取引停止処分を受け、又は破産、民事再生等の申立てを受けた場合、あるいは著しい信用不安を生じた場合には、催告を要せず直ちに契約を解除できるとの約定で賃貸した。以降、賃借人は、本件建物で蕎麦店を経営している。
平成11年11月12日	賃借人は、平成5年ないし平成11年の源泉所得税、消費税及び地方消費税を滞納し（滞納額は、加算税等も含め全部で約900万円）、本件保証金の返還請求権について、税務署より国税滞納処分である差押えを受けた（以下「前回差押え」という。）。
平成18年5月18日	賃貸人賃借人間で3回目の更新契約（以下「本件契約」という。）を締結した。
平成19年1月11日	賃借人は、平成11年ないし平成18年の源泉所得税、消費税及び地方消費税を滞納し（滞納額は、加算税等も含め全部で約550万円）、本件保証金の返還請求権について、税務署より国税滞納処分である差押えを受けた（以下「本件差押え」という。）。
平成21年2月13日	賃貸人は、賃借人に対し、本件差押えの継続が著しい信用不安を生じた場合に該当するとして、本件契約を解除する旨の意思表示をした。
平成21年3月2日	賃借人は、前回差押え及び本件差押えに係る滞納税のうち500万円を納付するとともに、今後の分割納付を約束することにより、前回差押え及び本件差押えを解除された。

裁判所の判断理由

　本件契約には、破産手続開始決定の申立て等と並んで著しい信用不安を無催告解除原因とする特約が付されているところ、支払不能ないし支払停止を原因とする破産手続開始決定の申立てが賃料債務の不払を伴うことが通常予想される事態であることに鑑みれば、保証金返還請求権の差押えによる著しい信用不安を理由とする契約解除も、賃料債務の不払が現実的、具体的に予想されるほどに重大で、本件契約を継続し難いほどに当事者間の信頼関係を破壊するに至ったといえる場合にはじめて、前記特約に基づく解除が認められると解するのが相当というべきである。

　賃借人は、平成5年頃から国税の滞納を継続し、平成19年には本件保証金の返還請求

権につき前回差押えと本件差押えという二重の国税滞納処分である差押えを受けるに
至り、その滞納税額も総額で1,400万円と高額にのぼったこと、前回差押え及び本件差
押えがいずれも数年間継続したことが認められ、その差押えの態様は決して軽微なも
のとはいえないが、その後、金融機関からの借入れにより500万円を納税し前回差押え
及び本件差押えの解除を得て、現時点で本件保証金につき何らの差押えも受けていな
いこと、前記一部納税の原資となった金融機関からの借入れにつき約定弁済を続けて
おり、残納税額も分割納付する予定であること、本件差押えの前後を通じて本件契約
の賃料の支払につき2か月分以上の滞納が発生したこともないこと、賃借人の経営は、
各決算期における売上高が約7,700万円で安定し、前記一部納税による損失処理を除
けば若干の経常利益又は経常損失を計上する程度であり、短期借入金も大部分が賃借
人の代表者ら関係者に対する無利子債務で即時返済を求められる性質のものではない
ことがそれぞれ認められ、これら認定事実を総合すると、賃借人は、滞納税の納付に
よる負担増はあるものの、本件建物を含めて現状の店舗体制による経営を維持すれば
同様の経営状況を継続することが可能であると認められ、その経営状態は、本件契約
の賃料の支払が困難なほどの危機にあるとはいえないし、賃貸人が主張するように賃
借人が本件契約の継続を望まず閉店の意思を有していることを窺わせる証拠もないか
ら、賃借人につき、今後再び本件保証金の返還請求権の差押えを受けることが常態化
して賃料債務の支払が滞ることが現実的、具体的に予想されるような状況にあるとは
いえず、本件契約を継続し難いほどに賃貸人と賃借人との間の信頼関係を破壊するに
至ったものとはいえないというべきである。

解　　　説

　本件は、建物の賃貸借契約において、賃借人が銀行取引停止処分を受け、又は破産、
民事再生等の申立てを受けた場合、あるいは著しい信用不安を生じた場合には、催告
を要せず直ちに当該賃貸借契約を解除することができる旨定めた無催告解除の特約が
ある場合に、賃借人の保証金について国税滞納処分により差押えがなされたことが、
「著しい信用不安を生じた場合」に該当し、賃貸人による無催告解除が許されるかが
問題となった事案である。

　裁判所は、その該当性の判断につき、破産手続開始決定の申立て等のその他の解除
原因との対比から、「保証金返還請求権の差押えによる著しい信用不安を理由とする
契約解除も、賃料債務の不払が現実的、具体的に予想されるほどに重大で、本件契約
を継続し難いほどに当事者間の信頼関係を破壊するに至ったといえる場合にはじめ

第2章　金銭債務不履行　　63

て、前記特約に基づく解除が認められると解するのが相当というべきである」との解釈論を示した上で、賃借人が現時点で本件保証金につき何らの差押えも受けておらず、また本件差押えの前後を通じて賃料の支払につき2か月分以上の滞納を発生させたことがないこと等諸般の事情を総合考慮すれば、賃借人につき、今後賃料債務の不履行が現実的、具体的に予想されるような状況ではなく、本件契約を継続し難いほどに賃貸人賃借人間の信頼関係を破壊するに至ったものとはいえないとして、前記特約の適用を否定し、賃貸人による本件契約の解除を認めなかった。

　本判決までに、建物賃貸借契約において、1か月分の賃料の遅滞を理由に催告なしで解除することができる旨を定めた特約条項につき、信頼関係破壊の法理に基づいて、「催告をしなくてもあながち不合理とは認められないような事情が存する場合には、無催告で解除権を行使することが許される旨を定めた約定であると解するのが相当である」として制限的に解釈した判例があったが（最判昭43・11・21判時542・48）、本判決はこれと同様に、信頼関係破壊法理により無催告解除特約を制限解釈すべき場合があることを示した判例の一つとして位置づけられるものであり、無催告解除特約の適用の有無が問題となる事案処理の参考になる。

＜参考となる判例＞
○家屋賃貸借契約において1か月分の賃料の遅滞を理由に無催告解除を許容した特約がある場合でも、かかる特約は、催告をしなくてもあながち不合理とは認められない事情が存する場合には、無催告で解除権を行使することが許される旨を定めた約定であると解するのが相当であるとした上で、5か月分の賃料の支払を遅滞した賃借人に対する解除権の行使を認めた事例（最判昭43・11・21判時542・48）

第3章　無断転貸及び無断譲渡

第1　無断転貸（一般及び個人）

11　家屋の一部無断転貸借につき、背信行為と認めるに足りない特段の事情がないと判断され、契約解除が有効とされた事例

(最判昭43・9・12判時535・52)

信頼関係破壊の判断ポイント

賃貸人の主張	賃借人の主張	裁判所の判断
本件建物の賃貸借契約は、裁判所の調停において成立した。	争わない。	賃貸人（原告・被控訴人・被上告人）の主張を認める。
賃借人（被告・控訴人・上告人）は本件建物を無断で転貸した。	賃借人の本件建物に対する占有支配関係には何らの変動もないので、転貸がなされたものではない。	賃借人は本件建物のうち2室を転借人に賃貸し占有させていたのであるから転貸に該当する。
上記無断転貸により、賃貸人と賃借人間の信頼関係は破壊された。	①賃借人は転借人の顧問の地位にあったこと、②転貸期間は2か月未満で、転借人は既に退去済みであること、③本件転貸は権利金、敷金及び賃料の定めがなかったこと、④賃借人が本件建物を退去すれば、長年ののれんを失うこととなること等の事情からすれば、本件転貸には背信行為と認めるに足りない特段	賃借人の主張は認められないか、認められたとしても背信行為と認めるに足らない特段の事情を裏付けるものではない。

第3章　無断転貸及び無断譲渡

の事情がある。

<table>
<tr><td colspan="2" align="center">事　実　経　過</td></tr>
<tr><td>昭和34年2月23日</td><td>賃貸人と賃借人との間で、裁判所の調停により本件建物の賃貸借契約が締結された（以下「本件賃貸借契約」という。）。調停条項においては、賃料を月額7,000円とする条項のほか、無断転貸禁止の条項があった。</td></tr>
<tr><td>昭和38年3月～9月</td><td>賃借人は、転借人から本件建物を転借人の金沢営業所の事務所として貸してほしいと頼まれ、本件建物のうち階下表左側の事務室8畳とその後方の応接間を、1か月金2万円、賃貸期間2年の約定で転借人に転貸することにし、敷金15万円を受領して、転貸部分の天井を張り替え、壁を塗り直し、応接間の床を補修して、同年8月上旬頃から本訴提起後の同年9月末日頃まで、転借人に転貸した。転借人は、転貸部分に2名の女子事務員を配置して執務させ、転貸部分を転借人の金沢営業所として占有使用した。</td></tr>
<tr><td>昭和38年8月27日</td><td>賃貸人は、賃借人に対し、転借人への無断転貸を理由に、本件賃貸借契約を解除する旨の意思表示をした。</td></tr>
</table>

裁判所の判断理由

賃貸人が賃借人の無断転貸を理由として賃貸借を解除した場合において、無断転貸が背信行為と認めるに足りない特段の事情については、解除の効力を否定しようとする賃借人の側においてその存在を主張立証すべきであるとの判断を前提に（最判昭41・1・27民集20・1・136参照）、以下のように述べて、原審の判断を是認し、本件においては、賃借人の義務違反の程度は強く、本件転貸が賃貸人との信頼関係を破壊するものではないとは到底いえないとした。

「所論は、本件転貸によって賃貸人が経済的利益を害されることがないから、右転貸が賃貸人と賃借人との間の信頼関係を破壊するものではない旨主張するが、本件賃貸借は、原判決摘示の事情のもとに、裁判所の調停によって成立したものであり、右調停条項中には無断転貸禁止の条項があったばかりでなく、賃借人は右転貸によって本件賃貸借の賃料をはるかにこえる賃料を収受しており（注：賃借料は月額7,000円であったのに対し、転貸料は月額2万円であった。）、賃貸人は本件解除前あらかじめ転借人に対し無断転借は承認できない旨を告知している等原審認定の諸事実に徴すれば、

賃借人の義務違反の程度は強く、本件転貸が所論の信頼関係を破壊するものではないとは到底いえないのであって、論旨は理由がない。」

解　　　説

　民法612条は、1項において「賃借人は、賃貸人の承諾を得なければ、その賃借権を譲り渡し、又は賃借物を転貸することができない。」と規定して賃借権を譲渡するには賃貸人の承諾が必要であることを定め、2項において「賃借人が前項の規定に違反して第三者に賃借物の使用又は収益をさせたときは、賃貸人は、契約の解除をすることができる。」と規定して、賃貸人の承諾のない転貸借（無断転貸借）がなされた場合、賃貸人は賃貸借契約を解除することができる旨を定めているが、判例上、この解除については制限が課され、無断転貸につき（賃借人の賃貸人に対する）背信行為と認めるに足りない特段の事情があることを賃借人が主張立証した場合、賃貸人の解除権は発生しないとされている。本件は、この「特段の事情の存在」の有無につき、具体的な事実関係を踏まえて判断した判決である。

　具体的には、裁判所の調停で成立した本件賃貸借契約において無断転貸禁止が規定されていることを前提としつつ、賃借人が転借人から賃料の約3倍の賃料を受領していたことや、賃貸人が転借人に対して無断転貸を承認することはできないことを告知していたことを踏まえると、本件においては、賃借人の義務違反の程度は強く、本件転貸は信頼関係を破壊するものではないとは到底いえないと判断した。

　本件においては具体的には指摘されていないが、原審は、①賃借人は昭和38年3月30日頃から転借人の顧問の地位にあったことは認め得るものの、この顧問の内実は、賃借人と転借人との間で相互に得意先を紹介し合うといった程度のものに過ぎず、賃借人が転借人の顧問としての立場から本件転貸部分を占有していたものとは到底認め難いこと、②賃借人は、転貸期間は2か月未満であり、しかも転借人は退去済みであることを主張するものの、それは、賃貸人から転借人に対し、無断転借は承認できない旨を告知し、明渡請求訴訟を提起したことによるものである上、本件転貸は当初から特に短期間の約定がなされていたものではないこと（本件転貸借契約においてはその期間は2年とされていた。）、③賃借人は、本件建物を退去することは長年ののれんを失うことになり、また他に住居を求めることは至難であることを主張するが、長年ののれんを失い、他に住居を求めることが難しいからといって、裁判所の調停で定められた転貸禁止の特約に反して他に転貸する合理的理由はないこと等も指摘した上で、本件転貸が信頼関係を破壊するものではないことを否定しており、かかる事情をも踏まえて、上記の判断をしているものである。

第3章　無断転貸及び無断譲渡　　　　　　　67

12　無断転貸借が背信行為に当たるとして解除権が発生した場合には、その後に無断転貸借が終了したという一事のみによって解除権の行使は妨げられないと判断された事例　　　　　　　　（最判昭32・12・10判時137・7）

信頼関係破壊の判断ポイント

賃貸人の主張	賃借人の主張	裁判所の判断
賃借人（被告・控訴人・上告人）は、賃貸人から賃借していた家屋を賃貸人に無断で第三者に対して転貸した。	争う。	賃借人の主張を排斥し、賃貸人の主張を認める。
上記無断転貸により、信頼関係は破壊された。	無断転貸を理由とする本件賃貸借の解除は、無断転貸終了後になされたものであるから、信頼関係を破壊する特段の事情はない。	賃借人の主張を排斥し、賃貸人の主張を認める。

事　実　経　過	
昭和28年1月頃	賃貸人の子（原告・被控訴人・被上告人）が所有する家屋（以下「本件建物」という。）につき、賃貸人は、賃借人に対して月額1,790円にて賃貸した。
不明	上記賃貸後、賃借人は、本件建物の一部を転借人に無断転貸した。
昭和28年11月11日頃	賃貸人は、賃借人に対し、無断転貸を理由とする本件建物の明渡しの要求を行った。
昭和29年4月頃	転借人が本件建物を退去し、本件建物の転貸借は終了した。
昭和29年5月13日	賃貸人は、賃借人に対し、本件建物の転貸借を理由に、賃貸借を解除する旨の意思表示を行った。

裁判所の判断理由

　無断転貸が背信行為に当たるものとして解除権が発生した場合であるときは、その後その転貸が終了したからといって、その一事のみにより、当該無断転貸は回復し得ない程信頼関係を破壊したものではなく解除権の行使は認められないと断定しなければならないものではない。

　本件において、原判決は、賃借人が転借人への無断転貸を実施するに至るまで無断転貸を反覆累行してきたという経緯のほか、転借人が退去したのは、（転借人の発意によるものとはいえ）賃貸人の苦情に由来することを踏まえると、転借人に対する無断転貸は、（賃貸人と賃借人との間の）信頼関係を破壊するに足る背信行為であると評価し得るところであり、また、賃貸借契約の解除時点において無断転貸が終了していても、その一事をもって信頼関係が回復されて将来の不安が払拭されたとは認めがたいと判断しているのであり、その判断は首肯できるから、賃貸借契約の解除時点において無断転貸が終了していた本件に関し賃貸借契約の解除の効力を認めた原判決の判断は正当であると判断した。

解　　　説

　本件は、賃貸人が賃借人の無断転貸に基づく賃貸借契約の解除の意思表示を行った時点では既に当該無断転貸は終了していたことを理由に、賃借人から当該解除の有効性が争われた事案である。

　最高裁は、賃貸借契約の解除通知を行った時点では無断転貸は終了していたことの一事をもって、当該無断転貸が（賃貸人と賃借人との間の）信頼関係を破壊するに足らない特段の事情が認められるとの結論が導かれるものではないとした上で、賃借人が無断転貸を繰り返し行ってきた経緯等の諸般の事情を考慮し、本件において、信頼関係を破壊するに足らない特段の事情が認められるものではないと判断して、賃借人による無断転貸を理由とする解除を認めたものである。

　なお、本判決は、一度無断転貸がなされた以上は、いかなる事情があろうとも解除が有効であるとするものではなく、あくまでも、無断転貸が終了していた場合にも、諸般の事情を考慮した上で信頼関係の破壊を認めたものであって、無断転貸の期間、頻度、悪質性等の事情によっては、解除が無効とされるケースも十分に考えられることに留意が必要である。

（注）　本件は、建物所有者の父親が賃貸人として賃貸借契約を締結し（いわゆる承諾他人物賃貸借）、その後、当該賃貸借契約の賃借人が無断転貸したことを受けて、賃貸人（父親）が賃貸借契約を解除した後に、建物所有者である息子が、所有権に基づく建物明渡請求を行った事案であり、賃貸借契約の解除の有効性は、賃借人による占有権原の有無に関連して争いになったものであるが、本稿においては、当該賃貸借契約の部分のみにフォーカスを当てて記載していることに留意されたい。

13 1か月未満の転貸事案につき、賃貸借契約の解除が認められた事例

(最判昭33・1・14民集12・1・41)

信頼関係破壊の判断ポイント

賃貸人の主張	賃借人の主張	裁判所の判断
賃借人（被告・控訴人・上告人）は、本件建物の2階を昭和27年8月25日頃より同28年6月末頃まで訴外Aに、同28年8月11日頃より同月27日頃まで訴外B・Cに、同年9月8日頃より訴外Dに多額の賃料で無断転貸した。	争う。Aに貸していたことは認めるが、B・C及びDに貸していた事実はない。	証拠等を総合すれば、賃借人がB・C及びDに本件建物の2階を転貸したことが認められる。
賃借人は不当に高い転借料で米軍の人間と同棲させる場所に使用させる目的で転貸した。	転貸は非常に短期であり、賃借人は法律的素養が皆無であるため、無断転貸は悪意ではなく、何ら法に反するものではないと思ったからに過ぎず、到底背信行為とはいえない。	転貸が短期間に終わったことは、賃貸人（原告・被控訴人・被上告人）が再三退去を要求したことに起因するものであり、賃借人が短期間に限って貸与したことを認めるに足る証拠はない。
以上の事由により信頼関係は破壊された。	争う。	B・C及びDへの転貸は、賃貸人と賃借人間の本件建物の賃貸借における信頼

第3章　無断転貸及び無断譲渡　　71

| | | 関係を破る契約違反行為である。 |

<table>
<tr><td colspan="2" align="center">事　実　経　過</td></tr>
<tr><td>昭和20年10月16日</td><td>賃貸人は、本件建物を賃借人に対し、以下の約定で賃貸した（以下「本件契約」という。）。
・賃　料　月70円</td></tr>
<tr><td>昭和27年8月下旬頃～4・5か月</td><td>賃借人が、Aに本件建物2階を以下の約定で間貸しした。
・賃　料　月5,000円</td></tr>
<tr><td>昭和28年8月中旬～同月末頃</td><td>賃借人は、アメリカ軍将校であるBとその愛人Cに本件建物2階を以下の約定で間貸しした。
・賃　料　月1万円</td></tr>
<tr><td>昭和28年9月8日頃</td><td>賃借人は、アメリカ軍属と婚約者Dに本件建物2階を以下の約定で間貸しした。
・賃　料　月20ドル、水道光熱費3,000円
なお、その当時の本件契約の賃料は月額2,700円であった。</td></tr>
<tr><td>昭和28年9月25日</td><td>賃貸人は、賃借人に対し本件契約の解除の意思表示をし、本件建物の明渡しを求めた。</td></tr>
<tr><td>昭和28年10月2日</td><td>賃貸人が無断転貸を理由にDらに退去するよう求め、Dらが本件建物2階から退去した。</td></tr>
</table>

裁判所の判断理由

　原審が本件賃貸借契約は、賃借人のなした無断転貸により解除せられたものと判断したのは正当であって、本件においては、第一点所論の如き背信行為と認めるに足らない特段の事情があるものとは認められず、また、第二点所論の如く賃貸人の解除権の行使が権利の濫用であるということもできない。

＜原審（大阪高判昭31・9・20民集12・1・50）＞

　賃借人は、現在の社会情勢の下においては極めて短期間内に貸間をしたとしても、賃貸借契約の本旨にもとるものでもなく信義誠実の原則に反しないのであるから、賃貸人が本件契約を解除することは権利の濫用であると主張し、賃借人が、Dをして本

件家屋の2階に居住させたことは、右認定のごとく昭和28年9月8日頃から同年10月2日頃までであって、短期間であることは明らかであるが、Dの居住が右のごとく短期間に終ったことは、賃貸人から再三Dに退去を要求したことに基因することは、既に認定したとおりであって、賃借人が、短期間を限って貸与したものであることを認めるに足る証拠はないのであるから、Dの居住が短期間に終ったことの一事で賃借人の行為が信義誠実の原則に反するものでないということはできない。

　また、賃借人は、（過去にも）本件家屋の2階を転貸したことがあるし、特に昭和28年8月中旬からの転貸は、アメリカ軍将校とその愛人とに貸与したものであること、本件家屋は、阪急電車夙川駅から北へ徒歩で約10分くらいの位置にあり、附近は閑静な高級住宅街であること、賃貸人及びその長男は共に医師で、賃貸人は、本件家屋からほど遠くない西宮市○○町○○番地に、長男は当時本件家屋の隣にそれぞれ居住しており、かつ賃貸人の長男には学校へ行っている子供があり、本件家屋にアメリカ軍人等が出入りし、その愛人がいることは教育上支障があり、近隣の住宅街の人々からも、本件家屋にアメリカ軍人等と関係のある女が居住していることにつき子供の教育上よくないと賃貸人の長男方に抗議したこともあること（このことは直接には賃貸人の責任でないとしても、父子共に医師としての社会的地位にあるものが、その貸家が右の如き状態において使用されていることを放任することは、社会的に非難される原因となり得ることは容易に推認できる）が認められることを併せ考えると、賃借人が賃貸人の承諾を受けず、Dに本件家屋の2階を使用することを許し、前記のごとく対価を得たことは、賃貸人に対し本件家屋の賃借人としての信頼関係を著しく破る行為であると認められるから、賃貸人が前記のごとく契約解除の意思表示をなしたことは当然の権利の行使であって、権利の濫用であるということはできない。

解　　　説

　本件は、賃借人が、賃貸人に無断で、多額の賃料によって、本件建物の2階にアメリカ軍属（土曜又は日曜のみ）及びその婚約者と称する女性等を約1か月の間住まわせた事案において、賃貸人との間の信頼関係を著しく破る行為であるとして、解除の有効性を認めた事案である。

　裁判所は、賃借人が多額の賃料（当時の本件建物の賃料が、約2,700円であったのに対し、転貸料は20ドルで、日本円に換算すると7,200円と賃料の約2.6倍）でアメリカ軍属の婚約者と称する女性に本件建物2階を転貸したこと、本件建物が閑静な高級住宅街にあること、本件建物の近隣住民から本件建物にアメリカ軍人と関係のある女が

第3章　無断転貸及び無断譲渡　　73

居住していることは、子供の教育上よくないと抗議されたこと、当該女性が約1か月の短期で退去したのは、賃貸人らが退去するよう再三申し入れたことを理由とすること等を考慮の上、信頼関係の破壊があると認めている。

　本判決においては、その前提として過去にも賃借人がアメリカ軍人等に転貸をしていた事実も認定されており、昭和28年9月の約1か月の転貸の事実のみをもって、解除を有効と判断したのか、それ以前の転貸の事実を加味して初めて解除が有効とされたのか、必ずしも定かではないが、賃借人が、短期間内に貸間をしたとしても、賃貸借契約の本旨にもとるものでもなく信義誠実の原則に反しないと主張したことに対し、婚約者と称する女性の居住が短期間に終わったことは賃貸人が再三にわたり転借人に退去を求めたことによるものであって、短期間に終わったことの一事で賃借人の行為が信義誠実の原則に反するものでないということはできないと明確に述べている点は参考になると考えられる上、転借人の属性や行為、並びに転借目的等が社会上非難に値するような場合に当該賃借物件の周辺環境等を考慮に入れた上で、信頼関係の破壊を肯定し得ることを示した判例としても参考になるものと思われる。

第3章　無断転貸及び無断譲渡

14 無断転貸がなされてはいるが、その使用収益形態は賃借人と転借人の共同経営であり、背信行為と認めるに足りない特段の事情があるとして、賃貸人による解除が認められなかった事例

（東京地判平24・1・19（平22（ワ）24975））

信頼関係破壊の判断ポイント

賃貸人の主張	賃借人の主張	裁判所の判断
本件で、賃貸借契約（以下「本件契約」という。）は、賃貸人（原告）と賃借人（被告1）との間で締結されている。	争わない。	認める。
賃借建物（以下「本件店舗」という。）は飲食店として使用されているが、飲食店の営業許可（食品衛生法52①）は、賃借人が共同経営者と言う転借人（被告2）が取得している。	争わない。	認める。
本件店舗での営業は、賃貸人の承諾を得ずに転借人が行っており、転借人が現実的・主体的に本件店舗の使用収益をしているので、本件店舗の無断転貸に該当する。	本件店舗においては、本件契約が締結された当初から現在に至るまで、賃借人が店舗を経営している。 賃借人は転借人と共同して本件店舗での経営に携わっているだけであり（無断転貸ではない。）、営業許可も開店に当たり転借人が取得しただけのことである。	賃借人らの主張を排斥し、賃貸人の主張を認める。
上記の賃借人らの行為により、賃貸人との信頼関係は破壊された。	賃借人・転借人両名の親族関係、両名が本件契約についての交渉を行い当初から本件店舗を共同	本件においては、賃貸人に対する背信行為と

経営していたこと、そのことは賃貸人に説明し了承を得ていること等からすれば、無断転貸がなされたのだとしても、背信的行為と認めるに足らない特段の事情がある。	認めるに足りない特段の事情があり、民法612条2項の解除権は発生しない。

事　実　経　過	
平成18年4月14日	本件店舗を含めた建物（以下「本件建物」という。）の前所有者であるAと賃借人との間で、本件契約が締結された。本件契約においては、賃借人は、賃貸人の書面による承諾を得なければ、本件店舗の転貸をしてはならず、これに違反した場合、本件契約を解除することができる旨の規定があった。
平成18年4月26日	転借人は東京都知事に食品衛生法52条1項の飲食店営業許可を申請し、本件店舗で営業する店舗の営業者として飲食店営業許可を受けた。
平成20年5月23日	賃貸人は、Aより本件建物を買い受けて、本件契約の賃貸人たる地位を承継した。
平成20年9月29日	賃貸人は、賃借人に対して、本件建物の敷地等を有効活用して自社等の事務所用ビル建設の計画を進めているなどとして、本件契約につき、更新拒絶の意思表示をしたが、これに対し、賃借人は、更新を希望するが、代替建物の用意及び移転料の補償等、条件提示があれば、考慮の余地がある旨を返答した。
その後	賃貸人から賃借人に対し、立退料として2,000万円を支払う旨の提示があったが、賃借人との話合いは進まなかった。
平成22年4月1日	賃貸人は、賃借人との交渉の中で、賃借人から、転借人が共同経営者であることを聞き、本件店舗の営業許可を調べたところ、転借人名義であることを知った。 賃貸人は、賃借人が本件店舗を無断で転借人に転貸しているとして、本件契約を解除する通知をした。

裁判所の判断理由

　まず、賃借人から転借人に対して本件店舗の無断転貸がなされたか否かにつき、本件店舗においては、賃借人及び転借人が、おおむね対等な立場で共同経営していたことが認められ、本件店舗の営業許可が転借人の名義で取得されて、転借人が主に本件店舗の責任者として働いていたことも併せ考慮すると、転借人は、本件店舗につき独立の使用権を得ており、これは、本件店舗の賃借人から転借人に対して、転貸借がなされているものと評価すべきであると判断した。

　その上で、無断転貸がなされた場合であっても、賃借人の無断転貸が賃貸人に対する背信的行為と認めるに足らない特段の事情がある場合においては、解除権が発生しないとの最高裁判例（最判昭28・9・25判時12・11等）を踏まえて、本件における賃借人は、転借人にも本件店舗を使用収益させているものの、その態様は、共同経営によるものであり、賃借人も本件店舗の直接の使用収益をしているものと評価できること、賃借人・転借人両名は親族関係にあり、本件契約締結以前から本件店舗と同一業態の別の店舗を共同で経営し、本件店舗も同様に共同経営しているものであること、本件契約においては、賃借人が賃借人になったものの、転借人も、本件店舗の内見や契約に先立つ交渉等に関与しているのであって、少なくとも、賃借人・転借人がことさらに共同経営であることを隠していたとは認められないこと、Ａは、本件店舗の上階に居住しており、本件店舗の実際の使用状況を確認することは容易であったにもかかわらず、本件店舗の使用状況について、異議を唱えたことはなく、賃貸人も、平成20年5月に賃貸人の地位をＡから承継して以降、平成22年4月に転借人が営業許可の名義人であることを知るまで、本件店舗の使用状況について異議を唱えたことはなかったことといった事実を総合すれば、本件においては、賃借人による転借人への転貸は賃貸人に対する背信行為と認めるに足りない特段の事情があるというべきであると判断した。

解　　　説

　賃貸借契約書では、無断転貸の禁止規定が設けられていることが多く、その場合、賃借人が貸室を無断転貸すれば、契約上の解除事由に該当することになるが、無断転貸についても、いわゆる信頼関係破壊の法理が適用され、無断転貸が賃貸人に対する背信的行為と認めるに足りない特段の事情がある場合は、解除権は発生しない（最判昭28・9・25判時12・11等）。

第3章　無断転貸及び無断譲渡　　　77

　この点、本件では、まず無断転貸の有無が争われたが、裁判所は、賃借人と転借人は、親族の関係にあり、本件契約締結以前から別の場所で焼鳥屋を共同経営し、その経営が順調だったことから、新たな店舗を開店し、共同経営するべく賃貸借契約を締結することとしたとしても、本件契約を締結したのは、賃借人である一方、食品衛生法に基づく営業許可は転借人が取得し、かつ、店舗の責任者は転借人であったことを理由に、本件店舗の賃借人から転借人への転貸が、賃貸人の承諾を得ずしてなされた無断転貸に当たると認定した。

　その上で、裁判所は、賃借人と転借人は親族であること（甥と叔父の関係）、本件店舗における営業が賃借人と転借人の共同経営によるものであること、本件契約の締結に先立っては転借人も賃借人と共に交渉等に関与していること、本件店舗の使用状況を容易に確認することのできた前賃貸人であるAが、賃借人と転借人による本件店舗の使用状況につき異議を述べたことがないこと、現賃貸人としても、平成20年5月にAより賃貸人の地位を承継してから、転借人が営業許可の名義人であることを知った平成22年4月1日まで、建物の使用状況に異議を唱えていないこと等といった事実関係からすれば、背信行為と認めるに足りない特段の事情があるとして、民法612条2項による解除権は発生しないと判断した。

　前賃貸人であるAは、本件店舗の上階に居住し、本件店舗も利用しており、本件店舗の使用状況を容易に確認し得たものの、これに異議を述べなかったようであるが、現賃貸人が、本件店舗の使用状況をどこまで知っていたかは、判決上、明確ではない。

　しかしながら、本判決は、前賃貸人であるAが、上記使用状況を把握していたと思われること（あるいは少なくとも容易に把握できたこと）を踏まえ、賃貸人は、そのAから賃貸借契約を承継したものであること、その他本件店舗の出店、経営に関する経緯等をも具体的に検討、考慮し、本件契約の解除の有効性を否定したものであり、「特段の事情」の有無の判断において、事例的参考性を有するものである。

| コラム | 賃貸居室内における転借人等の自殺について |

1 賃借人に対する損害賠償請求

　賃借人が転貸等により賃貸居室内に居住させた第三者が、当該居室内において自殺した場合、賃貸人は賃借人に対し、損害賠償請求ができるだろうか。できるとして、いかなる根拠に基づき請求できるだろうか。

　賃借人は、賃貸借契約上、目的物の引渡しを受けてからこれを返還するまでの間、善良な管理者の注意義務をもって使用収益すべき義務を負っており（民400）、転貸等（転貸ではなくても居住、占有させることを含む。）を伴う建物賃貸借においては、善管注意義務の内容として、目的物を物理的に損傷等することのないようにすべきことにとどまらず、居住者が当該建物内部において自殺しないように配慮することもその内容に含まれるとされている。

　したがって、賃借人が転貸等により賃貸居室内に居住させた第三者が、当該居室内において自殺した場合、賃貸人は賃借人に対して、居住者が当該建物内部において自殺しないように配慮するという善管注意義務に違反したことを理由に、債務不履行に基づいて、損害賠償請求をなすことができる。

　判例においても、賃借人が第三者に賃貸居室を無断転貸又は無断占有させたところ、当該第三者が当該居室内において自殺した事案において、賃借人は賃貸借契約上の善管注意義務の内容として、居住者が当該物件内部において自殺しないように配慮する義務を負担していることを前提に、当該義務の不履行に基づき、賃借人に対する損害賠償請求を認めたものがある（東京地判平22・9・2判時2093・87）。

　なお、上記判例は、無断転貸であり、「少なくとも無断転貸等を伴う建物賃貸借契約においては」上記義務を負うとの判示がなされているが、賃借人の妻の自殺事例や、賃貸人から転貸の承諾を得ていた転借人と同居していた者の自殺事例についても、「少なくとも賃借人においてその生活状況を容易に認識し得る居住者が建物内で自殺をするような事態を生じさせないように配慮しなければならないというべきである」等判示して、同様に、賃借人に対し、善管注意義務違反を理由に損害賠償請求を認めたものがあり（東京地判平26・8・5（平25（ワ）12984）、東京地判平26・12・11（平26（ワ）6462））、無断転貸でなければ前記配慮義務が生じないというものではない。

　どの範囲で前記配慮義務及びその義務違反が認められるかは、賃借人において、当該義務履行ができる可能性があったにもかかわらず、これを怠ったといえるかが、重要な要素になると思われる。

2 損害賠償請求が認められる範囲

それでは、前記配慮義務があった場合、賃借人に対する損害賠償請求として、いかなる範囲の損害が認められるだろうか。

このような場合の賃貸人の主たる損害は、原状回復費用、及び逸失利益（当該居室を賃貸し得ない期間分の賃料相当額の損害、あるいは自殺物件となったことにより事後、低額でしか賃貸し得なかった期間分の本来の賃料相当額との差額の損害）と考えられる。これらについて、以下順次説明する。

(1) 原状回復費用

原状回復費用について、前掲東京地裁平成22年9月2日判決においては、経年劣化によるものを超える原状回復費用が損害として認容されたが、その詳細は明らかにされていない。

当該事例は、浴室における自殺であったが、自殺に伴い、浴室全体が利用できなくなる事情が生じたり、浴室に辿り着く前に浴室以外の部屋等に血液が付着する等してクロスやフローリングの貼り替え等まで要した等の事情があれば、これらは経年劣化によるものを超える原状回復費用として損害として認められると考えられる。他方、毀損した範囲が浴室の一部であり、当該一部の取替えのみで原状回復が果たされるのであれば、原則として、当該一部の取替え費用のみが損害として認められることになると思われる。

なお、賃貸人からすれば、当該事件があったまさに現場である浴室全体の取替えや、それにとどまらず、居室全体のクロス、フローリングの貼り替え、クリーニングの費用まで請求したいところであろうが、上記のとおり実際に毀損等したなどの事情がなければ、これら、居室内での自殺という事情に対し通常人が抱く心理的嫌悪感に起因する損害というべきものに対しては、次の賃料相当額の逸失利益で加味されるべきであって、原状回復費用として、心理的嫌悪感を払拭するための費用を上乗せしても、裁判では認められない可能性が高いと考えておくべきである。

(2) 逸失利益（当該居室を賃貸し得ない期間分の賃料相当額の損害等）

居室内で自殺があれば、通常人であれば、当該居室の利用について、心理的嫌悪感を覚えると考えられる。そして、当該居室を賃貸するに当たっては、募集管理等の委託を受けた管理会社等は、宅地建物取引業者として、賃借希望者に対し居室内の自殺という事情の存在を告知すべき義務を負うものであるし（宅地建物取引業法35、前掲東京地判平22・9・2、前掲東京地判平26・12・11等）、賃貸人の義務としても、信義則上、自殺の事実を告知すべき義務があるとされる（大阪高判平26・9・18判時2245・22）。

このように居室内で自殺があれば、賃借希望者に居室内での自殺が告知される結果、

当該居室については賃借人となる者が一定期間現れず、また、現れたとしても、本来設定し得たであろう賃料額より相当低額でなければ賃貸できないこととなる。

前掲東京地裁平成22年9月2日判決も、かかる結果となることは、経験則上明らかといってよいと判示し、第三者に賃貸し得ないことによる賃料相当額、及び賃貸し得たとしても本来であれば設定し得たであろう賃料額と実際に設定された賃料額との差額相当額が、逸失利益として、賃借人の債務不履行と相当因果関係のある損害ということができると判示している。

他方で、賃料額を低額にせざるを得ないのは物件内での自殺という事情に対し通常人が抱く心理的嫌悪感ないし嫌忌感に起因するものであるから、時間の経過とともに自ずと減少し、やがて消滅するものであるともいえる。

判例においては、賃借人の当該債務不履行と相当因果関係にある逸失利益の範囲は、当初1年間の相当賃料額（直近の賃料額と設定される）と、その後2年間の相当賃料額の半額であるとして、逸失利益が算定されたケースが多く見受けられる（なお、厳密には、それらにライプニッツ係数〔将来にわたる賠償金を一時金に換算するための係数〕が掛けられることになる。）（前掲東京地判平22・9・2、前掲東京地判平26・8・5、前掲東京地判平26・12・11）。

なお、賃借人側からよくなされる反論として、当該建物の立地等から、賃貸物件としての流動性が高いとして、逸失利益の算定の基礎となる年数等につき減じられるべきであるというものがある。しかし、前掲東京地裁平成22年9月2日判決においては、まさに、単身者用のワンルームマンションで、その立地は、付近を首都高速等が通るとともに駅からも徒歩2分で都心に近く、交通の便もよく利便性の高い物件について、賃貸物件としての流動性が比較的高いものと見られるから心理的嫌悪感等の減少は他の物件に比して早く進行すると考えるのが合理的である旨判示されながら、逸失利益については、前述のとおりの年数で判断されており、個別事案に関する判例とはいえ、注目されるべき判断といえよう。

(3)　その他の損害

その他、考えられる損害としては、隣室等の賃料減額分や慰謝料があるが、それらの損害が請求された前掲東京地裁平成26年8月5日判決においては、賃借人の善管注意義務は当該居室に及ぶのみであるし、隣室等の賃借希望者に対して本件事故の告知義務が必ずあるともいえないとして隣室等の賃料減額分は認められておらず、慰謝料についても、精神的苦痛があるとしても逸失利益の賠償を受けることにより填補されるべきものであって、それ以上に慰謝料の請求ができるほどの精神的苦痛があったと認められるのは困難と判示されて認められていない。

第3章　無断転貸及び無断譲渡　　　81

3　賃貸人（建物所有者）が転借人に対して直接損害賠償請求をすることができるか

　それでは、賃貸人は、転借人又はその相続人に対し、直接損害賠償請求をすることができるだろうか。

　この点について、賃貸人による転貸の承諾があり、転借人と同居していた者が自殺した事案である前掲東京地裁平成26年12月11日判決は、承諾転貸において、転借人は、賃貸人に対して直接に契約上の義務を負うことになるから（民613①）、転借人は、転貸人のみならず、賃貸人（建物所有者）に対しても賃貸借契約上の義務を負うとして、同様に、善管注意義務違反に基づく賃貸人の転借人に対する損害賠償請求に基づく損害賠償請求を認めている。

　そして、前掲東京地裁平成26年12月11日判決は、賃貸人については逸失利益として前述と同様の賃料相当額（当初1年間の相当賃料額と、その後2年間の相当賃料額の半額）を認めているが、転貸人については逸失利益として、賃貸ができない期間の1年分のみの転貸手数料を損害として認めている。もともとの請求が1年分の転貸手数料相当額であったという事情もあるが、後の2年間は、賃料は減額せざるを得ないとしても、転貸自体は継続できる以上、転貸人としては一定の転貸手数料を享受できることとなるため、請求如何にかかわらず、当該結論が相当と思慮される。

第2　無断転貸及び無断譲渡（法人関係）

15　会社分割及び株式譲渡がなされ、それによる賃借人の人的、物的要素の変更の程度が重大といえる場合には、実質的な賃借権譲渡に当たるとして、賃貸借契約の解除が認められた事例

（東京地判平22・5・20（平20（ワ）36400））

信頼関係破壊の判断ポイント		
賃貸人の主張	賃借人の主張	裁判所の判断
会社分割や株式譲渡により、資本構成や人的構成に変動が生じ、賃借人1（被告1）は賃借人2（被告2）とは全く別の会社となってしまったのであり、これら一連の行為は、実質的な賃借権の無断譲渡と評価すべきである。	会社分割も株式譲渡も直ちに賃借物件の使用態様が変更されるものではなく、賃借権の譲渡と同視し得るものではない。	賃借人らによる会社分割及び株式譲渡は、実質的な賃借権の譲渡に該当する。
会社分割による賃借権の承継は、賃借人の商業登記事項の重大な変更であり、これを長期間賃貸人（原告）に通知しなかったのは、通知義務に反する。	賃貸人に対する会社分割の通知が遅れたのは、今後の方針の最終結論に至るまでは更なる混乱が生じることを防止するためであり、ことさら会社分割の事実を秘匿するためではない。	新設分割後、約6か月もの通知の遅滞は、通知義務に違反するものと認めるのが相当である。
賃借人1が賃借物件で違法営業を行っている可能性があり、実質的な賃借権の無断譲渡という禁止事項違反を行った上、その詳細開示交渉においては不誠実な態度であった。	会社分割及び株式譲渡後も、賃借物件の使用目的及び使用状況に全く変化はなく、遅滞なく賃料を賃貸人に支払っており、賃貸人には何ら経済的実損が生じていないが、仮に解除が認められれば、賃借人1は移転に伴う	賃借人らの主張を排斥し、賃貸人の主張を認める。

第3章　無断転貸及び無断譲渡　　83

	甚大な不利益を被ることになる。賃借人2は、医師法違反の明確な認識の下に違法行為を行っていたわけではなく、賃貸人所有のビルの品格が傷つけられたとの事実は争う。	
以上の事由により信頼関係は破壊された。	争う。	当事者間の信頼関係を破壊しないと評価し得る特段の事情が存するものとはにわかに認められない。

事　実　経　過	
平成14年4月15日	A株式会社（以下「A」という。）は、株式会社C（以下「C」という。）に対し、Xビルを以下の約定で賃貸し、これを引き渡した（以下「本件X契約」という。）。 ・使用目的　脱毛専門エステサロン及びその事務所 ・禁止事項　貸室の一部又は全部を問わず、本契約に基づく賃借権を第三者へ譲渡（担保の提供又は代表者、役員等の変更による実質上の賃借権譲渡及び合併を含む。）し、又は貸室を転貸（有償、無償を問わず、又は共同使用及びこれに準ずる一切の行為を含む。）すること ・変更通知　賃借人の所在地、商号、代表者その他の商業登記事項若しくは身分上重大な変更がある場合は、変更登記等終了後、賃貸人に通知し、契約書等の変更手続を行わなければならない。 その後、Cは、Xビルでエステティックサロンの営業を開始した。
平成14年12月10日	B株式会社（以下「B」という。）は、Cに対し、Yビルを以下の約定で賃貸し、これを引き渡した（以下「本件Y契約」という。以下、本件X契約と併せて「本件各契約」という。）。 ・使用目的　脱毛専門エステサロン及びその事務所 ・禁止事項、変更通知については、本件X契約と同様

	その後、Cは、Yビルでエステティックサロンの営業を開始した。
平成15年6月3日	賃貸人が、Aを吸収合併し、本件X契約における賃貸人たる地位を承継した。
平成15年12月1日	Cは、会社分割を行い、本件各契約における賃借人たる地位は、新設分割設立会社である賃借人2に承継された。
平成17年6月2日	賃貸人が、Bを吸収合併し、本件Y契約における賃貸人たる地位を承継した。
平成19年11月頃	賃借人2の代表取締役らが、医師免許を持たない従業員に医業に当たる脱毛行為をさせたとして、医師法違反の疑いで逮捕された。
平成19年12月28日	賃借人2は、会社分割を行い、本件各契約を新設分割設立会社である賃借人1に承継させ、承継させる債務について重畳的債務引受けを行った。
平成20年6月頃	賃借人2は、賃貸人に対して、会社分割により賃借人1を設立して美容事業を承継させたことを通知した。
平成20年8月頃	賃借人2は、保有していた賃借人1の全株式を、株式会社Dに譲渡した。
平成20年12月26日	賃貸人は、賃借人1に対して、本件訴状の送達をもって、本件各契約の解除の意思表示を行った。

裁判所の判断理由

1　実質的な賃借権の譲渡への該当性

　本件禁止事項の文言上、会社分割ないし株式譲渡は実質的な賃借権譲渡の事由として列挙されていないが、本件禁止事項の趣旨は、法人格の異なる第三者への賃借権の特定承継・移転に限らず、大幅な賃借人の人的・物的要素の変更があった場合にも、賃貸借契約の当事者間の信頼関係に重大な影響を与え得ることから、実質的に見て賃借権を譲渡した場合と評価できるような大幅な人的・物的要素の変更も信頼関係を破壊する行為としてこれを禁止するところにあると解するのが相当であり、これによれば、本件禁止事項により列挙された禁止事由は例示列挙にすぎず、会社分割ないし株式譲渡も、これによる賃借人の人的・物的要素の変更の程度が重大といえる場合には実質的な賃借権譲渡に当たり得る。

　賃借人2は、脱毛エステ事業を賃借人2の代表者主導の違法なものから同人が外れた適法なものに運営主体及び態様を転換しながら存続させるため、これを賃借人1に承

第3章　無断転貸及び無断譲渡　　　85

継させてDに売却したものと評価するのが相当であり、これによって、賃借人1は、賃借人2から人的構成及び資本構成が大幅に変更されたものというべきである。

賃借人2から賃借人1への会社分割及び株式譲渡は、脱毛エステ事業が医師法に適合するよう運営主体及び態様を変更する必要があったことなどからなされた一連の事業売却と認めるのが相当であり、脱毛エステという事業内容や本件各建物の使用態様等に変更がないからといって、単に企業の一事業部門を会社分割により独立させたものと同視することはできないし、Dが資金を拠出して会社所有者となった以上、新代表者をして経営方針の決定に関与するのは当然であって、従前どおりの運営方針を維持したからといって役員変更が重要な意味を持たないとはいえず、資本構成及び役員の変更が軽微とはいえない。

よって、賃借人らによる会社分割及び株式譲渡は、本件禁止事項により禁止されている実質的な賃借権の譲渡に該当するものというべきである。

2　通知義務違反の有無

本件各契約において、賃借人の商業登記事項等の重要な変更につき速やかに賃貸人に通知すべき義務を課した趣旨は、その情報を速やかに賃貸人に開示させて、当該変更が実質的な賃借人の変更や賃借権の譲渡に該当するか否かを判断し、もって賃貸借契約の当事者間に必要な信頼関係の維持に資することにあると解されるところ、賃借人らは、賃借人1の新設分割が成立してから約6か月もの間、賃貸人に同事実を知らせないまま本件各建物の使用を継続していたことが認められ、これによれば、賃借人らの前記通知の遅滞は、前記通知義務に違反するものと認めるのが相当である。

3　違法行為等の有無

賃借人2の代表者らが逮捕された医師法違反の被疑事実は、賃借人2の直営店ではなくフランチャイズである千葉店における脱毛行為に関するものであったとはいえ、賃借人2は、同被疑事実と同じ態様で同じ脱毛機を使用した脱毛エステ事業の運営を本件各建物において実施していたことが認められ、これによれば、賃貸人にとって、賃借人2の役員の逮捕事実は、単に賃借人の役員が違法行為に及んだというものにとどまらず、賃貸している本件各建物の使用目的及び態様そのものに直接関係して違法行為がなされたというものであり、それ自体でも賃貸借契約の当事者間における信頼関係を大きく動揺させるに値するものというべきものである。

4　信頼関係を破壊しないと評価し得る特段の事情の存否

賃借人らは、各契約条項に違反する行為を続けて惹起した上、その後も会社分割に

よる賃借権承継の説明が十分なされたとはいえず、Ｙビルの使用態様も、取締役に就任した医師が店舗を巡回するだけで脱毛施術は今なお医師免許を持たない従業員が行うという実態が継続しているというのであり、これら一連の状況に鑑みれば、賃貸人が賃借人らに対する不信感を募らせるのも無理からぬものというべきである。

　これらの諸事情を総合すると、賃借人1により賃料が遅滞なく支払われていることやＸビルが任意に明け渡されたこと等の賃借人らの主張の各事情をもってしても、当事者間の信頼関係を破壊しないと評価し得る特段の事情が存するものとはにわかに認められないというべきである。

　よって、この点の賃借人らの主張は採用できず、本件各契約の無催告解除は有効と解するのが相当である。

解　　　説

　本件は、賃借人が行った会社分割及び株式譲渡を、本件賃貸借契約において禁止されている実質的な賃借権の譲渡に該当すると判断し、このような契約違反を惹起した上、賃借物件で違法行為と同様の行為が継続していることを考慮して、信頼関係を破壊しないと評価し得る特段の事情が存するとは認められないとした事案である。

　賃借人たる会社の資本構成等の変動が民法612条に定める賃借権の譲渡に該当するかという問題については、最高裁平成8年10月14日判決（判時1586・73）は、「賃借人が法人である場合において、右法人の構成員や機関に変動が生じても、法人格の同一性が失われるものでないから、賃借権の譲渡には当たらないと解すべきである。」と判示して、これを消極的に解しているが、本件は、本件各契約が禁止する「実質的な賃借権譲渡」への該当性の有無及びそれによる信頼関係破壊の有無について判断したものである点において異なっている。

　本件と同様に、建物賃貸借契約上、「株券譲渡等による脱法的無断賃借権の譲渡」が解除事由として定められていた事例で、当該株式譲渡が脱法的無断賃借権の譲渡に当たるか否か争われた東京地裁平成18年5月15日判決（判時1938・90）においては、①賃料の支払の確実性、②建物使用の態様、③脱法的な意思の存在の有無等が考慮され、消極の判断（すなわち脱法的無断賃借権の譲渡に該当しないとの判断）がなされている。

　本件は、会社分割及び株式譲渡を行った経緯等の様々な事実を認定し、本件における会社分割及び株式譲渡は、「運営主体及び態様を変更する必要があったことなどからなされた一連の事業売却と認めるのが相当」であるとして、本件各契約が禁止する「実質的な賃借権の譲渡」に該当すると認めたのであり、会社分割及び株式譲渡を行

った経緯を重要視した判断を行っている。

その上で、賃借物件が、賃借人2の代表者等が逮捕された被疑事実と同様の使用目的及び態様で使用されており、現在も同様の実態にあること、実質的な賃借権の譲渡という契約違反行為があったこと、賃借人から賃貸人に対して、会社分割による賃借権の承継について十分な説明等がなかったこと等の本件の一連の状況を考慮して、信頼関係を破壊しないと評価し得る特段の事情が存するとは認められないと判示した。

本件は、あくまで個別事案において、各事実関係を総合的に評価した上で、会社分割及び株式譲渡が「実質的な賃借権譲渡」に該当し、当事者間の信頼関係を破壊しないと評価し得る特段の事情が存するものとは認められないとしたものであり、特段強い先例性が認められるものではないと思われるが、資本構成等の変動があった場合に、実質的な賃借権の譲渡として、賃貸借契約解除の有効性が認められる場合があることを示した判例として、実務上参考になるものと考えられる。

16 賃借建物での営業委託が実質的には営業の賃貸借に当たると判断した
上、建物の無断転貸を理由とする建物賃貸借契約の解除が認められた事
例 （大阪高判平5・4・21判時1471・93）

信頼関係破壊の判断ポイント

賃貸人の主張	賃借人の主張	裁判所の判断
本件建物で営まれている飲食店（以下「本件店舗」という。）は転借人（被告2・被控訴人2）が実質上の営業主体であり、営業の実権も転借人にあり、事実上の支配も転借人にある以上、賃借人（被告1・被控訴人1）と転借人の関係は無断転貸である。	賃借人と転借人間の契約関係は、委任契約であり、本件店舗の最終的な営業責任は賃借人に帰属するのであるから、転貸ではない。	賃借人と転借人との間の契約は、実質は営業の賃貸借であると認めるのが相当である。その結果、賃借人は転借人に本件建物を利用させるために本件建物の占有を転借人に移転することを要し、当該移転は建物の転貸借に当たると認められる。
賃借人は本来転貸には承諾が必要であるにもかかわらず、転貸を故意に秘匿しているのであり、賃借人の背信性は著しい。	従前と現在とでは、本件店舗における経営形態は基本的に変わっておらず、本件店舗運営の最終的な判断権は賃借人に帰属しており、本件が転貸であったとしても、背信行為とされるほどのものではない。	賃借人の主張を排斥し、賃貸人（原告・控訴人）の主張を認める。
以上の事由により信頼関係は破	争う。	本件建物の転貸

壊された。		借には、信頼関係を破壊すると認めるに足りない特段の事情があるということはできない。

事　実　経　過	
昭和51年頃	賃借人は、A株式会社から以下の約定で本件建物を賃借し（以下「本件契約」という。）、株式会社Bとの間でフランチャイズ契約を締結し、牛丼屋を経営していた。 ・賃　料　13万5,000円 ・期　間　2年
昭和55年	株式会社Bが更生会社となり、株式会社Bの方針により賃借人は同社の援助を得ることができなくなった。
昭和62年11月頃	賃借人は、転借人との間で、牛丼専門店の経営の委託に関する契約（以下「本件委託契約」という。）を締結した。なお、転借人は賃借人に対し、毎月50万円（1月と12月は70万円）を支払い、これに加え、水道光熱費と賃借人がA株式会社に支払う家賃相当額についても転借人が負担していた。
本件委託契約締結後	転借人は、材料の仕入れ、派遣従業員の手配、店舗営業全般の管理を行い、派遣される従業員の雇用主となって、募集・採用・給料の支払を行っていた。
平成2年11月2日	賃貸人は、A株式会社を吸収合併した。
平成3年1月19日	賃貸人は、賃借人に対し、本件契約を解除する旨の意思表示をした。

裁判所の判断理由

1　建物の転貸借への該当性

　特に、①転借人は賃借人に対し、毎月定額の50万円（1月と12月は70万円）を支払うものとされ、現実にこれまで支払われてきたこと、②賃借人は本件建物での牛丼屋の

営業に関与していないこと、転借人が営業全般の管理を行っているが、その営業実績の報告はされていないこと、賃借人と転借人との契約締結に至る経緯などからすれば、右定額の金員は、転借人の計算と危険負担のもとに、右営業による損益や利益金の多少にかかわらず賃借人に支払われるものであることが推認されること、③本件店舗における牛丼屋の営業、すなわち、材料の仕入れ、派遣従業員の給料、光熱費その他必要経費の支払や売上代金の管理等は、全て転借人の計算においてなされ、同転借人の預金口座を利用して行われていること、以上の諸点に照らして考えると、賃借人と転借人との間の、本件建物での牛丼屋営業に関する契約は、受託者たる転借人の計算で営業を行う狭義の経営の委任契約であり、実質は営業の賃貸借であると認めるのが相当である。

　そうすると、右契約の効果として、賃借人は転借人に対し、営業の基盤である本件建物の利用を可能ならしめる義務を負い、そのためには本件建物の占有を移転することを要し、転借人は、本件建物を利用して賃借営業を自己の計算で営むことができるが、そのうちの本件建物の利用関係の移転は、賃貸人との関係では、建物の転貸借に当たると認められる。

　賃借人と株式会社Bのフランチャイズ契約では、毎日の売上金は同賃借人の銀行口座に振り込まれ、その中から、同賃借人が、毎月、株式会社Bが指定する金額（フランチャイズフィーに広告宣伝費等を加えたもの）を、株式会社Bに支払っていたことからすると、同賃借人が、本件店舗の売上金を取得し、営業経費を支出し、同賃借人の計算で営業が行われ、したがって、営業利益も損失も帰属する同賃借人が経営権の主体であると認められるのに対し、賃借人と転借人との契約は、受託者たる転借人の計算で営業を行う狭義の経営の委任契約であり、実質は営業の賃貸借であると認められるから、経営権の実質は転借人に帰属し、賃借人は経営に関与せず、転借人から営業の貸借の対価として、毎月定額の金員を受領する地位を有するにすぎない点で、株式会社Bとのフランチャイズ契約とは経営形態を異にする異質の契約というべきである。

2　信頼関係を破壊すると認めるに足りない特段の事情の有無

　賃貸人と賃借人の本件建物賃貸借契約において、賃借人は賃貸人の書面による承諾がなければ、本件建物を他に転貸できない旨の特約がなされていることが認められるところ、賃借人は、本件建物を転借人に転貸しながら、賃貸人に右転貸の承諾を求め

第3章　無断転貸及び無断譲渡　　　91

たことはなく、転借人との契約により、本件賃貸借の賃料の2倍を上回る利益を毎月収得していたのであり、加えて、賃貸人と信頼関係もなく、また、賃貸人の制肘の及ばない経営者が、本件建物を使用することを賃貸人において甘受しなければならない理由はないこと等を考慮すると、本件建物の転貸借には、信頼関係を破壊すると認めるに足りない特段の事情があるということはできない。

解　　説

　本件は、賃借人が、第三者に対して、賃借物件における飲食店（牛丼屋）の経営を委任していたところ、当該賃借物件の利用関係の移転は、転貸借に当たると判断され、当該転貸借には、信頼関係を破壊すると認めるに足りない特段の事情があるということはできないとして、契約の解除が認められた事例である。

　本件の第一審判決（神戸地判平4・6・19判時1451・136）は、店舗の営業許可を賃借人において取得していること、メニューは賃借人の意向により牛丼のみとされ、経営を委託された第三者が他で自ら経営している食堂とは異なっていることを重視して、本件店舗経営の最終的な判断権は賃借人に帰属していると認定し、転貸に当たらないと判断した。

　本件においては、賃借人は本件店舗の営業に関与しておらず、営業実績の報告もなされていないこと等からすれば、本件店舗での営業による損益や利益金の多少にかかわらず転借人から賃借人へ定額の金員が支払われるものと推認されること、転借人が支払うものは現に毎月定額であったこと、本件店舗営業における必要経費や売上代金の管理等は転借人の計算においてなされていることなどから、賃借人と転借人間の契約は、狭義の経営の委任契約であり、賃貸人との関係では転貸借に当たると判断しており、本件店舗営業に対する賃借人の関与の程度や契約対価の定め方が重視されたものと考えられる。

　また、上記のとおり、賃借人と転借人間の関係が転貸借であると認めた上で、賃借人と転借人間の契約は従前のフランチャイズ契約とは異なり、経営権の実質が転借人にあること、賃借人が転貸の承諾を賃貸人に求めたことがないこと、賃借人は賃貸人との賃貸借契約における賃料の2倍を上回る利益を得ていたこと及び賃貸人と信頼関係もなく、その行動を制限することができない転借人に本件店舗を使用させることを賃貸人において甘受しなければならない理由はないこと等から、本件建物の転貸借に

は、信頼関係を破壊すると認めるに足りない特段の事情があるということはできないと判断したものであり、賃貸人の支配の及ばない者に賃借物件を使用させる特段の理由がないことが重視されたものと思われる。

本件は、あくまで個別事案において、各事実関係を総合的に評価した上で、解除の効力を肯定したものであり、別途の事案での裁判所の判断に際し、特段強い先例性が認められるものではないと思われるが、同種の事案の参考になるものと思われる。

第３章　無断転貸及び無断譲渡　　93

17 個人事業主である賃借人が会社を設立して、賃貸人の承諾なくして当該会社に賃貸物件を使用させている事案において、背信行為と認めるに足りない特段の事情が存在し、民法612条の解除権は発生しないとされた事例

(最判昭39・11・19判時396・37)

信頼関係破壊の判断ポイント

賃貸人の主張	賃借人の主張	裁判所の判断
賃借人（被告・被控訴人・被上告人）は、賃借物件（以下「本件建物」という。）において個人事業主として営業をしていたが、その後、株式会社を設立して、賃貸人（原告・控訴人・上告人）の承諾を得ずに本件建物で営業を開始した。これは、本件建物の無断転貸に該当する。	無断転貸に該当しない。	無断転貸に該当する。
かかる賃借人の行為により、賃貸人と賃借人間の信頼関係は破壊された。	仮に、無断転貸に該当するとしても、背信行為と認めるに足りない特段の事情があり、民法612条の解除権は発生しない。	本件における各事実からすれば、背信行為と認めるに足りない特段の事情があり、民法612条の解除権は発生しない。

事　実　経　過

昭和22年7月	賃貸人は、賃借人に対し、本件建物を賃貸した。なお、賃借人は、本件建物において、A商会という屋号でミシンの個人営業をしていた。

昭和24年～昭和30年頃	賃借人は、税金対策のため、株式会社Aミシン商会を設立し、個人営業（A商会）でなく、同会社にて、本件建物でのミシン事業を行うようになった。 また、その後、賃借人は、同会社を解散し、別途設立したBミシン工業株式会社（後にCミシン工業株式会社に商号変更）にて、本件建物でのミシン事業を行うようになった。
昭和33年11月	賃貸人は、賃借人が賃貸人に無断で本件建物をCミシン工業株式会社に転貸したことを理由に、本件建物の賃貸借契約を解除する旨の意思表示を行った。

裁判所の判断理由

　賃借人が賃貸人の承諾を得ないで賃借権の譲渡又は賃借物の転貸をした場合であっても、賃借人の当該行為を賃貸人に対する背信行為と認めるに足りない特段の事情のあるときは、賃貸人に民法612条2項による解除権は発生しないとの最高裁判例を前提として（最判昭28・9・25判時12・11、最判昭30・9・22民集9・10・1294参照）、①賃借人が設立した各会社の株主は賃借人の家族や親族の名を借りたにすぎず、実際の出資は全て賃借人がしたものであり、各会社の実権は全て賃借人が掌握し、その営業は賃借人の個人営業時代と実質的に何ら変更がなく、その従業員、店舗の使用状況も同一であり、また、②賃借人は賃借人が設立した会社の一社（Cミシン工業株式会社）から本件建物の転借料の支払を受けたことなく、かえって賃借人は賃貸人に対して本件建物の賃料を同社名義の小切手で支払っており、賃借人は同会社を自己と別個独立のものと意識していなかったことに鑑みれば、個人である賃借人が実質を同じくする上記会社（Cミシン工業株式会社）に本件建物を使用させたからといって、賃貸人との間の信頼関係を破るものとはいえないから、背信行為と認めるに足りない特段の事情があるとして、民法612条2項による解除権は発生しない。

解　　　説

　民法612条は、1項において「賃借人は、賃貸人の承諾を得なければ、その賃借権を譲り渡し、又は賃借物を転貸することができない。」と規定して、賃借権を譲渡するには賃貸人の承諾が必要であることを定め、2項において「賃借人が前項の規定に違反して第三者に賃借物の使用又は収益をさせたときは、賃貸人は、契約の解除をすること

第3章　無断転貸及び無断譲渡　　95

ができる。」と規定して、賃貸人の承諾のない賃借権の譲渡（無断譲渡）がなされた場合、賃貸人は賃貸借契約を解除できることを定めているが、判例上、この解除については制限が課され、無断転貸につき、（賃借人の賃貸人に対する）背信行為と認めるに足りない特段の事情の存在を賃借人が主張立証した場合、賃貸人の解除権は発生しないとされている。

　本件は、この「特段の事情の存在」の有無につき、具体的な事実関係を踏まえて判断した判決である。

　具体的には、本件で賃貸借契約は、賃貸人と個人たる賃借人との間で締結され、賃借人が賃借建物においてミシンの個人営業をしていたところ、その後、税金対策のために株式会社を設立し、その会社が賃借建物において（それまで賃借人が個人営業として実施していた）事業を実施するようになったものであるが、法律上は、賃借物件において事業を実施していた自然人たる賃借人が法人成りして会社が設立され、その会社が当該賃借物件において事業を承継・継続した場合、自然人たる賃借人と当該会社とは法人格が別個である以上、賃借物件の賃借権は、自然人たる賃借人から会社へ転貸されたと評価されると解される（この理は、本件において、株式会社Ａミシン商会が解散した後、賃借建物にて当該事業を承継したＣミシン工業株式会社についても当てはまる。）。

　もっとも、本件において、最高裁は、上記「**裁判所の判断理由**」において述べた各事情を踏まえ、自然人たる賃借人から会社へ無断転貸がなされてはいるものの、自然人たる賃借人と当該会社は実態を同じくするものであることを理由に、賃貸人との間の信頼関係を破るものとはいえないから、背信行為と認めるに足りない特段の事情があるとして、民法612条2項による解除権は発生しないと判断した。本件は、このように最高裁が、法人成りの事案についても信頼関係破壊の法理が適用されるとの判断を初めて示したこと、及び特段の事情の有無について、検討されるべき要素、事由を具体的に示したものとして、参考となるものである。

第3章　無断転貸及び無断譲渡

18 賃借建物での営業委託が実質的には転貸に当たると判断したが、信頼関係の破壊があったとはいえないとして、契約解除が認められなかった事例

(東京地判平25・3・7（平23（ワ）29604））

信頼関係破壊の判断ポイント

賃貸人の主張	賃借人の主張	裁判所の判断
賃借人（被告1）は、本件建物を無断転貸しているため、本件建物に係る賃貸借契約を解除する。	当初から第三者への営業委託を前提に賃貸人（原告）との間で賃貸借契約を締結したのであり、無断転貸には当たらない。	無断転貸に当たる。
転借人（被告2）が本件建物を使用することは当初より一貫して秘匿されていた。	本件建物の前賃借人の造作を転借人において買い受けることを含め、賃借人らの関係を全て説明した上で、賃貸借契約を締結した。	賃貸人からすれば、無断転貸の事実を秘匿され続けた。
賃借人の主張を認める。	賃料の不払は全くない。	賃借人の主張を認める。
ラーメン店という目的を超えて、居酒屋としても利用することができ、鍋料理も供される店舗運営がなされている。	契約上の使用目的であるラーメン店として利用しており、契約上の使用目的と現状が合致している。	直ちに使用目的を逸脱しているとまでは言い切れない。
以上の事由により信頼関係は破壊された。	争う。	信頼関係を破壊すると認めるに足りない特段の事情が存する。

事 実 経 過

| 平成21年1月21日 | 賃貸人は、賃借人に対し、本件建物を以下の約定で賃貸した（以下 |

	「本件契約」という。）。 ・使用目的　飲食店（ラーメン店） ・期　　間　　平成21年2月1日から平成24年1月31日まで ・賃　　料　　月36万円
平成21年2月6日	賃借人は、転借人との間で、賃借人をフランチャイザー、転借人をフランチャイジーとするフランチャイズ契約を締結し、賃借人を委託者、転借人を受託者として、本件建物でラーメン店営業を行う営業委託契約を締結した。
平成23年7月28日	賃貸人は、賃借人に対し、無断転貸を理由に本件契約を解除する旨の意思表示をした。

裁判所の判断理由

1　転貸への該当性

　転借人は、賃借人とフランチャイズ契約を締結し、A店として既に1号店を出しており、同1号店は、転借人が、建物を直接賃借しフランチャイジーとして経営を行っているところ、本件建物での経営は、2号店とするもので、1号店と経営実態は同様であること、本件建物における経営につき営業委託とされたのは、賃借人らが不動産仲介会社B社のC専務から転貸の形式は取れないと断られたことから、賃借人において弁護士からアドバイスを受けて営業委託の形式を取ったにすぎないこと、その際に、賃借人の担当者は同弁護士へファックス送信し、「実際の経営は、転借人が行い、賃料、水光熱費の支払も直接、店名義で支払う予定にしています。弊社は、賃貸借契約の名義貸しのみ行います。」と伝えていること、本件建物の前賃借人である株式会社Dから賃借人ではなく転借人が什器備品を買い取って引き継いでいることからすれば、転借人は、フランチャイズ契約に基づき、ロイヤリティーを賃借人に対して支払い、ノウハウの提供を受けつつ、ラーメン店の経営については、自ら経営主体として、自らの計算で行っていると認められ、転借人が、本件建物の賃借人としての実質を有し、本件建物を占有の上、使用しているというべきであるから、本件建物使用に関する賃借人らの間の法律関係は、転貸に該当すると認められる。

2　信頼関係を破壊すると認めるに足りない特段の事情の有無

　確かに、賃貸人からすれば、契約当初から独立の事業者である転借人が本件建物で経営を行うことを知らされておらず、むしろ、転借人の名義を示されていない事情があり、無断転貸の事実を秘匿され続けた上、賃借人らにおいても、転貸という法形式

は取れないといわれ、営業委託という法形式の外形を整えているということを認識していたのは明らかであること、転借人が、本件建物で、酒処との赤提灯を掲げ、鍋料理を出しており、ラーメン店の使用目的を逸脱することを窺わせる営業を行っていることなど背信的な事情が存することは否定できない。

　しかしながら、賃借人ら自身が殊更、転借人による経営を仲介業者であるＢ社に秘匿していたという事情はないこと、賃借人らにおいて実質は転貸と認識しながら営業委託という形式を取ったことについては、そのような形式にするという前提で、Ｂ社から賃貸人が承諾していると聞いて、契約関係に入ったと認められ、賃貸人の意向により転貸形式ではなく営業委託形式であれば容認するという場合もあり得るところであり、賃貸人に対する仮装行為を意図していたと直ちにいうことはできないこと、賃貸人と賃借人らの認識の離齬が生じた要因は、賃貸人が選任した仲介業者Ｂ社のＣ専務が賃貸人に正確な情報を伝えていなかったことが大きいと言わざるを得ないこと、賃借人ら間の法律関係の実質は転貸であるが、賃借権の譲渡ではないため、賃貸人と賃借人の賃貸借契約関係が前提となっており、基本的には、賃借人が契約関係から離脱することなく、賃借人としての義務、責任を負う立場にいることが予定されていること、転借人が最初から経営を行っており、中途から経営主体が変更になったという事情はなく、転借人による使用態様そのものに賃貸人が異論を有していたわけではないこと、転借人が直接賃料を支払ってきており、賃借人は転貸による利益を上げているわけではないこと、転借人が賃料を滞納したことは一度もないこと、転借人において、酒処の赤提灯を掲げ、鍋料理を出してはいるが、ラーメン店の看板と比して、赤提灯は小さく、一見してラーメン店と認識できる外見であり、酒を出すこと自体はラーメン店としても通常の範囲内であると考えられるし、鍋料理を出してはいるものの、これが主たる商品となっているわけではなく、ラーメン店の業務の一環として出されているものであるから、今後是正されるべきかはともかくとして、直ちに使用目的を逸脱しているとまでは言い切れないこと、転借人は、日本法人であり、その代表者であるＥも本訴係属中ではあるが日本国籍を取得しており、賃貸人代表者が懸念するような外国人であるために身元の確認に支障が生じる可能性があるといった問題も一定程度解消されていること、転借人の経営状態に特に問題点は見当たらず、本件建物での経営も軌道に乗っており、本件建物での商権を何の補償もなく喪失させるのはいささか酷であることを考慮すると、上記背信的な事情を踏まえても、なお、賃借人らに信頼関係を破壊すると認めるに足りない特段の事情が存するというのが相当であり、無断転貸を理由とする解除は制限されるといわざるを得ず、賃貸人の解除の意思表示は効力を有しない。

第3章　無断転貸及び無断譲渡　　99

解　　　　説

　本件は、賃借人が、賃貸人から本件建物を賃借し、当初から、本件建物における飲食店（ラーメン店）営業について営業委託を行っていた事案である。

　裁判所は、賃借人と転借人間の法律関係を転貸と認めた上で、賃貸人からすれば、無断転貸について秘匿され続けた等の背信的な事情が存することは否定できないとしつつも、認定した様々な事実等を考慮して、信頼関係を破壊すると認めるに足りない特段の事情が存するというのが相当であると判断している。

　裁判所がかかる判断を行ったのは、賃借人らが本件建物における転借人による経営を殊更に秘匿していたわけではなく、賃借人らに背信的な意図があったわけではないという、賃借人側の背信的な意図の不存在、当初から一貫して転借人が経営を行っており、その経営形態、使用態様に変更はなく、賃貸人もその使用態様には特段異論を述べていなかったこと、転借人は賃料を一度も滞納したことがないことといった賃貸人側の事情、賃借人側の事情を詳細に評価した上で、転貸により賃貸人が大きな不利益を被っているわけではなく、一方で転借人による本件建物における経営は軌道に乗っており、本件建物での商権を補償なく喪失させるのは酷であることを重視したものと考えられる。

　本件は、あくまで個別事案において、各事実関係を総合的に評価した上で、解除の有効性を否定したものであるが、賃借物件における経営委任契約が存する場合等の同種事案における解除の有効性判断に当たり、参考になるものと思われる。

|19| 賃貸人に無断で「のれん分け」の試用として賃借人以外の者に営業を任せたことは無断転貸に当たるが、信頼関係の破壊があったとはいえないとして、契約解除が認められなかった事例

(東京地判昭61・10・31判時1248・76)

信頼関係破壊の判断ポイント

賃貸人の主張	賃借人の主張	裁判所の判断
賃借人（被告）は、無断転貸を行っていた。	経営委託であり、無断転貸ではない。	無断転貸である。
争う。	本件建物の転貸は一時的なものであり（賃貸人（原告）の指摘を受けて転借人を速やかに退去させ、賃貸人による解除の意思表示の時は既に転借人は本件建物を使用していなかった。）、この間店舗使用状況は何ら変わっていないから、信頼関係を破壊しない。	いまだ本件建物の賃貸借の信頼関係を破壊するに至っていない。
否認ないし争う。工事の施工について、賃借人は賃貸人に同意を求めてきたが、無断転貸問題もあり、これを断ったところ、賃借人は勝手に工事したものである。	無断模様替え禁止特約の趣旨は、建物の構造を変更するに至る場合を禁止する趣旨であり、賃借人による今回の模様替えは、建物構造の変更を伴わない単なる装飾的、天井、壁面等の塗り替え等にすぎないのであって、このような改装につき文書による同意を得なかったとしても、信頼関係を破壊するものではない。	賃貸人から工事の中止を求められたが、賃借人が工事を続行してしまったことが認められるが、その内容は比較的軽微な内装改修工事である。
以上の事由により信頼関係は破	争う。	賃貸借契約にお

第3章　無断転貸及び無断譲渡　　101

壊された。		ける信頼関係を破壊するに至ったものとはいまだ認められない。

<table>
<tr><td colspan="2" align="center">事　実　経　過</td></tr>
<tr><td>昭和49年5月1日</td><td>賃貸人は、賃借人に対し、本件建物を賃貸し、賃借人は、本件建物で大衆酒場（チェーン店）を経営してきた。</td></tr>
<tr><td>昭和59年6月頃</td><td>賃借人は、転借人を独立させるための試用として、本件建物での大衆酒場の営業を委ねた。</td></tr>
<tr><td>昭和60年8月頃</td><td>賃貸人が賃借人に対し、本件建物を転借人に使用させるのは転貸に当たるとの苦情申入れがなされたため、賃借人は転借人による本件建物の使用を中止させ、再度自ら大衆酒場の営業を開始した。</td></tr>
<tr><td>昭和60年9月9日</td><td>賃貸人は、賃借人に対し、無断転貸を理由として本件建物の賃貸借契約を解除する旨の意思表示を行った。</td></tr>
<tr><td>昭和60年9月14日頃～同月19日頃</td><td>賃借人は、本件建物につき、模様替え及び改装工事を行った。</td></tr>
<tr><td>昭和60年10月7日</td><td>賃貸人は、再度、賃借人に対し、無断模様替え等を理由として本件建物の賃貸借契約を解除する旨の意思表示を行った。</td></tr>
</table>

裁判所の判断理由

1　無断転貸について

　昭和60年8月頃、賃貸人から賃借人に対し、本件建物を転借人に使用させるのは転貸になるから困る、との苦情があったため、賃借人は同月中には転借人を本件建物から立ち退かせ、再度自己の責任において大衆酒場の営業を続け、したがって賃貸人が解除の意思表示をした同年9月9日には転貸借の状態は解消していたこと、転借人が本件建物を転借使用するに至った経緯、また約1年2か月の転借期間における同人の営業形態は、本社の傘下チェーン店として、「B（水道橋店）」の商号を掲げた大衆酒場であって、賃借人が営業していた当時とほとんど変わるところはなく、賃借人においても右転貸期間は同人を正式に独立させることができるかどうかを見極める試用期間と考

えていたこと、等の事実が認められ、この認定に反する証拠はない。これらの事実を勘案すると、転借人に対する無断転貸は、いまだ本件建物の賃貸借の信頼関係を破壊するに至っていないものと認めるのが相当である。

2　無断模様替えについて

　無断模様替え禁止の特約は、賃借人が昭和49年5月に賃貸人から本件建物を賃借した当初から附されていた特約であること、しかしながら飲食店において数年の間隔で店内の模様替えを行うことは、営業政策上必要な事項であると考えられるところ、賃借人の場合も入居時に大々的な模様替えをしたほか、昭和52年と昭和57年に、本件建物内の調理場の改装等の工事を行ったが、その際特に改めて賃貸人の同意を得てはおらず、賃貸人は本件建物の隣に居住し写真店を営んでいたにもかかわらず、賃借人に対し格別の苦情も言わなかったこと、これらの経過によれば、賃借人が軽微な内装改装程度のことは特段の承諾を要しないものと考えたとしても無理もないことというべきところ、昭和60年9月14日頃から賃借人が行った模様替え及び補修は、主として店舗内の壁、天井の塗装及び天井、床のクロス貼り替え等、比較的軽微な内装改修工事であって、本件建物の構造変更を伴ったり、建物保存上に影響を及ぼしたり、本件建物の使用目的である飲食店としての用途に何らかの変更を加えるものではなく、賃貸人に格別な不利益をもたらすほどのものでもないこと、等の事実が認められる。

　賃借人が右工事を始めた際、賃貸人からその中止が求められたが、賃借人が工事を続行してしまったことが認められるものの、右認定の事実を総合すると、本件賃貸借契約における信頼関係を破壊するに至ったものとはいまだ認められない。

解　　　説

　本件は、賃借人が、飲食店の「のれん分け」をするための試用として、賃借物件である本件建物での大衆酒場の営業を転借人に任せたところ、かかる賃借人と転借人の間の法律関係は転貸であると判断されたが、賃貸人及び賃借人間の賃貸借契約における信頼関係を破壊するに至ったものとは認められないとして、解除の効力が否定された事案である。

　裁判所は、賃借人が転借人に「のれん分け」するための試用として大衆酒場の営業を任せたことで、転借人は本件建物を独立して使用収益していたと認められ、賃借人及び転借人間の法律関係は「転貸借」であると判断した上で、賃借人が転借人に経営を委託した経緯やその後の本件建物の使用態様、その後賃貸人の指摘を受けて転貸状

第3章　無断転貸及び無断譲渡　　103

態が解消されたことといった様々な事実を認定し、かかる無断転貸は賃貸人及び賃借人間の賃貸借契約の信頼関係を破壊するには至っていないものと認め、また、無断模様替え等についても同様に賃貸借契約における信頼関係を破壊するには至っていないと判断した。

　裁判所がこのような判断を行った理由は、①無断転貸に関しては、様々な事実のうち、特に賃借人は転借人への転貸期間を「のれん分け」できるか否か判断するための試用期間と考えており、長期の転貸期間は予定されていなかったこと、現に賃貸人より転貸に関して注意を受けると同月内に転貸状態を解消したこと、及び本件建物での営業形態はもともと大衆酒場であり、転借人に転貸されても営業形態には変化はなかったことが重視されており、また②無断模様替え等に関しては、模様替えは、飲食店運営の政策上必要なものであること、従前賃貸人は、賃借人が改装を行っていることを認識しながら何も言わなかったこと、改装の程度が使用目的・用途に変更を加えるようなものではなく、賃貸人に大した不利益がないことを重視しているものと考えられる。

　本件は、個別事案において、各事実関係を総合的に評価した上で、解除の有効性を否定したものであるが、転貸借があると認められる場合でも、その経緯、目的や転貸期間の長短、使用態様の変化の有無等を踏まえ、解除の有効性が否定される場合があることを示した裁判例として、同種事案において参考になるものと思われる。

第3章　無断転貸及び無断譲渡

20 　内縁関係の解消に伴い、当初の賃借人である内縁の夫が建物を退去し、内縁の妻が継続して建物を使用し続けた場合に、これを賃借権の譲渡があったと評価し、かかる賃借権の譲渡の事実を知りながら2年半にわたり賃貸人が賃料を受領していた場合に、内縁の妻に対する建物明渡請求が認められなかった事例 　　　　　　　　　　　　（京都地判昭54・3・27判タ387・94）

信頼関係破壊の判断ポイント

賃貸人の主張	賃借人の主張	裁判所の判断
賃借人（被告・控訴人）は、本件建物を不法占有している。	賃借人は、当初の賃借人であり本件建物において鉄工所を経営しつつ居住していた内縁の夫Aと本件建物で同居していたが、Aから鉄工所の経営権を譲り受けると同時に、賃借権の譲渡を受けた（賃借権の譲渡①）。	鉄工所の経営権の譲渡は認められるが、賃借権の譲渡があったことまでは認められない。
否認する。賃借権譲渡の承諾は行っていない。	賃借権の譲渡①について、賃貸人（原告・被控訴人）から賃借権譲渡の承諾を得た。	賃貸人がかかる譲渡を承諾したとも認められない（賃借権の譲渡①自体が存在しない。）。
そもそもBは賃貸人の代理人ではない。また、賃料を賃借人から受け取っていたBは、賃借権譲渡の承諾を行う権限を有していない。	賃貸人の代理人であるBが、賃借人から賃料の受領を行っていた以上、賃借権の譲渡①について明示又は黙示の承諾がある。	賃借権の譲渡①の存在を前提とするため、主張自体失当である。
争う。	当初の賃借人であったAが家を出た時点で、賃借権の譲渡があり（賃借権の譲渡②）、その後も賃貸人は異議なく賃借人から賃	Aから賃借人に賃借権の譲渡があったものと解するのが相当で

	料を受領していたから黙示の承諾がある。	ある。賃貸人はその後、賃借人を本件建物の賃借人として応待しており、賃借権の譲渡を黙示的に承諾していたものと認めるのが相当である。
争う。	仮に賃借権の譲渡②の黙示の承諾が認められないとしても、上記経緯に鑑みれば、Aから賃借人への賃借権の譲渡を承認せず建物明渡しを求めるのは権利の濫用であって許されない。	賃借権の譲渡②には賃貸人との信頼関係を破壊するほどの背信性はない。

事 実 経 過	
昭和初期	Aが賃貸人から本件建物を賃借し、同所に居住するとともに同所において鉄工所を経営していた。
昭和29年頃	賃借人は、Aと内縁関係になり、本件建物にて同居を始めた。
昭和30年11月頃	Aが本件建物で営んでいた鉄工所が倒産し、賃借人がAからその経営権を譲り受けた。
賃借人がAから鉄工所の経営権を譲り受けた後	賃借人が本件建物の賃料を支払っていた。
昭和46年9月頃	Aと賃借人は、内縁関係を解消し、Aは本件建物を退去した。
昭和46年10月頃	賃借人は、賃貸人の息子に対し、Aと別れ、Aが本件建物を出て行ったことを伝えたところ、賃貸人の息子が家賃を滞納しないようにと注意した。 また、賃貸人は、以後、賃料の支払や賃料増額交渉等に際し、賃借人を本件建物の賃借人として応待していた。

裁判所の判断理由

1 経営権譲渡に伴う賃借権譲渡及び賃貸人の承諾の有無

Aは昭和初期より賃貸人から本件建物を賃借し、同所に居住するとともに同所において鉄工所を経営していたこと、賃借人は昭和29年頃Aと内縁関係に入り本件建物に同居し始めたこと、しかし同居後の両者の関係は、Aが約束に反して賃借人の子供を引き取らなかったことなどにより不和が絶えなかったこと、右同居については賃貸人もその頃から知っていたこと、一方賃借人はAの経営する鉄工所の経営を補助していたが、昭和30年11月頃右鉄工所は倒産し、賃借人がAからその経営権を譲り受けたこと、その後賃借人は、右鉄工所の経営のため賃借人名義で融資を受ける必要が生じ、債権者から担保として本件建物の借家権を差し入れることを求められたため、賃貸人よりその譲渡承諾書を得たこと、本件建物の賃料は賃借人がAの鉄工所の経営権を譲り受けてからは賃借人が支払っていること、事実上の夫婦関係はその後一時好転したが、昭和38年頃賃借人所有の土地の所有権移転登記をめぐって両者の関係は一層険悪になり、昭和46年9月頃Aは息子を連れて本件建物を退去して現住所の○○区○○に転居したこと、その後は賃借人がAの娘とともに本件建物に残り、賃貸人に対し賃料を支払ってきたこと、以上の事実が認められる。

右認定事実によれば、昭和30年10月頃にAが賃借人に対し、自己の経営に係る鉄工所の経営権を譲渡したことは認められるが、これから進んで右譲渡に際し、本件建物の賃借権まで賃借人に譲渡したことは本件全証拠をもってしてもこれを認めることができないし、また、賃借人主張の、賃貸人作成の賃借権譲渡承諾書の趣旨も、右認定事実によれば、賃借人が第三者から融資を受けるに際しての担保にすぎないのであるから、賃借人主張のような、Aから賃借人に対してなされた賃借権譲渡の事後承諾ではないのであって、賃借人の、昭和30年10月頃Aから本件建物の賃借権を譲り受け、昭和31年4月頃賃貸人から文書をもって右譲渡についての承諾を得たとの抗弁は、賃借権譲渡の事実、賃貸人の承諾の事実いずれもこれを認めることができず到底採用することができない。

2 内縁関係解消に伴う借家名義人の退去と賃借権の譲渡

本件のように、十数年という長期にわたり事実上の夫婦として夫の賃借家屋に同棲していたが、両者間の不和により内縁関係が解消となり、借家名義人たる夫が賃借家屋を出て、妻はその後も右家屋で夫の子とともに居住を継続した場合には、夫から妻

第3章　無断転貸及び無断譲渡　　107

に対し、右家屋についての賃借権の譲渡があったものと解するのが相当である。

　そして、Aが本件建物を出た直後の昭和46年10月頃、賃借人は賃貸人の息子に対し、Aと別れAは本件建物を出ていった旨を伝えたところ、同人は賃借人に対し、家賃は滞納しないようにと注意し、賃貸人側はその後昭和49年4月まで賃料の支払や賃料増額交渉等の点で、賃借人を本件建物の賃借人として応待していたことが認められるから、これによれば、賃貸人はAの本件建物退去に伴う賃借人への賃借権の譲渡を黙示的に承諾していたものと認めるのが相当である。

　仮に右のごとき黙示的承諾が認められないとしても、前記認定のような事実関係の下においては、Aから賃借人への賃借権の譲渡には賃貸人との信頼関係を破壊するほどの背信性はないものというべきであるから、右承継を認めず残留家族たる賃借人に対し本件建物の明渡しを求めるのは権利の濫用というべきである。

解　　　説

　本件は、当初の賃借人である内縁の夫Aから、同人が賃借物件において営んでいた鉄工所の経営権をその妻が譲り受けた後、一定期間経過後に内縁関係が解消され、同物件より、当初の賃借人たるAが退去し、妻が賃料を継続して支払っていた場合に、賃借権の譲渡があったものと解し、これについて、賃貸人として賃借権の譲渡について黙示的承諾があったものと認め、仮に黙示的承諾が認められないとしても、賃借権の譲渡は賃貸人との間の信頼関係を破壊するほどの背信性はないと判断した事例である。

　賃借権の譲渡については、10年以上の内縁関係というある種の社会的関係があったことに着目した判断であると考えられ、黙示的承諾については、賃貸人が、当初の賃借人であるAが出ていったことを知りながら、2年半もの間、妻より賃料を収受し、妻と賃料増額交渉をしていたことを踏まえた判断であると考えられる。

　また、本件では、Aと妻が内縁関係であること、妻が当初の賃借人であったAと長年賃借物件で同居していたこと、かかる同居を賃貸人は知っていたこと、賃借物件で営んでいた鉄工所の経営権を妻が取得した後は妻が賃料を支払っていたこと等を考慮して、Aから妻への賃借権の譲渡には、信頼関係を破壊するほどの背信性がないと認めており、旧賃借人と新賃借人の関係、賃貸借契約の譲渡がなされた経緯、賃貸人の認識、行動等を重視したものと考えられる。

　本件はあくまで個別事案における事実関係を基になされた判断ではあるが、同種の事案において参考になるものと思われる。

第4章　無断増改築

21 簡易粗製の仮設的工作物を賃借家屋の裏側に接して付置するなどの改
造工事を理由とする賃貸借契約の解除が認められなかった事例

（最判昭39・7・28判時382・23）

信頼関係破壊の判断ポイント

賃貸人の主張	賃借人の主張	裁判所の判断
賃借人1（被告1・被控訴人1・被上告人1）及び賃借人2（被告2・被控訴人2・被上告人2）は、賃貸人（原告・控訴人・上告人）に無断で屋根葺工事、外壁設置等をし、かつ、賃借人らは、その場所に機械を持ち込んで、鉄工場や大工の仕事場として使用していた。	おおむね認めるが、賃借人2がその場所を仕事場として使うことは稀であり、また、賃貸人は、賃借人らに対し、工事後、本件家屋改造工事及び仕事場としての使用を承認した。	賃借人らの主張を排斥し、賃貸人の主張を認める。
上記事実は、賃貸借契約所定の使用目的を勝手に変更したものであり、賃貸人との信頼関係を破壊するものであって、解除は有効である。	争う。	改造工事は認められるが、賃借家屋の利用の限度を超えないものであるから、信頼関係を破壊するものといえず解除は認められない。

第4章　無断増改築　　109

事　実　経　過	
昭和20年8月以前	賃貸人の祖父が、期限を定めず、第一家屋を賃借人1に、第二家屋を賃借人2にそれぞれ住居として賃貸していた（以下「本件契約」という）。
昭和20年9月22日	賃貸人が家督相続により、本件契約における賃貸人としての地位を承継した。
昭和30年以前	賃借人らは、賃貸人に無断で家屋の北側裏の板塀と家屋との間の空地部分に屋根を設け、賃借人1はその場所に鉄工用機械類を設置して鉄工場として使用し、賃借人2はその場所の地面をコンクリート敷とし木工用機械器具を持ち込んで大工の仕事場として使用するようになった。
昭和32年12月	賃貸人が賃借人らに対し、昭和32年12月2日付の書面をもって、2週間以内に各賃借家屋を原状に回復するよう求め、各書面は2日以内に賃借人1及び賃借人2に到着した。
昭和33年1月	賃借人らが各賃借家屋を原状に回復しないため、賃貸人が賃借人らに対し、昭和33年1月30日付書面で本件契約を解除する旨の意思表示をなし、その頃、各書面は賃借人らに到着した。

裁判所の判断理由

　所論は、賃借人らの賃借家屋改造工事は賃借家屋の利用の程度を超えないものであり、保管義務に違反したというに至らないとした原審の判断は違法であって、民法1条2項及び3項に違反し、ひいては日本国憲法12条及び29条に違反するという。

　しかし、原審は、賃借人らの改造工事について、いずれも簡易粗製の仮設的工作物を各賃借家屋の裏側にそれと接して付置したものに止まり、その機械施設等は容易に撤去移動できるものであって、当該施設のために賃借家屋の構造が変更せられたとか家屋自体の構造に変動を生ずるとかこれに損傷を及ぼす結果を来たさずしては施設の撤去が不可能という種類のものではないこと、及び賃借人らが賃借以来引き続き賃借家屋を各居住の用に供していることには何らの変化もないことを確定した上、改造工事は賃借家屋の利用の限度を超えないものであり、賃借家屋の保管義務に違反したものというに至らず、賃借人が賃借家屋の使用収益に関連して通常有する家屋周辺の空地を使用しうべき従たる権利を濫用して本件契約の継続を期待し得ないまでに賃貸人との間の信頼関係が破壊されたものともみられないから、賃貸人の本件契約解除は無

効であると判断しているのであって、かかる判断は首肯でき、民法1条2項及び3項に違反するところはない。また、違憲の主張も、その実質は民法違反を主張するに帰すから、前記説示に照らしてその理由のないことは明らかである。

解　　　　説

1　無断増改築と信頼関係の破壊

本件は、賃貸人が賃借人らに対し、賃借家屋を無断改造した上、鉄工場や大工の仕事場として賃借家屋を使用していたことについて、使用目的を無断で変更する用法違反に該当し、同違反を理由とする解除を主張した事例であり、無断増改築も踏まえた使用目的違反による賃貸借契約の解除の有効性が問題となっている。

無断増改築についてみれば、建物の賃貸借において、賃借人に無断増改築があっても当事者間の信頼関係を破壊するに足りないと認められる特段の事情があれば、賃貸借契約の解除は認められないという法理論が、判例上確立している。

そして、この特段の事情の有無は、賃貸人の承諾の有無、無断増改築禁止特約の有無やその規定された経緯、増改築の程度・規模、原状回復の難易等の諸般の事情を考慮して判断される。

2　本件における信頼関係を破壊するに足りないと認められる特段の事情の存在

本件において、賃貸人は、元々居住用として賃貸していた賃貸家屋について、賃借人らが無断で屋根や板壁等を設置し、作業空間を作った上、コンクリート敷きとしたり、機械類を持ち込んで、鉄工場や大工の仕事場として使用したことは、使用目的を無断で変更する用法違反に該当し、同違反を理由とする解除は有効であると主張した。

これに対し、裁判所は、これらの改造等が賃貸人に無断で行われたことを認めながらも、改造の内容は、いずれも簡易粗製の仮設的工作物を各賃借家屋の裏側にそれと接して付置したものに止まり、その機械施設等は容易に撤去移動可能であること、家屋自体は、なお居住目的に使用されていることに何ら変わりないこと等を丁寧に認定して、賃貸借契約の継続を期待できないほどに信頼関係が破壊されたといえないとし解除の効力を否定した。

3　本件の意義

本件は、賃貸人に無断で、ある程度の改造工事がなされた事実を認めながら、改造

が賃貸家屋それ自体につきなされたものでない上、重大なものでないとの判断に基づき、信頼関係の破壊を否定したものであり、増改築の程度・規模、原状回復の難易及び使用目的の実質的な変更の有無等、無断増改築による契約解除につき、検討されるべき要素を示したものとして、参考となる。

＜参考となる判例＞

○賃借人が旅館営業の目的で賃貸された建物の一部（湯殿等）を取り壊して別の建物を建築等し、それを理由として申し立てられた賃貸借契約の解除、明渡しに関する調停事件で、賃貸借契約の継続を認める調停が成立した後も、さらに大規模な食堂改造工事等を行ったことが無断増改築禁止特約に違反することを理由として賃貸借契約の解除が認められた事例（東京高判昭49・11・22判時767・35）

○設置場所、工事内容・規模につき賃貸人の具体的な承諾なく行われた子の勉強部屋の設置工事について、同工事が建物本体の価値は損なわず、撤去は極めて容易であること、勉強部屋設置自体は承諾を得ており、またその目的が子への愛情に基づくもので利益追求など不純な動機はなかったことなどから、同工事を理由とする解除の効果を否定した事例（大阪高判昭51・11・9判時843・59）

第4章　無断増改築

22 新たに外壁を築造し、シャッターを設置するとともに、壁面の一部及び天井を撤去の上築造するなどの改修工事を理由とする賃貸借契約の解除が認められなかった事例 （東京地判平6・12・16判時1554・69）

信頼関係破壊の判断ポイント

賃貸人の主張	賃借人の主張	裁判所の判断
賃借人（被告）は、賃貸人（原告）に無断で、賃借建物（以下「本件建物」という。）に新たに外壁を築造して、鉄扉を撤去し代わりにシャッター4基を設置するとともに、事務所部分について、壁面の一部や天井を撤去し、新たに築造し直した上、階段を移動させるなどの増改築工事（以下「本件工事」という。）を行った。	工事内容については一部否認（もっとも、相当部分について争いはない。）。	賃貸人の主張をおおむね認める。
否認する。	従前より、賃貸人は、本件建物について、賃借人の建物使用目的に適合し、かつ、営業目的に必要な範囲内で、賃借人が修繕改造をできる旨、賃借人との間で合意していた。	賃借人の主張を排斥する。
否認ないし争う。	鉄扉の付替え及びそれに必要な壁面の新設補強工事は、鉄扉が倒れて通行人等に危害を及ばないよう早急に対応する必要があったことから行ったものであり、その他各工事も、雨漏りの防止や事務所部分における接客	賃借人の主張を認める。

	環境を改善する目的等で行ったもので、緊急性及び必要性が認められる。	
否認する。	本件工事はいずれも原状回復が容易であって、賃貸人との本件建物の賃貸借契約（以下「本件契約」という。）において禁止されている建物の模様替え又は造作その他の工作には該当しない。	本件工事が、本件契約において禁止されている建物の模様替え又は造作その他の工作に該当しないとの主張は排斥するも、いずれも原状回復が比較的容易であることは認める。
否認する。	賃借人は、賃貸人に事前に本件工事について申入れをし、工事中にも、賃貸人に対し、工事の必要性や相当性につき説明をしてきた。	賃借人の主張を排斥する。
賃借人に対し再三本件工事の中止を申し入れていたにもかかわらず、賃借人はこれを無視して本件工事を行った。	否認する。	賃貸人の主張を排斥する（賃借人が賃貸人の制止を無視して本件工事を強行したような事情は認め難い。）。
上記の賃借人の行為により、賃貸人との信頼関係は破壊されている。	争う。	本件工事は増改築禁止条項に違反するものの、工事の緊急性・

必要性・合理性があり、増改築部分の復旧も比較的容易であること等から、本件工事は信頼関係を破壊するものとはいえない。

事　実　経　過	
昭和38年5月27日	前賃貸人が本件建物のうち北側部分を賃借人に賃貸した。
昭和39年5月18日	賃貸人が前賃貸人から本件建物を買い受け、本件契約における賃貸人としての地位を承継した。
昭和49年5月1日	賃貸人が本件建物のうち南側部分を賃借人に賃貸した。
昭和59年8月1日	賃貸人と賃借人は、従前の賃貸借契約を合意解除した上で、改めて、本件建物について、事務所、工場、倉庫に使用する目的で、本件契約を締結した。 なお、本件契約では、賃借人は、建物の模様替え又は造作その他の工作をするときには、内装変更及び簡単な造作変更を除いて、事前に賃貸人の書面による承諾を受けなければならず、賃借人が同規定に違反したときは、賃貸人は、催告をしないで直ちに本件契約を解除することができる旨の特約が設けられていた。
平成元年9月	本件建物北側部分の鉄扉が、台風の際、道路側に倒れ、歩道を通行中の自転車の荷台に接触し、賃借人が警察から警告を受けた。なお、本件建物南側部分の鉄扉は、昭和55年頃から雨漏りによるさび等により開閉が困難になり、建物の内側に転倒して危険が及ぶおそれが生じており、また、本件建物北側部分の鉄扉は、昭和62年9月頃、台風により2枚とも道路側に転倒し、警察から警告と改修の勧告を受けていた。
平成元年12月26日～平成2年2月	賃借人は、新たに外壁を築造して、シャッター4基を設置するとともに、事務所部分について、壁面の一部、天井を撤去して、新たにこれらを築造し直した上、事務所部分の一部を建物の外部とし、階段

第4章　無断増改築　　115

	を移動させるなどの改修工事（本件工事）を行った。
平成2年2月	賃貸人が平成2年2月9日、本件工事を早急に中止するよう催告する「建物外装工事中止再申出の件」と題する書面を送達し同月13日に賃借人に到達した。さらに、賃貸人は、同月15日到達の書面で、工事中止、既存工事部分の収去及び本件建物の原状回復を書面到達後5日以内に完了する旨催告し、平成2年2月27日到達の書面で、本件契約を解除する旨の意思表示をした。

裁判所の判断理由

　まず、本件契約において、賃借人は、建物の模様替え又は造作その他の工作をするときには、事前に賃貸人の書面による承諾を受けなければならず、賃借人が当該規定に違反したときは、賃貸人は、催告をしないで、直ちに本件契約を解除することができるとの増改築禁止条項が設けられている。また、本件契約では、内装変更及び簡単な造作の変更については賃貸人の承諾を要しないとされているにすぎず、他に賃借人が賃貸人の承諾なくして建物の模様替え又は造作その他の工作ができることを認めるような約定は存しない。

　そして、本件工事は、新たに外壁を築造して、シャッター4基を設置するとともに、事務所部分について、壁面の一部、天井を撤去して、新たにこれらを築造し直した上、事務所部分の一部を建物の外部とし、階段を移動させるなど大幅な改修というべき内容であって、内装変更及び簡単な造作の変更に止まるものではなく、事前に賃貸人の書面による承諾を要する建物の模様替え又は造作その他の工作に当たるが、賃借人は、賃貸人に対して、書面による事前の承諾を得ていないのであるから、賃借人は、増改築禁止条項に違反したこととなる。

　建物の賃貸借において、賃借人が本件のような増改築禁止条項に違反して増改築を行った場合、原則として契約の解除原因となるが、増改築が賃貸借契約の当事者間の信頼関係を破壊するに足りないと認める特段の事情があれば、賃貸借契約の解除は認められない。

　そして、この特段の事情については、なされた増改築の規模、程度、復旧の難易、賃借建物の用途、目的、賃貸人の制止、これに対する賃借人の言動、従前の契約関係の経緯、賃借人の主観的事情等諸般の事情を総合考慮して判断すべきである。

　本件において、本件工事の内容は、大幅な改修というべき内容であり、それに要した費用も約金400万円と安価とはいい難い額に及んでいる。

しかしながら、本件工事は、鉄扉が転倒して通行人等に危害を及ぼす危険性が現実に具体化した段階において、その危険を早急に除去する必要が生じたことを契機に、あわせて、従前からの壁面からの雨漏りを防止し、事務所部分における接客環境を改善する目的で行われたものであり、賃貸人がこれらの適切な改修を行うなどの措置を講じた形跡は何ら窺われないことなどに照らすと、その必要性、合理性が認められる。また、設置された基礎は、撤去することは可能であって、撤去に然程困難は伴わず、本件建物の道路側（西側）に南側部分から北側の空き地にかけて設置された新しい壁面、事務所部分の上部に設けられた屋根状の構造物及びシャッター4基についても、これらを撤去することは可能であり、それに要する作業も、安全を確保するため足場等を組む必要があるものの、数日間で完了することができると考えられ、事務所部分については、本件工事の前後において、本件建物の事務所部分を賃貸借当初の原状に復するために要する作業に質的な変化があったとすることはできず、したがって、本件工事によって、事務所部分の原状回復についての賃貸人の負担が増加したとすることはできない。

　さらに、本件賃貸借における、建物の用途、目的は、事務所、工場、倉庫として使用することにあるが、本件工事によって、これらの用途、目的に変更が生じたものではない。また、事務所として使用する以上、接客環境の整備を行うことは、当然に予定されているというべきであり、接客環境を良くするための改装、改築等については、それが必要かつ相当なものである限り、賃貸人はこれを受忍すべきであるといえる。そもそも、昭和38年の賃貸借契約開始当初から、本件建物の維持、管理、補修は、専ら賃借人が行い、その費用についても、賃貸人がこれを負担したことが窺われなくはないが、その額はわずかであって、その殆どを賃借人が負担してきたのであり、賃貸人は、賃借人が本件工事以前に行った工事について、異議を述べたことは一度もない。

　そして、本件工事についての賃貸人の制止及びこれに対する賃借人の対応については、平成2年2月12日以前に賃貸人が本件工事の中止を求めたと認めるに足りる証拠はなく、同月13日になって初めて賃借人に対して本件工事中止の要請があったとするのが相当であるが、同日の時点における本件工事の進捗状況については、必ずしも明らかでなく、賃借人に有利に考えた場合には、同日の時点では、事務所部分の階段の工事が残されていたにすぎないのであって、賃借人の営業の継続の必要性からみて、賃借人が同日以降の作業を行ったとしてもやむを得ない面があり、これを信頼関係破壊の要素として重視することはできない。また、仮に、同日以前に賃貸人からの制止があり、あるいは同日の時点で相当な量の作業が残っていたとしても、賃借人は、鉄扉が転倒の危険を早急に除去する必要があったのであり、これにあわせて、壁面からの

第4章　無断増改築　　117

雨漏りを防止し、事務所の接客環境を改善する工事を行ったとしても、これを強く非難することはできないというべきである。

さらに、本件工事によって、本件建物の価値が増加したことは明らかである。

以上の諸事情を総合すれば、本件工事は、その規模、内容ともに軽微なものとはいえないが、賃借人としては、本件工事を行う緊急性、必要性、合理性があり、増改築部分の復旧も比較的容易であって、本件建物の用途目的に適っており、従前から本件建物の維持、管理、補修は専ら賃借人が行ってきたものであり、賃借人が賃貸人の制止を無視して本件工事を強行したような事情は認め難く、賃貸人も本件建物の価値の増加による利益を受けるのであるから、本件工事が賃貸人、賃借人間の信頼関係を破壊するものとはいえず、賃貸人、賃借人間の信頼関係を破壊するに足りないと認める特段の事情があるというべきである。

解　　　説

1　無断増改築禁止特約と信頼関係の破壊

本件は、外壁の築造、シャッターの設置、壁面の一部及び天井の撤去並びに新築、事務所部分の一部を建物の外部とし、階段を移動させるなどの大幅な改修というべき内容の工事を行った賃借人に対し、賃貸人が、増改築禁止特約違反を理由とする解除を主張し、その解除の有効性が問題となった事例である。

賃借人が本件のような増改築禁止特約に違反して増改築を行った場合、原則として契約の解除原因となるが、増改築が賃貸借契約の当事者間の信頼関係を破壊するに足りないと認める特段の事情があれば、賃貸借契約の解除は認められないと解するのが判例の見解であり、本件もその立場に立ち、特段の事情の有無を認定している。

そして、本件は、その特段の事情の有無の判断事由として、増改築の規模、程度、復旧の難易、賃借建物の用途、目的、賃貸人の制止、これに対する賃借人の言動、従前の契約関係の経緯、賃借人の主観的事情等を挙げており、無断増改築による解除の可否に関し、考慮すべき要素を具体的に示した判例として、重要な先例性を有するものである。

2　本件における信頼関係を破壊するに足りないと認められる特段の事情の存在

その上で、裁判所は、本件工事の内容が大幅な改修であることを認めつつも、本件工事は、安全性の確保、雨漏りの防止、接客環境の改善を目的として行われた必要性、

合理性が認められるものである上、復旧が比較的容易であり賃貸人に原状回復の負担が増加していないこと、本件工事によって本件建物の用途、目的に変更が生じていないこと、そもそも従前から本件建物の維持、管理、補修は専ら賃借人が行っており、賃借人が賃貸人の制止を無視して本件工事を強行したような事情は認め難く、賃貸人も本件建物の価値の増加による利益を受けることなどを詳細に認定し、信頼関係の破壊を否定したものである。

　このように本件は、増改築禁止特約に反する大幅な改修工事がなされたことを認定しながら、無断増改築による信頼関係破壊に関する考慮要素（増改築の規模、程度、復旧の難易、賃借建物の用途、目的、賃貸人の制止、これに対する賃借人の言動、従前の契約関係の経緯、賃借人の主観的事情等）を具体的かつ詳細に検討、認定し、解除の効力を否定した事案であり、同種事案において事例的に大きな参考性を有するものである。

＜参考となる判例＞

○活版印刷工場から写真印刷のための製版の作業場に賃借建物を変更したことは用法違反及び増改築禁止特約に違反するが、未だ当事者間の信頼関係を破壊しない特段の事情があるとされ賃貸借契約の解除が認められなかった事例（東京地判平3・12・19判時1434・87）

第4章　無断増改築　　119

23　部屋と部屋の間の壁を撤去するなどの無断改築を理由に賃貸借契約の解除が認められた事例

（東京地判平18・11・30（平17（ワ）4075・平18（ワ）8275））

信頼関係破壊の判断ポイント

賃貸人の主張	賃借人の主張	裁判所の判断
賃貸人（原告）が賃借人（被告）に賃借した建物（以下「本件建物」という。）について、賃借人は、1階の部屋①と部屋②との間の壁面の大半を撤去して一体化させておりこれは賃借人の利便性向上を目的として行われた建物の構造等に関わる重大な工事である。	1階工事で撤去されたのは、単なる間仕切りであって耐力壁ではない上、倒壊のおそれのあった間仕切りを撤去して新たな柱を設置したものであり、必要不可欠な工事である。また、この工事は、原状回復にそれ程費用のかからないものである。	賃借人の主張を排斥し、賃貸人の主張を認める。
2階の工事は、部屋③に設置されていたシャンデリアを取り外して、断熱材を設置したというものであり、賃借人による利便性の向上のみを目的として行われた工事である。	2階工事は、部屋③が、断熱効果が不十分で、夏期に使用することが不可能な状態であったことから、これを通常の使用に適する状態に置くため行ったものであり、同工事も必要不可欠な工事である。また、この工事は、原状回復にそれ程費用のかからないものである。	賃借人の主張を排斥し、賃貸人の主張を認める。
賃借人は、前賃貸人であるAの承諾を求める機会が十分にあり、かつ、承諾を求めることができないような緊急性はなかったにもかかわらず、1階及び2階の工事（以下「本件各工事」と	—	賃貸人の主張を認める。

いう。）を無断で行ったばかりか、事後承諾を得ようとすらしなかった。		
賃借人は、本件訴訟に至るまで、工事内容の説明もせず、逆に工事費の請求を行うなどの行動に出た。	—	認める。
否認する。	本件建物の改修等について包括的承諾があった。	賃借人の主張を排斥する。
上記の事実より、賃貸人と賃借人間の信頼関係は破壊された。	争う。	信頼関係破壊を認める。

事　実　経　過	
平成11年10月23日	Aは、本件建物につき、賃借人と賃貸借契約を締結した（以下「本件契約」という。）。 なお、本件契約において、賃借人は、本件建物を現状のまま使用するものとし、Aの文書による承諾なくして本件建物の改造造作・模様替等の現状変更をしてはならないとされていた。
平成16年7月	賃借人は、本件建物の1階にて、部屋①とその隣の部屋②との間に設置されていた壁又は間仕切りの一部を撤去して柱を設置する工事をし、また、本件建物の2階にて、部屋③の天井に断熱材を設置する工事をした。 Aは不動産業者と共に本件建物の確認に行き、本件1階工事がされたことを知り、本件建物内にいた賃借人の従業員に苦情を述べ、その後、Aは、賃借人に対し、文書により、本件1階工事が無断工事であることを告げるとともに、工事内容の説明を求めた。
平成16年10月15日	賃借人は、Aに対し本件各工事費用として、同日付書面により、47万円の修繕費の支払を請求した。
平成16年12月29日	Aは、賃借人に対し、無断増改築禁止条項違反を理由とし本件契約を解除する意思表示をなし、同書面が賃借人に到着した。
平成18年5月1日	本件訴訟係属中にAが死亡し賃貸人が本件建物を相続し、本件建物及び本件契約に係る債権債務関係を承継した。

第4章　無断増改築　　121

裁判所の判断理由

　本件1階に関し、賃借人が行った工事は、厚さ約10cmの壁を幅2m70cmないし3m50cmに渡って撤去した工事である点で構造等に関わる重大な工事であったといえる上、部屋①と部屋②との間の壁を撤去して部屋①と部屋②を一体化させた点で本件建物の間取りを変更する大きな模様替え工事であったということができる。

　賃借人は、このような工事を、本件契約書の無断増改築禁止条項に違反して、Ａの承諾を得ることなく行っている。そして、本件各工事を行うことが本件建物を通常の使用に適する状態に置くために必要不可欠であったとの賃借人の主張が採用できず、本件各工事は、いずれも賃借人による使用上の利便性向上を目的として行われた工事なのであって、格別緊急を要する工事であったとは認められないことからすれば、賃借人は、賃貸人であるＡの承諾を求める機会が十分にあり、かつ、承諾を求めることができないような切迫した状態ではなかったにもかかわらず、上記のような工事を無断で行ったということができ、その契約違反の程度は著しいものといわざるを得ない。

　さらに、賃借人は、本件1階工事の直後に同工事の施工について苦情を受けたにもかかわらず、Ａからの承諾があったと主張し、事後承諾を得ようとすらしなかったばかりか、本件訴訟に至るまで、工事内容や工事理由等について明確な説明もしなかった。しかも、賃借人は、本件1階工事直後のＡからの苦情を受け、逆にＡに対し、平成16年10月15日付けで47万円の修繕費の支払を請求しているが、賃借人が反訴において主張する本件各工事に要した費用は20万3,175円であり、その請求額は過大であるといえる上、遅くとも同書面が出された平成16年10月15日には、本件各工事に要した費用が反訴請求金額程度であり、47万円もの金額にはならないことは判明していたと推認される。これらの無断工事後の賃借人のＡに対する対応も、Ａと賃借人との間の信頼関係を失わせる要因になったものと考えられる。

　以上において検討した諸事情を総合すれば、本件契約の無断増改築禁止条項に違反してなされた本件各工事の施工は、本件契約における賃借人の著しい不信行為に該当するというべきであり、これを理由とする本件解除は有効であると認められる。

解　　説

　本件は、無断増改築禁止特約の付された賃貸借契約において、賃借人が、賃貸人に無断で部屋と部屋の間の壁を撤去する等の改築工事を行ったことについて、無断増改築禁止特約違反を理由とする解除の有効性が問題となった事案である。

賃借人は増改築工事についてそもそも当時の賃貸人からの包括的承諾があったと主張し、また、工事自体、安全性の確保や断熱効果が不十分な建物を使用に適するようにするため、必要不可欠なものであったと主張した。

これに対し、裁判所は、増改築工事についての包括的承諾の存在を否定した上で、撤去された壁は、他の壁と同様の厚みがあり、耐力を有しない構造とはいえず、かつ、賃借人主張のように単に安全確保のための工事であれば、壁の補強など原状に大きな変更を加えない他の工事手段があったし、断熱材を施工していない部屋が使用不可能などということは到底考えられないとして、いずれも必要不可欠な工事であったとの賃借人の主張を退けた。その上で、裁判所は、工事は、構造等に関わる重大な工事で、かつ、本件建物の間取りを変更する大きな模様替え工事であった等として、賃借人の重大な契約違反を認め、また、事後の賃借人の態度（当時の賃貸人から苦情を受けても、誠実に対応せず、かえって、修繕費として過大な請求をした等）も考慮し、解除の効力を肯定したものである。

賃借人が建物の増改築を行ったことにより、賃貸人が賃貸借契約を解除した事案では、賃借人から、工事につき賃貸人の個別承諾あるいは包括承諾を得ていたとの主張や、工事が建物の使用のため必要でやむを得ないものであったというような主張がなされることが多い。この点、本件判決は、賃借人が主張する賃貸人による承諾を否定した上、増改築工事について、工事の目的、程度、緊急性、必要性などを具体的に検討し、解除を認めるとの判断をなしたものであり、実務上、参考になる。

＜参考となる判例＞
○飲食店営業を目的として賃貸された建物につき、店舗内の壁、天井の塗装及び天井、床のクロス貼り替等賃貸人に無断で模様替等を行ったことが無断模様替禁止特約に違反するとしてなされた解除の有効性を認めなかった事例（東京地判昭61・10・31判時1248・76）
○クリーニング店営業を目的として賃貸された建物について、ガラス製の自動扉、クリーニング設備用のダクト及び換気扇並びにガラスブロック製の壁等を設置したことが増改築禁止特約に違反することを理由とする解除が認められなかった事例（東京地判平25・6・5（平22（ワ）37548））

第4章　無断増改築　　123

24 建築材料販売等ホームセンター用店舗の賃貸借契約について、賃借人による建物敷地への工作物等の設置を理由に賃貸借契約の解除が認められた事例

(東京地判平4・4・21判タ804・143)

信頼関係破壊の判断ポイント

賃貸人の主張	賃借人の主張	裁判所の判断
賃借人（被告）は、賃貸人（原告）に無断で賃借建物（以下「本件建物」という。）の敷地（以下「本件土地」という。）内にプレハブ建物や看板等を設置し、広告塔を改築、本件建物の外壁を塗り替える等したが、これは本件建物のホームセンターとしての建物使用目的に照らしても建物賃借権に付随する敷地利用権の限度を逸脱するものである。	増改築は、賃貸人の承諾を得ている。また、賃借人が設置した建物等は、ホームセンターの営業に伴う常識的な範囲の施設であるのみならず、いずれも仮設建物であって、撤去が容易である。	無断増改築の事実は認めた上、賃借人が設置した建物等の撤去は比較的容易であることが推認されるとしつつも、建物賃借権に付随する敷地利用権の範囲にとどまるとはいい難いとした。
上記無断増改築を理由とする契約解除に基づく本件建物の明渡しを求める本件訴訟の訴訟継続中にもかかわらず、賃借人は、再度、簡易なテント様の店舗や貯蔵庫、看板等の設置及び床の全面改装等の無断増改築を行った。	各工事内容は認めるが、いずれも必要に応じた軽微な工事にすぎず、本件建物の模様替え又は増改築とも評価できないし、賃貸人の求めに応じて建物を撤去するなどしており、賃貸人との本件建物の賃貸借契約に基づく建物の使用権や敷地利用権を逸脱するものではない。	各工事内容を認め、これらは、本件紛争の司法的解決につき、賃借人の真摯な対応を期待できないことを意味するものとした。
上記の事実より、賃貸人と賃借人との信頼関係は破壊された。	争う。	信頼関係の破壊を認める。

事　実　経　過	
昭和55年6月	賃貸人は、賃借人に対し、用途を建築材料販売等ホームセンター用店舗として本件建物を賃貸した（以下「本件契約」という。）。 なお、本件契約では、賃借人が本件建物の改築、増築、修繕その他本件建物の原状に変更を来すような一切の造作加工又は模様替えをなすには、賃貸人の書面による承諾がなければならないと定められていた。
昭和58年10月	賃貸人は、賃借人が本件土地上にプレハブ建物を設置していたことを発見し、撤去を催告するも、賃借人は、これに応じなかった。
昭和61年まで	賃借人は、本件土地にプレハブ建物や看板等を設置し、広告塔を改築したり、本件建物の外壁を塗り替えたりする等の工事を行った。
昭和61年10月29日	賃貸人は、賃借人に対し、増築物の撤去を求めた。
昭和61年12月2日	賃貸人は、賃借人に対し、上記請求に応じないことを理由に本件契約を解除する旨の意思表示を行った
平成3年9月26日まで	賃貸人が賃借人に対し、本件建物の明渡しを求める本件訴訟を提起したところ、賃借人は、訴訟継続中に、簡易なテント様の店舗や貯蔵庫、看板等の設置及び床の全面改装等の工事を行った。
平成3年9月27日以降	賃貸人は、賃借人に対し、一切の工事の中止及び建物撤去を求めたが、賃借人は更にその後、本件建物の改造、外壁工事、本件土地上に空調設備の新設等を行った。

裁判所の判断理由

　賃借人のした工事のうち、本件建物に加えた改修工事等については、本件契約において、本件建物の模様替等に該当する工事について賃貸人の書面による承諾が要求されているにもかかわらず、賃借人は賃貸人に事前連絡をしたにとどまり、十分な承諾を取って工事に着手したとはいえないが、工事の内容が店舗としての使用目的に合致し、本件建物の客観的価値を高めたことなどに照らせば、これをもって直ちに信頼関係を破壊する程度の責務不履行があったとまでいうことはできない。

　また、本件土地上における工作物等の設置について検討するに、建物賃借人の敷地利用権は、その建物の賃借目的を達成するために必要であることが合理的に認められる限度で付随的に存するというべきであるが、本件建物は、いわゆるホームセンターの店舗として賃貸されたものであり、このような店舗においては、扱われている商品

の多様性や性質、形状、重量などから、建物の敷地も屋外の売場として使用されていることが一般的であり、また、自動車等により来店する客のための広告板等の設置の必要性も認められるところであるから、設置物の用途、大きさ、構造等の点で合理的に認められる限度においては、賃貸人の承諾がなくとも、その敷地に売場や付属設備を設置することができるというべきである。

　しかしながら、本件土地上の建築物等についてみると、その一つである温室が撤去されている事実に鑑みれば、その撤去が比較的容易であるものと推認されるものの、独立の建物としての構造を備えた建築物もあること、その占有面積は広範に及び、本件土地のうちの空き地の相当部分を占めること、さらに、店舗としての効用を全うするためにこれらの建築物を設置するなどして本件土地を利用する必要があれば、本件土地に賃借権を設定することも可能であり、またそのようにすべきであることを考慮すれば、賃借人の設置した本件土地上の建築物等が、設置の事実だけをとらえて直ちに信頼関係が破壊されたとはいえないとしても、本件契約に伴う敷地利用権の範囲にとどまるとはにわかにいい難い。

　加うるに、賃借人の本件土地上における工作物等の設置は、当初において賃貸人の承諾のないまま行われたのみならず、その後本件訴訟において、本件土地上の工作物の設置の可否が訴訟の焦点となり、また、本件土地の利用状況を現状のまま固定することを前提とした和解が検討されている最中にも、再度無断で行われている。このような行為は、単に無断で工作物を設置することにより契約当事者間の信頼関係を損うのみならず、本件賃貸借契約において生じた紛争を司法的に解決するにつき、賃借人側の真摯な対応を期待できないことを意味するものであり、契約当事者間の信頼関係は破壊されたものといわざるを得ない。

　したがって、賃借人の本件土地上における工作物等の設置行為は、昭和61年10月までにおいて賃貸人と賃借人の信頼関係を破壊したとまではいえないとしても、以上に述べた設置の経緯、特に本件訴訟係属後の賃借人の行為に照らしたときは、後にその一部を賃借人が撤去した事実を考慮しても、平成3年9月26日頃までには、敷地利用権の範囲を逸脱し、このことによって賃貸人と賃借人の信頼関係は破壊されたものというべきである。

　以上によれば、賃貸人は、信頼関係の破壊するに足りる債務不履行を理由に、本件賃貸借契約の解除をなし得るところ、賃貸人は昭和61年に賃借人に対して解除の意思表示をした後、本件訴訟を提起して解除の有効性を主張し、平成3年11月12日の本件訴訟の口頭弁論期日において、解除原因として信頼関係の破壊の事実を主張しているのであるから、遅くとも同日において、本件契約は解除されたものというべきである。

解　　　説

　本件は、建築材料販売等ホームセンター用店舗として建物を賃借した賃借人が、その敷地上に賃貸人の明示的な承諾を得ることなく、プレハブ建物や看板等を設置し、広告塔を改築、建物の床を全面改装したりしたことが、賃貸借契約の信頼関係を破壊するものと評価できるかが争われた事案である。このように本件は、建物賃借人の敷地利用権の範囲が問題となったという点で、他の事案と異なる特殊性を有している。

　この点、裁判所は、まず「建物賃借人の敷地利用権は、その建物の賃借目的を達成するために必要であることが合理的に認められる限度で付随的に存するというべきである」と判示した。かかる判断は、建物賃借人の敷地利用について、一般的な規範を示したもので参考になる。

　そして、裁判所は、その上で、ホームセンターでは、「扱われている商品の多様性や性質、形状、重量などから、建物の敷地も屋外の売場として使用されていることが一般的であり、また、自動車等により来店する客のための広告板等の設置の必要性も認められるところであるから、設置物の用途、大きさ、構造等の点で合理的に認められる限度においては、賃貸人の承諾がなくとも、その敷地に売場や付属設備を設置することができる」とし、ホームセンターの店舗という建物の賃借目的に着目し、相当程度広範な敷地利用権が認められるという立場を示した。建物賃借人が、どこまで敷地を利用できるかは、契約の目的や内容、建物の設置状況や仕様、契約成立までの経緯や当事者間のやりとり等から示される当事者の合理的な意思解釈等によって個別事案ごとに判断されることになり、本件での裁判所の判断も、あくまで事例判断であって、他の同種事案について、必ず同様の判断がなされるとまではいえないであろうが、ホームセンターという建物の用途を考慮し、賃借人の敷地利用権を相当程度広範に認めた判例であり、事業用建物の敷地利用権の範囲に関して実務上参考となる。

　また、本件で、裁判所は、賃借人による増改築自体が直ちに賃貸人との信頼関係を破壊するものではないとしつつ、賃借人が無断増改築を理由とする契約解除に基づく明渡訴訟を提起され、両者で和解が検討されている最中であったにもかかわらず、再度無断で増改築工事を行ったという特殊な事情が加わったこと等を踏まえれば、最終的には信頼関係が破壊されたと判断したものであり、この点も事例として参考となる。

　なお、建物賃借人による敷地の利用については、賃貸借契約に個別具体的な規定を置けば、賃借人は、当該規定に拘束されることになるので、賃貸人としても、必要に応じ、そのような規定を契約書に設定することになろう。

第4章　無断増改築　127

＜参考となる判例＞

○建物賃貸借契約において、賃借人が、賃貸人の所有にかかる建物の敷地及びこれに接続する土地上に、無断で建物を建築したことは、建物賃貸借の継続を著しく困難ならしめる不信行為に当たるとして建物賃貸借契約の解除を認めた事例（最判昭38・9・27判時354・28）

○家屋賃借人が、現家主が賃貸人となった当時より、すでに地主の承諾を得て敷地の一部に約3坪の居宅兼物置を築造していた事案において、同居宅兼物置を撤去した跡地に、ほぼ同面積の簡易な構造の作業場を新築したが、家屋賃借人の敷地の使用収益権の範囲を逸脱したとはいえないとして、建物賃貸借契約の解除を認めなかった事例（最判昭46・7・1判時644・49）

第5章　利用に関する違反行為等

第1　使用目的違反

25　不動産業務の事務所として賃借したビルの一室で貸机業を営んだこと
を理由に賃貸借契約の解除が認められた事例

(東京高判昭61・2・28判タ609・64)

信頼関係破壊の判断ポイント

賃貸人の主張	賃借人の主張	裁判所の判断
賃借人（被告、被控訴人）は、賃貸人（原告、控訴人）に対して、当初の賃貸借期間満了後（契約更新後）は、貸室を貸机業に使用しない旨の念書（以下「本件念書」という。）を差し入れていたにもかかわらず、期間満了後も貸室において貸机業を営んでおり、用法違反（使用目的違反）に該当する。	本件念書には、契約更新時に「貴社と相談の上」貸机業を廃止すると記載されており、万一、利用者が賃貸人に損害を与えるような事態が発生した場合には、賃貸人と協議の上で貸机業を廃止することを約したものにすぎない（賃貸人と賃借人の協議の一致がなければ貸机業を廃止する必要はない。）。	賃借人の主張を排斥し、賃貸人の主張を認める。

事　実　経　過

昭和51年9月27日	前賃貸人は、賃借人に対し、貸室を賃貸した（以下「旧賃貸借契約」という。）。 旧賃貸借契約書には、使用目的として「不動産業務の事務所として使用する」との特約が定められていた。
旧賃貸借契約締結後	貸室の内部造作工事の様子を見て不審に思った前賃貸人が賃借人を問いただしたところ、賃借人が貸室で貸机業を営む予定であったことが判明した。
昭和51年10月22日	賃借人の懇請を受けた前賃貸人は、期間を限定して貸机業を認めることとし、賃借人は前賃貸人に対して、「現在の貸机業務は賃貸借期

	間の2年以内とし、契約更新時には貴社と相談の上廃止するものとする。」との記載のある念書を差し入れた（旧念書）。 その後、同記載の「2年」という年数は、旧賃貸借契約の二度の更新に伴い、「4年」、「6年」と書き改められ、最終的に、期限は昭和57年10月4日となった。
昭和56年6月8日	賃貸人は、前賃貸人から貸室を含む本件建物を買い受け、旧賃貸借契約にかかる賃貸人たる地位を承継した。
昭和56年6月30日	賃貸人は、旧賃貸借契約を承継したが、改めて、賃借人との間で、旧賃貸借契約の賃貸期限である昭和57年10月4日を賃貸期限とする賃貸借契約を締結した（以下「本件契約」という。）。
昭和56年7月1日	賃貸人は、本件契約に先立ち、賃借人が貸室で貸机業を営んでいることを知り、賃借人にその廃止を求めたが、賃借人から懇請され、やむなく上記賃貸期限まではこれを認めることとし、契約締結の翌日、賃借人に旧念書とほぼ同一文言の念書を差し入れさせた（本件念書）。 本件念書には、「現在の貸机業務は本賃貸借期間内とし、契約更新時には貴社と相談の上、廃止するものとする。」との特約が定められていた。
昭和57年3月11日	賃貸人は、約束どおり昭和57年10月4日の賃貸期限までに貸机業を廃止するようあらかじめ要請する内容証明郵便を送付し、同書面は、賃借人に到達した。
昭和57年10月4日経過後	賃借人は、上記賃貸期限後も、貸室において貸机業を継続したため、賃貸人は賃借人に対して貸室を貸机業に使用することをやめるよう催告したが、賃借人はこれに応じなかった。
昭和58年1月28日	賃貸人は、賃借人に対し、用法違反を理由に本件契約を解除する旨を意思表示した。

裁判所の判断理由

1 使用態様（貸机業）について

　貸机業なるものは、ビルの一室等の占有権原を有する者（所有者、賃借人等）がその室内に相当数の机を置き電話を設置し、これを第三者（会員などと称する。）に有料で使用させることを主な内容とするものであり、室内の特定の机につき特定の会員に専用の使用権限を認めるとともに、貸机業者側で事務員を置いて、外部よりの会員に対する電話の応対（一般に会員の社名等を称して行う。）及び会員宛の郵便物の受領等

のサービスを提供するものである。このような貸室の利用者（会員）は、当然のこと
ながら一般に、机一つあれば仕事ができる業態の小規模な個人業者、定まった連絡場
所、執務机さえあればよい外回りの業者等であり、取引先との間にトラブルを起こす
ことがままあり、また、賃借人が貸机業者の場合、家主としては、全く人的信頼関係
がなく直接の接触の乏しい多数の者が自己所有のビルの一室に出入りすることになる
ので、法律関係の複雑化をもたらすのみならず、かかる貸机業を営む者がビルの一室
を賃借していると、事実上当該ビル全体の品位を損ない、他の貸室に優良な賃借人の
入居を確保することが困難となるとして、これを嫌う家主が多い。

2　使用目的違反を理由とする解除について

　本件契約には、賃借人において貸室を貸机業に使用してはならない旨の定めが存し
たものであり、賃借人が約定の昭和57年10月4日を経過した後も、貸室において貸机業
を営んできたことは、本件契約に定められた用法に違反するものである（ビルの一室
の賃貸借契約において、貸机業を行ってはならないことを賃借人の用法義務として定
めることは、相応の合理性があるものと認められる。）から、本件契約は、解除によっ
て昭和58年1月28日限り終了したものと認めるのが相当である。

3　賃借人の反論について

　賃借人が賃貸人に差し入れた念書には「貴社と相談の上」という文言があり、その
意味がやや明確さを欠くことは否めないところであるが、賃貸人が本件念書を差し入
れさせた経緯、更に遡って賃借人が前賃貸人に対し念書（その念書にも同一の文言が
存在する。）を差し入れた事情を勘案すれば、前記文言から、賃貸人・賃借人両名の協
議の一致がなければ賃借人において貸机業を廃止する必要がないものとの解釈（それ
では賃貸人としてはこのような念書を徴する意味がほとんどないことになる。）を導
き出すことは到底できないというべきである。

解　　　説

1　使用目的違反と借家契約の解除

　建物の賃借人は、建物の使用・収益に当たって、「契約又はその目的物の性質によっ
て定まった用法」に従わなければならない（用法遵守義務。民616・594①）。そして、借家
契約は、一定の使用目的・用途のために建物を賃借するものであるから、当該使用目
的以外の目的・用途に使用した場合は、用法遵守義務違反となり解除原因に当たる（民
541）。

第5章　利用に関する違反行為等　　131

　この使用目的は、「契約」又は「目的物の性質」によって定まるが（民594①）、実務上
は、契約書において、住居用、事務所用、店舗用、あるいはより具体的な使用目的が
定められていることが一般的であり、判例上も使用目的を定めた特約の存在を前提に
使用目的違反に基づく解除が争われた例が多い。また、契約書等に使用目的が明記さ
れていない場合であっても、契約締結経緯や交渉中の当事者の言動、借家契約の内容、
建物の種類・構造、周囲の環境等から、一定の使用目的の用に供する旨の合意の存在
が認められる場合があり、そのような合意も認定できない場合には、「目的物の性質」
すなわち建物の種類・構造等によって使用目的が認定される。
　なお、使用目的に関する特約（合意）については、その内容が賃借人の使用収益権
を不当に制限するなど公序良俗に反する場合には無効となるが、実務上、特約の有効
性が争われる例は多くないと思われる。本件では、特約の有効性が争点となっていた
わけではないが、貸机業を行ってはならないことを用法義務として定めることには「相
応の合理性がある」と判示されており、特約の有効性が問題となり得ることが意識さ
れていたものと考えられる。

2　使用目的違反と信頼関係の破壊

　使用目的違反を理由とする解除についても、賃貸借契約の解除一般の場合と同様に
信頼関係破壊の法理が適用されるため、裁判上でもしばしば信頼関係破壊の有無が争
点となる。
　信頼関係破壊の有無については、個々の事案ごとの個別事情（本来の使用目的、使
用目的の設定経緯、使用目的違反に至った経緯及び違反の程度、建物の価値への影響、
近隣へ及ぼす影響等）に鑑みて判断するほかないが、住居目的の建物を店舗や事務所
など住居以外の目的で使用することは、用途を大幅に変更するものとして信頼関係破
壊が認められやすく、他方、建物の使用態様に大きな変化がなく、建物の価値や近隣
への影響もない場合は、信頼関係は破壊されていないと認定されやすいといった大き
な傾向を指摘することが可能である。
　また、使用目的違反の事例では、改築や改装を伴うことが少なくなく、そのような
事案では、用法遵守義務違反に加えて無断増改築等も解除原因を構成するため、当然
のことながら信頼関係破壊は肯定されやすい。

3　本件における裁判所の判断のポイント

　本件は、使用目的を「不動産業務の事務所」として賃借した貸室において、賃借人
が貸机業を営んだという用法遵守義務違反を理由とする解除の効力が争われた事例で
ある（なお、賃借人は、前賃貸人及び現賃貸人から期間限定を条件に貸机業としての

使用について承諾を得ていたため、厳密には同期間経過後（契約更新後）の使用目的違反が問題となっている。）。

賃借人は、賃貸人の承諾を得ていた（両者の協議が一致しない限り、貸机業を継続してもよかった）との反論しか展開しなかったため、信頼関係破壊の有無は明示的には争点となっていないが、裁判所は解除の効力を判断するに当たって、信頼関係の破壊が認められるか否かを当然の前提として判断していたものと思われる。

元々、本件契約における使用目的は事務所用とされており住居用ではなかったこと（少なくとも当事者の主張を前提とする限りでは）、無断増改築等の他の解除事由が存したわけではないこと、期間が限定されていたとはいえ、賃貸人は、賃借人が貸机業を営むことを承諾していたこと、その期間中に具体的なトラブル等が発生した様子はないこと等に照らせば、信頼関係が破壊されたとまではいえないとの結論もあり得ないわけではなかった事案にも思えるが、それでも裁判所が解除を認めたのは、判旨で詳細に認定されている貸机業を営むことによる弊害（上記「裁判所の判断理由」の1参照）を重視したものと考えられる。

貸机業は、いわば賃借物件を多数の第三者に転貸するに等しい業態といえ、貸室のみならず建物全体の価値に悪影響を及ぼすおそれのあるものとも考えられるため、裁判所の判断は妥当といえる。

本件で問題となったような態様の貸机業は今ではあまり見られなくなったが、レンタルオフィスのような類似の業態は今なお存在するため、実務上も参考になると思われる。

＜参考となる判例＞
○使用目的を飲食業として賃借した建物において、賃借人が金融業を営んだことを理由とする解除が認められた事例（名古屋地判昭59・9・26判タ540・234）
○使用目的を麻雀屋として賃借した建物を全面的に改装しゲームセンターを営んだことを理由とする無催告解除が認められた事例（東京地判昭60・1・30判時1169・63）
○使用目的を事務室として賃借した建物において、賃借人がテレホンクラブを営んだことを理由とする解除が認められた事例（東京地判昭63・12・5判タ695・203）
○使用目的をマリンスポーツ店として賃借した建物において、賃借人がクラブを営んだことを理由とする解除が認められた事例（東京地判平3・7・9判時1412・118）
○使用目的を高級飲食店として賃借した建物において、賃借人がクラブを営んだことを理由とする解除が認められた事例（東京地判平16・10・18（平13（ワ）24669））
○使用目的を熱帯魚販売業として賃借した建物において、賃借人が隣接建物で営むコンビニエンスストアの事務処理を行うとともに従業員の休憩所として使用したほか、自動車部品の塗装等、家電製品等の解体・修理、プラスチック製品の加工等を行ったことを理由とする無催告解除が認められた事例（東京地判平18・2・17（平16（ワ）21860））

第5章 利用に関する違反行為等　133

26 住居として賃借した建物において、用途条項に違反し会社の事務処理を行ったが、建物の価値を減ずる使用態様ではない等として賃貸借契約の解除が認められなかった事例　（東京地判平15・6・20（平14（ワ）26310））

信頼関係破壊の判断ポイント

賃貸人の主張	賃借人の主張	裁判所の判断
賃借人（被告）は、使用目的を「住居」として賃借した建物（以下「本件建物」という。）を事務所として使用し、かつ、自らの営む会社（以下「本件会社」という。）の本店所在地として登記していた。 また、賃借人は、賃貸人（原告）から本件建物の明渡しを求められた後も、本件建物を本件会社の事務所として使用している。	本件会社は、本件建物外の事務所で実質的な営業を行っていた。また、本件建物でパソコンを利用した事務処理などを行うことがあったとしても、近隣に迷惑をかけたことはなく、賃借人が本件建物の無断増改築等を行ったこともない。 本店登記についても、賃借人は、賃貸人から明渡しを求める内容証明郵便を受領して以降、本件会社の本店所在地を移転した。	重大な用法違反に該当するとまでは言い難い。
賃借人による事務所使用は、賃貸人に対する背信行為であり、信頼関係を破壊するものである。	契約を解除することはできない（自らの行為に背信性はないとの主張であると裁判所が解釈）。	賃貸借契約を継続し難い背信行為はなく、解除することはできない。

事　実　経　過

平成8年4月1日	前賃貸人は、賃借人に対し、本件建物を賃貸した（以下「本件契約」という。）。 本件契約には、「貸室は現状の儘、住居を目的として使用することとし、賃貸人の承諾なくして人員の増加、賃借権の譲渡、転貸をしてはならない」との特約（本件用途条項）が定められていた。

	※なお、平成13年6月1日に取り交わされた賃貸借契約書においても、「賃借人は、本件建物を住居に使用するほか、他の用途に使用してはなりません。」との定めがある。
平成12年2月15日	賃借人が代表取締役を務める、アーティスト、タレントのマネージメント及び音楽制作等を行う会社（本件会社）は、登記上、本店所在地を本件建物に移転した。
平成13年4月	本件会社は、本件建物外の他社の事務所の一画を融通してもらい、営業のためのデスクを設置した。
平成13年6月29日	賃貸人は、前賃貸人から本件建物を買い受け、本件契約における賃貸人たる地位を承継した。
平成13年11月	本件会社は、間借りしている上記本件建物外の事務所を連絡先として確保した。
平成14年10月	本件会社は、別の会社から事務所の一画を融通してもらい、営業のためのデスクを移転した。
平成14年11月18日	賃貸人が賃借人に対して、本件建物の解除による明渡しを求める内容証明郵便を発送した。
平成14年11月21日	賃貸人から上記内容証明郵便を受領した賃借人は、本件会社の本店所在地登記を上記事務所（デスクの移転先）に移転した。

裁判所の判断理由

　賃借人は、住居として賃借した本件建物において本件会社の事務処理を行っているのであるから、形式的には本件用途条項に違反しているといわなければならないが、他方において、①賃借人が本件建物を住居として使用していることは紛れのない事実であること、②本件会社は、他社から事務所の一画を融通してもらってデスクを設置することなどによって、実質的な営業活動は本件建物外で行っていること、③賃借人において、本件建物において本件会社の事務処理を行うにつき、本件建物に無断改装等施した事実も、近隣の居住者からの苦情を述べられた事実もないことに鑑みれば、賃借人による本件建物の使用態様がその価値を減ずるものであるとはいえないことなどが認められ、これらの諸点を総合考慮すれば、賃借人が本件建物で本件会社の事務処理を行っていることが、本件契約における重大な用法違反に該当するとまではいい難い。

　以上のとおり、賃借人には、本件契約を継続し難い背信行為はないというべきであ

るから（なお、賃借人の主張も、自らの行為に背信性がないことを主張しているものと解される。）、賃貸人は、本件用途条項違反、本件建物の用法違反を理由として本件契約を解除することはできない。

解　　　説

1　使用目的違反と信頼関係の破壊

　本件は、本件建物を賃貸人から賃借している賃借人が、本件建物の使用目的を「住居」に限定しそれ以外の用途に使用することを禁止する特約に違反して、自らの営む本件会社の業務を行っていたとして、賃貸人が本件用途条項違反を理由に本件契約を解除し、賃借人に本件建物の明渡しを求めた事案である。

　本件では、賃借人が、賃貸人から明渡しを求められるまで、本件建物を本件会社の本店所在地として登記していたこと、賃借人が本件建物で本件会社の事務処理を行っていたこと、これに関連して本件会社の従業員が在室することもあったこと等の前提事実に争いはない。そのため、裁判所も判示するとおり、形式的に賃借人が本件用途条項に違反していたことは争いなく認められるところであり、かかる賃借人の違反が、本件契約を継続し難い背信行為として信頼関係を破壊したか否かが争点として争われた。

　裁判所は、①賃借人が本件建物において本件会社の事務処理を行いつつも住居として使用していること、②本件建物において本件会社の実質的な営業活動は行われていないこと、③賃借人は本件建物を無断改装等しておらず、近隣の居住者から苦情を述べられたこともなく、賃借人による使用態様は本件建物の価値を減ずるものとはいえないことを理由に、賃借人による使用目的違反は、本件契約を継続し難い背信行為とは認められないとして、信頼関係の破壊を否定した。

　借家契約において賃借人に使用目的違反があった場合の解除に関する一般論については事例 25 の判例で述べたとおりである。本件と同様に、「住居用」の建物を、会社事務所のような住居以外の目的で使用する場合は、一般的には、用途を大幅に変更するものとして信頼関係破壊が認められやすいものと考えられている。もっとも、住居用の建物を他の用途に使用すれば、直ちに重大な用途違反（信頼関係の破壊）を導くわけではない。住居用途の建物を住居以外の目的で使用する場合には、通常、用途及び使用態様に大幅な変更が伴うことが一般的であることから、上述のとおり信頼関係破壊が肯定されやすいという傾向があるにすぎないのであって、住居用建物に関する使用目的違反の事案であったとしても、他の使用目的違反の事案と同様に、個々の事案ごとに使用態様の実質的な変更の程度等を吟味する必要がある。

2　本件における信頼関係の破壊の有無

　本件の場合、使用目的に違反したといっても、その態様は、住居として使用している建物内において会社の実質的な営業活動以外の事務処理を行ったという程度にとどまるものであり、かかる用途に使用するために建物内を改装等したわけでもなく（裏を返せば、改装等をせず住居のままの状態で行える事務処理しか行っていなかったということである。）、用途及び使用態様の大幅な変更は認められない。加えて、無断改装等他の解除原因は存しないこと、近隣の居住者から苦情等はなく近隣への悪影響も認められないこと、以上述べた点に照らして賃借人による使用目的違反によって建物の価値へ悪影響があったとは認められないこと等の事情も踏まえると、信頼関係の破壊を否定した裁判所の判断は妥当といえる。

　使用目的違反を理由とする解除の効力が争われた判例は相当数存在するが、使用目的を住居とする借家契約の事例は、住居以外の用途を目的とした借家契約の事例と比較して多くはなく、また、解除の効力が否定された事例の数も限られているため、本判例は住居用建物の使用目的違反を理由とする解除が認められなかった事例として実務上参考となる貴重な判例であると考えられる。

＜参考となる判例＞

○住居専用の建物を学習塾として使用したことから、用法違反（使用目的違反）を理由になされた解除について、賃借人が学習塾を既に廃止し営業期間が短期間であったことや建物に格別の損傷がなかったこと等を考慮して、用法違反とならず、信頼関係を破壊するものでもないとして、解除の効力が否定された事例（東京高判昭50・7・24判タ333・195）

○使用目的を活版印刷作業所として賃借した建物において、用途を変更し写真印刷作業所を営んだ事案において、信頼関係を破壊しない特段の事情があるとして解除の効力が否定された事例（東京地判平3・12・19判時1434・87）

第5章 利用に関する違反行為等 137

27 転借人の実質的な経営者が現役の暴力団幹部であり、賃借人代表者も その事実を知っていたとして、発砲事件の現場となった事務所の賃貸借 契約の解除が認められた事例 （大阪地判平6・10・31判タ897・128）

信頼関係破壊の判断ポイント

賃貸人の主張	賃借人の主張	裁判所の判断
賃借人（被告1）及び転借人（被告2）の実際上のオーナーは暴力団の会長Aであり、賃借事務所（以下「本件事務所」という。）を暴力団の資金獲得のために運営する会社の事務所として使用し、そのために、本件発砲事件が惹起された。	本件事務所に、暴力団の会長Aが出入りしていたことはあるが、あくまで、転借人の業務である不動産取引のために使用していた。 本件発砲事件について、賃借人及び転借人は一方的に被害を受けたのみであり、その発生に賃借人及び転借人の帰責事由はない。	本件発砲事件は、本件契約の危険行為条項の趣旨に反する。
以上の事由により信頼関係は破壊された。	争う。	信頼関係破壊を認める。

事　実　経　過

昭和62年5月11日	建物の前所有者が賃借人に対し、期間を2年間、月額賃料を27万円として、事務所使用目的で本件事務所を賃貸した（以下「本件契約」という。）。 なお、本件契約では、賃借人は本件事務所内において危険若しくは近隣居住者等の迷惑となり、あるいは本件事務所に損害を与える行為をしてはならないとの特約が定められていた（危険行為条項）。
昭和63年3月5日頃	前所有者の承諾を得て、賃借人は転借人に本件事務所を転貸した。
平成2年5月8日	賃貸人（原告）が前所有者から本件建物を取得し、本件契約における賃貸人の地位を承継した。
平成2年7月2日	本件事務所に2発の銃弾が撃ち込まれる事件（以下「本件発砲事件」

	という。）が発生し、本件発砲事件について、暴力団の抗争事件の一環とする報道がなされた。 また、本件発砲事件以後、本件事務所外部の転借人の看板に覆いがかけられ、本件事務所を2か月以上閉鎖した。
平成2年9月6日	賃貸人が賃借人らに対し信頼関係の破壊等を理由として本件契約を解除する旨の意思表示をし、賃借人及び転借人に対して、本件事務所の明渡し等を請求した。

裁判所の判断理由

転借人の実質的な経営者は現役の暴力団幹部であるAであり、賃借人の代表者とされていたBもこのことを知悉していたと推認すべきところ、賃借人及び転借人は、このことを秘匿し、あたかも一般の企業であるかのように装って、Bを介して本件契約を結んで本件事務所を使用していた。

そして、本件発砲事件も賃借人及び転借人がこのような使用を継続してAが本件事務所に出入りしていたために惹起されたものというべきであり、転借人の性格が上記のとおりである以上、たとえ賃借人及び転借人の本件事務所の使用形態が外形的には通常の一般企業の事務所と特に異なっていないとしても、賃借人及び転借人が使用を継続する限り、本件発砲事件のような事態が再発して、所有者である賃貸人及び他の入居者は無論、近隣の居住者等の生命、財産等が危険にさらされるおそれが皆無とはいえない。

上記の事実は本件契約の危険行為条項の趣旨に反し、賃貸人との信頼関係を破壊して賃貸借関係の継続を著しく困難にするものであり、賃貸人の解除は有効である。

解　　説

貸室が暴力団事務所として使用されていることを原因に契約の解除を認めた判例は複数存在するが、暴力団等としては、取締りや契約解除、近隣住民の反対運動などを避けるため、事務所として使用していることを秘し、外見上は一般企業であるかに装い、また、関係会社（ダミー会社）を表に立てるなど、実態を隠蔽することが多い。

この点、本件は、賃借人及び転借人が暴力団員ではなく、実際に暴力団事務所として利用されておらず、かつ、発砲事件としても、賃借人及び転借人は加害者ではなく

被害者の立場にあったが、そうだとしても、転借人の実質的な経営者は現役の暴力団幹部であったこと（賃借人の代表者もこのことを知悉していたが、転借人とともに、このことを秘匿し、あたかも一般の企業であるかのように装っていたこと）、それに起因して本件事務所が具体的な発砲事件の現場となったことといった事実を積み上げ、契約条項違反と信頼関係破壊の事実を認めた事例であり、同種事案において、事例的に参考になるものである。

＜参考となる判例＞
○暴力団事務所として利用したことが使用目的に反し、信頼関係を破壊したとして、解除が認められた事例（東京高判昭60・3・28判タ571・73）
○建物の区分所有等に関する法律60条に基づく暴力団組長に対する専有部分の明渡請求が認められた事例（東京高判昭61・11・17判時1213・31）
○建物の区分所有等に関する法律60条に基づく暴力団組長らに対する専有部分の明渡請求が認められた事例（福岡地判昭62・7・14判タ646・141）
○賃借人が店舗兼事務所という用途に反して暴力団事務所として使用し、建物内で暴力事件を起こしているという事情を踏まえ、賃貸借契約を継続しがたい重大な事由があるとして、解除を認めた事例（宇都宮地判昭62・11・27判時1272・116）

コラム	民泊について

1 民泊の急速な拡大

近年、訪日外国人旅行者数の増加やシェアリング市場の拡大に伴い、民泊（住宅の全部又は一部を活用して宿泊サービスを提供するもの）が急速に拡大しているが、従前、民泊については、旅館業法に基づく営業許可が必要とされており、その許可を得ないで行う違法民泊もまた広がっている実情にある。しかるに、民泊に関する需要の拡大を踏まえ、以下のとおり、各種法令により、様々な制度が設けられることとなっている。

2 民泊に関する法令の状況（旅館業法及び特区民泊）

まず民泊を規制する法令としては、旅館業法があげられる。従前は、旅館業法の簡易宿所としての許認可を得て、民泊サービスを提供することが行われてきた（無許可での営業には、刑罰が科されることになる。）。この点、旅館業法施行令1条2項1号では、元々、簡易宿所営業の許可の条件として、客室の延べ床面積を33m²以上としなければならないとしており、ワンルームマンションや家屋の中の一部屋を簡易宿所に転用しようとする場合は、当該条件を満たさず、許可が取得できない場合があったが、平成28年4月1日に施行された改正旅館業法施行令により、前記条件は、宿泊客が10人未満である場合、3.3m²に宿泊者数を乗じた面積以上があれば足りる形に緩和された。

さらに、平成25年12月13日に施行された国家戦略特別区域法（一部の規定の施行は平成26年4月1日）により、旅館業法の特例が設けられ（国家戦略特別区域法13）、国家戦略特区外国人滞在施設経営事業（国家戦略特別区域において外国人旅客の滞在に適した施設であって賃貸借契約に基づき一定期間以上使用させ、滞在に必要な役務を提供する事業。なお、外国人旅客だけでなく、日本人旅客を滞在させることもできる。）について、都道府県知事等による特区認定を受けて行う場合には、旅館業法の適用が除外され、許認可を要さず民泊サービスを提供することができるようになった。特区認定の要件としては、宿泊施設が特区内に所在し、居室の床面積が25m²以上であること、台所、浴室、便所、洗面設備の設備が設けられていることなどが定められている（国家戦略特別区域法施行令13）。もっとも特区民泊については、宿泊客を3日から10日以内で条例に定める日数以上を連続して滞在させなければならないなど（つまり1泊2日の宿泊は認められない。）、営業方法に大きな制約が設けられている。

このほか、いわゆるイベント民泊（イベント開催時に自治体の要請等により自宅を旅行者に提供することを認める措置）の制度も設けられている。

3 住宅宿泊事業法の制定

　さらに、旅館業法の特別法として、住宅を活用する宿泊サービスに適用される住宅宿泊事業法が制定され、平成30年6月15日に施行された。

　住宅宿泊事業法は、これまで民泊が住宅提供者、清掃や鍵の受渡しを代行する業者、及びプラットフォーム（マッチングサイト）の三者により急速に拡大した実態を踏まえ、住宅提供者（住宅宿泊事業者）に加え、代行業者（住宅宿泊管理業者）及びプラットフォーム運営者（住宅宿泊仲介業者）の三者を合わせて規制する一方、住宅提供者については、都道府県知事への届により民泊サービスを提供できることとしている。

　このように、住宅宿泊事業法により、民泊サービスはより提供しやすくなるが、住宅宿泊事業法の対象となるのは、「住宅」のみであり（住宅宿泊事業法2①一）、家屋内に台所、浴室、便所、洗面設備の設備が設けられている等の要件を満たす必要がある。また、住宅宿泊事業法では、年間提供日数の上限は180日（泊）とし（なお、この日数制限に加えて、自治体は、条例により、区域を定めて、住宅宿泊事業を実施する期間を制限することができる。）（住宅宿泊事業法2③）、かつ、前記三者（住宅宿泊事業者、住宅宿泊管理業者、住宅宿泊仲介業者）について、様々な規制が設けられている（安全面、衛生面の確保、近隣トラブルの防止、標識の明示等。また、住宅宿泊仲介業者については観光庁長官の登録が求められ、違法な無登録仲介業者が排除されている。）。さらに、住宅宿泊事業法では、対象施設が家主居住型と家主不在型に分けられ、家主不在型の場合は、住宅宿泊管理業者への委託が義務付けられている（住宅宿泊事業法11①二）。

4 民泊に関する制度概要の整理

　このように民泊については、旅館業法、特区民泊、イベント民泊、住宅宿泊事業法と、各種制度が設けられているが、その概要を整理すると以下のとおりとなる。

	旅館業法	特区民泊	住宅宿泊事業法	イベント民泊
許認可・届出等 （窓口）	営業許可 （保健所）	認定 （保健所）	届出 （保健所）	不　要
許認可・届出等のための主な要件	床面積が33m²以上であること ただし、定員が10人未満である場合、定員数×3.3m²以上の床面積があれば足り	1居室25m²以上。各居室に台所、浴室、便所及び洗面設備を有すること等。	所定の書面（住宅の図面や利用権限を示す書面等）の届出	な　し

	る。			
宿泊日数の制限	1泊2日～	2泊3日～	1泊2日～	1泊2日～
営業時期の制限	制限なし	制限なし	年間180日以下（条例による制限あり）	大規模イベント開催時かつ自治体の要請を受けたときのみ
実施可能エリア	全　国（法令による制限あり）	東京都大田区、大阪市その他大阪府内35市町村、北九州市、新潟市、千葉市（平成30年10月時点）	全　国（条例による制限あり）	全　国
制度の運用状況	運用中	運用中	平成30年6月15日～（平成30年3月15日～届出可）	運用中

5　不動産賃貸借への影響

　それでは、このような民泊サービスの発展が、不動産賃貸借へどのような影響を与えるのだろうか。

　まず、賃借人が、貸室で民泊サービスを提供しようとする場合、当然のことながら、各種法令を遵守し、必要な許認可の取得や届出を行わなければならない。仮に賃借人がこれらの手続をとらず、貸室で民泊サービスを行っているのなら、賃借人による法令違反がなされたものとして、賃貸人は、賃貸借契約を解除でき、この解除は、許認可等に関する法令違反である以上、有効性が認められることが多いと思われる。

　また、貸室での民泊サービスの提供は、賃貸借契約書に定める貸室の用途に関する規定、無断転貸借・第三者占有の禁止規定に反する可能性があり、賃貸人の承諾なく、このような契約規定に反して民泊がなされているのなら、賃貸人は、契約違反を理由として、賃貸借契約を解除することが考えられる。加えて、賃貸借契約では、貸室の原状変更について、賃貸人の承諾を要するとの規定が置かれていることが多いが、賃借人が民泊サービスを提供するため貸室の改装を行う場合も、それが賃貸人の承諾なくなされたものであれば、規定違反を理由とした解除が可能となる。さらに、宿泊者

による騒音、臭気の発生やゴミ捨てでの問題が生じた場合などにも、それを契約違反
として契約を解除できる場合がある。

　このように違法な民泊、あるいは契約の規定に違反した民泊については、賃貸人に
よる賃貸借契約の解除が可能となる場面が多いと思われるが、賃貸人において、貸室
での民泊を禁止しておくのなら、賃貸借契約上、民泊が禁止される旨の明確な規定を
設けることが考えられる。

　なお、住宅宿泊事業法による民泊サービスの提供に関して、住宅宿泊事業法は、住
宅宿泊事業を行うための届出の際、賃貸人による転貸承諾書（貸室がそもそも転借物
件である場合は、原賃貸人及び転貸人両者の承諾書）を必ず提出しなければならない
としており、そもそも賃貸人の承諾がなければ、住宅宿泊事業法に基づく届出自体を
認めない仕組みがとられている。

第5章　利用に関する違反行為等

第2　その他用法違反

28　ビルのワンフロアの賃借人の漏水を理由とする債務不履行による解除について、漏水には賃借人の注意義務違反以外にも、競合原因があるとし、補修費用もそれほど多額とはいえず、信頼関係を破壊するほどのものではないとして、賃貸人からの解除を認めなかった事例

（東京地判平13・3・7判タ1102・184）

信頼関係破壊の判断ポイント

賃貸人の主張	賃借人の主張	裁判所の判断
賃借人（被告）は、本件店舗のトイレ及びパントリーに防水工事を施すべきであったところ、これを施さず、又は不完全な防水工事しか実施せず、厨房の既存の防水層を破損して、本件建物3階天井裏に漏水を発生させ、賃貸人（原告）に多大な損害を被らせた。	否認する。	賃貸人の主張を認めるに足りる証拠はない。
賃借人は、本件店舗において水を多量に使用していることから、本件契約上、漏水を生じさせないよう適切に管理すべき注意義務があるところ、ずさんな使用方法、管理を長年にわたって行った結果、トイレ、パントリー及び厨房から漏水を発生させ、賃貸人に多大な損害を被らせた。	否認する。 本件店舗に入居するに際し、防水工事を実施し、漏水が発生しないことを確認してから、本件店舗の使用を開始し、本件建物は、まとまった雨が降ると、3階部分に漏水が発生しており、本件店舗から漏水が発生したことはない。	賃借人には、本件店舗内における水の使用方法に関し用法違反が認められるが、賃借人が惹起した漏水の本件建物への影響は限定的であるか、他の要因と複合的なもので

		ある。
賃借人は、本件店舗の附室を使用しないとの別件仮処分事件における裁判上の和解に反して、本件店舗の附室を使用した。	本件店舗の附室を利用したのは、一時的なものに限られる。	賃貸人の主張を排斥し、賃借人の主張を認める。
賃貸人関係者は、漏水について調査するために本件店舗に立ち入ったことはあるものの、賃借人による告訴は虚偽告訴罪に該当する。	賃貸人関係者は、無断で本件店舗に侵入し、破壊工作を行った。	賃貸人の主張を排斥し、賃借人の主張を認める。
これらの契約違反により、賃貸人と賃借人の間の信頼関係は破壊された。	争う。	信頼関係破壊は認められない。

事　実　経　過	
昭和33年頃	賃貸人が地上7階地下2階建の建物（「本件ビル」をいう。）を建築した。
昭和50年8月30日	本件ビルの2階から4階において火災事故が発生し、本件ビルが相当の損傷を受けたため、その後、改修工事を実施した。
昭和58年5月9日	賃貸人と賃借人は、本件ビルの4階の店舗部分（「本件店舗」をいう。）の賃貸借契約を締結した（「本件契約」をいう。）。
昭和62年	賃貸人が賃借人に対し、本件契約に基づく増額賃料ないし敷金の差額等の支払等を求める別件訴訟を提起した。
平成3年4月25日	別件訴訟において、賃借人が合意された賃料等を払うことで引き続き本件店舗を賃貸する内容の裁判上の和解が成立した。
平成7年10月31日	賃貸人が賃借人に対し、賃料不払を理由として、本件契約を解除し、本件店舗の明渡し等を求める本件訴訟を提起した（この時点では、賃借人の用法違反により漏水が発生している旨の主張はしていなかった。）。
平成9年5月2日	賃貸人が賃借人に対し、初めて、内容証明郵便でトイレ及び厨房から漏水が生じるおそれを指摘し、漏水対策のための打合せの実施を

	求めた。
平成9年7月24日	賃貸人が、本件訴訟の第17回口頭弁論期日において、トイレ及びパントリーから漏水が発生している旨を主張した。
平成9年11月28日	賃貸人が賃借人に対し、賃借人の用法違反及び背信行為を理由に本件契約を解除する旨の意思表示をした。

裁判所の判断理由

　賃借人は、本件店舗の営業に伴い、厨房、トイレ及びパントリーにおいて、水を相当量使用すること自体は当然に予定されているとしても、本件契約上、本件店舗の使用方法として、その水量、清掃時に用いる水の水圧等を適切に調節し、オーバーフロー等が生じないように注意してこれを管理すべき義務を有するものというべきところ、賃借人は上記注意義務に違反してトイレ及びパントリーで水を使用することにより漏水を惹起し、本件店舗の床の汚れ、染み、劣化等の損傷を生じさせたものというべきである。

　しかしながら、賃借人における本件店舗の用法違反の態様、程度、期間、損害の程度に照らすと、賃借人が漏水を惹起したことは認められるものの、その漏水により本件建物に生じた影響の程度、割合は必ずしも明らかでなく、漏水の原因自体も、賃借人の用法違反行為以外に結露又は外部からの漏水によるものもあり、損傷の補修に要する費用もそれほど多額とはいえないのである。そうすると、賃借人に用法違反があり、漏水が建物の維持管理にとって重大な事柄であることを勘案しても、結局、その用法違反は本件契約における信頼関係を破壊するほどのものではない。

　以上によれば、賃借人の用法違反又は背信行為にかかる賃貸人の本件契約解除の主張は、いずれも理由がないものというべきである。

解　　　説

　本件は、店舗・事務所用の地上7階地下2階建てビルの4階部分を、居酒屋を営む賃借人に賃貸していたが、賃貸人と賃借人の間で、賃料や本件店舗の附室の利用等に関して紛争が絶えなかったという背景のもと、賃貸人が、当初、賃料未払を理由とする解除を主張していたものの、訴訟係属中に漏水が発生したことを受けて、賃借人が多量の水を使用し続けるというずさんな使用方法・管理を長年にわたって行った結果、ト

イレ、パントリー、厨房等から漏水を発生させ賃貸人に多大な損害を被らせたとして、用法違反を理由に解除し、賃借人に明渡し等を求めた事案である。なお、本件では、本件契約の解除の可否以外にも、賃料増減額に関して争点となっているが、この点については、本稿では触れない。

　本件においては、漏水の原因分析に当たり、裁判所が鑑定人を選任して鑑定（現地調査等）を実施し、本件建物の築年数が相当長期で、過去の火災事故による影響もあり、経年劣化が進んでいること、結露水や外部からの漏水も十分にあり得ること等を認定した上で、賃借人が用法違反により漏水を惹起したこと自体は認める一方で（なお、かかる用法違反により賃貸人に生じた損害について、本判決は賃借人に対してその一部の支払を命じている。）、漏水の原因としては、賃借人の用法違反行為の他にも賃貸人側の管理上の問題というべき事情が競合しており、損傷の補修に要する費用もそれほど多額とはいえないことから、賃借人の用法違反は本件契約における信頼関係を破壊するほどのものではないとして、賃貸人からの解除を認めなかったものであり、損害賠償債務を負うほどの用法違反の場合においても、解除は認めなかった事案として実務上参考になる。

第5章　利用に関する違反行為等

29　建物の賃借人がその責に帰すべき失火によって賃借建物に火災を発生させ、これを焼燬させることは、賃貸人に対する賃借物保管義務の重大な違反行為にほかならず、特段の事情がない限り、賃貸人と賃借人との間の信頼関係に破綻を生ぜしめるに至るとして、賃貸借契約の無催告解除を認めた事例

(最判昭47・2・18判時661・37)

信頼関係破壊の判断ポイント

賃貸人の主張	賃借人の主張	裁判所の判断
賃借建物に火災を発生させ、焼燬することは、賃借物保管義務違反の債務不履行であり、賃貸借契約における信頼関係を著しく破壊するものであるから、原状回復の催告をすることなく、解除が認められる。	債務不履行に基づく解除である以上は、催告が必要である。仮に無催告解除が認められる場合があるとしても、本件のように不信行為をあえてしたわけではないような事案では、やはり催告が必要である。	賃借物保管義務の重大な違反行為にほかならず、賃貸人（原告・被控訴人・被上告人）と賃借人（被告・控訴人・上告人）との間の信頼関係に破綻を生ぜしめるに至ったから、無催告で解除が認められる。

事 実 経 過	
昭和27年12月16日	賃貸人は、賃借人に対し、本件建物を、期間の定めなし、賃料月額2万5,000円の約定で賃貸した（以下「本件契約」という。）。
昭和29年1月22日	賃借人の従業員のストーブの火の不始末により、火災が発生し、本件建物の1階の天井が焼け落ち、周壁に数か所焼け抜けの穴が生じ、柱、梁、板壁その他室内部分はほとんど炭化あるいは燻焼する等した（以下「本件火災」という。）。

本件火災後	本件建物はなお建物としての外形を維持しており、賃借人において その2階部分を引き続き会社業務のために使用している。
昭和29年2月2日	賃貸人が賃借人に対し、保管義務違反を理由に本件契約を解除する 旨の意思表示をし、本件建物の明渡し等を求めた。

裁判所の判断理由

　賃借人がその責に帰すべき失火によって賃借にかかる建物に火災を発生させ、これを焼燬することは、賃貸人に対する賃借物保管義務の重大な違反行為にほかならない。

　したがって、過失の態様及び焼燬の程度が極めて軽微である等特段の事情のない限り、その責に帰すべき事由により火災を発生せしめたこと自体によって賃貸借契約の基礎をなす賃貸人と賃借人との間の信頼関係に破綻を生ぜしめるに至るものというべく、しかして、このような場合、賃貸人が賃貸借契約を解除しようとするに際し、その前提として催告を必要であるとするのは事柄の性質上相当でなく、焼燬の程度が大で原状回復が困難であるときには無意味でさえあるから、賃貸人は催告を経ることなく契約を解除することができるものと解すべきである。

　本件についてこれをみるに、原審の確定した前示認定事実関係によれば、賃借人の過失の程度及び本件建物の焼燬の程度は、いずれも極めて軽微とはいえず、他に特段の事情は主張、立証されていないのであるから、原判決が賃貸人のした契約解除の意思表示の効力を認めた判断はもとより正当として是認できるのであって、原判決になんら所論の違法はない。

解　　説

　賃借人は、賃貸借契約の継続中、善良な管理者の注意義務をもって賃借物を保管する義務を負い（民400）、賃借物を滅失、損傷させた場合は、賃貸人に対する賃借物保管義務違反となる。

　そして、賃借人の責に帰すべき失火により賃借物に火災を生じさせ、賃借物を焼燬させた場合、火災が、単に賃借物に対してのみならず、多数人の生命、身体、財産に対して重大な危険をもたらし得るものであることからして、賃貸人に対する賃借物保管義務の重大な違反行為と言わざるを得ず、そのこと自体によって、原則として、賃貸人と賃借人との間の信頼関係は破壊されるに至ることになる。

本判決は、以上の点を前提に、このような重大な義務違反に該当する場合、賃貸人が賃貸借契約を解除するため催告を必要とするのは、事柄の性質上相当でなく、焼燬の程度が大で原状回復が困難であるときには無意味でさえあるから、賃貸人は催告を経ることなく契約を解除することができるものと解すべきであるとした。

本判決が、催告の要否について、催告を必要とするのは事柄の性質上相当でないとしたのは、賃借人の義務違反の程度が甚だしく、賃貸借契約の継続を著しく困難とするような背信行為がある場合に、無催告で解除を認める従来の判例を踏襲したものであるが、賃借人の失火事案における判断として参考になる（最判昭27・4・25判夕20・59。なお、本判決後の判例として最判昭48・4・24裁判集民109・193）。

＜参考となる判例＞

○賃借人が、賃借家屋を長年にわたって乱暴に使用した結果、同家屋を相当程度損壊させた場合において、賃貸借は、当事者相互間の信頼関係を基礎とする継続的契約であるから、賃貸借の継続中に、当事者の一方に、その義務に違反し信頼関係を裏切って、賃貸借関係の継続を著しく困難ならしめるような不信行為があった場合には、相手方は、民法541条所定の催告を要せず、賃貸借を将来に向かって解除することができると解すべきであるとし、無催告で解除が認められた事例（最判昭27・4・25判夕20・59）

○賃借人が、賃貸人の承諾を得ることなく、賃借建物の一部を取り壊した場合において、賃借人が賃貸人の承諾を得ることなく賃借にかかる建物の全部又はその一部を取り壊すことは、賃貸人に対する賃借物保管義務の重大な違反行為に他ならず、取壊しの程度が極めて軽微である等社会通念上是認できる特段の事情がない限り、賃借建物を取り壊すことによって賃貸借契約の基礎である賃貸人と賃借人との間の信頼関係に著しい破綻を生ぜしめるに至るのであり、このような場合、賃貸人が賃貸借契約を解除するため催告を必要とするのは事柄の性質上相当でないから、賃貸人は催告を経ることなく契約を解除することができると解すべきであるとし、無催告で解除が認められた事例（最判昭48・4・24裁判集民109・193）

第5章　利用に関する違反行為等　　151

第3　ペット飼育

30　犬、猫等の飼育がペット飼育禁止特約に違反し用法違反に当たることを理由に契約解除が認められた事例　　（東京地判昭59・10・4判時1153・176）

信頼関係破壊の判断ポイント

賃貸人の主張	賃借人の主張	裁判所の判断
賃借人（被告）は、ペット飼育禁止特約があるにもかかわらず、貸室内に犬、猫を入れ、貸室を犬、猫の飼育及び飼料、器具等の保管場所として使用し、賃貸人（原告）がやめるように申し入れた後も引き続き使用していたのであり、賃貸借契約（以下「本件契約」という。）は用法違反により解除された。	貸室内に犬、猫を入れたのは、犬の助産のため緊急やむを得ず1回だけ入れたものであって、賃貸人との本件契約の解除原因とするに足りる用法違反に当たるものではない。	貸室内に犬、猫を1回のみならず入れ、賃貸人の申入れ後も貸室を犬、猫の飼育及び飼料、器具等の保管場所として使用し続けたのであり、解除原因たる用法違反に該当する。
賃借人主張の特約があったことは認めるが、その余は否認ないし争う。	緊急を要する場合には、賃借人は賃貸人の承諾を得て貸室において犬、猫等を飼育することができる旨の特約があったところ、貸室内に犬、猫を入れたのは、1回だけであり、緊急を要し賃貸人の承諾を得ることができなかったのであって、背信行為と認めるに足りない特段の事情がある。	貸室内に犬、猫を入れたことが1回だけとは認め難く、また賃貸人の承諾を事後においても得ておらず、賃借人の主張は認められない。
上記の事由により信頼関係は破	争う。	信頼関係の破壊

152　　　第 5 章　利用に関する違反行為等

| 壊された。 | | は認められる。 |

事　実　経　過	
昭和51年12月21日	賃貸人は、賃借人に対し、本件契約に基づき貸室を賃貸した。賃借人は貸室（2階）を住居として使用し、これとは別に、貸室の下の階（1階）の部屋を賃借人が経営するペットショップとして賃借し、使用していた。なお、本件契約には、以下の特約が定められていた。 【特　約】 ・犬、猫等の動物飼育禁止 ・犬、猫等の病気、助産等の緊急を要する場合には、賃借人は賃貸人の承諾を得て貸室において犬、猫等を飼育することができる。
昭和56年6月頃	賃借人が他に住居を購入して転居した。
昭和57年6月下旬	賃借人が、貸室内に犬、猫を入れ、貸室を犬、猫の飼育及び飼料、器具等の保管場所として使用していたため、賃貸人は賃借人に対し、貸室内において、犬、猫を飼育することをやめるよう申し入れた。
昭和57年7月22日	賃貸人は賃借人に対し、内容証明郵便により、賃借人が貸室を住居として利用しない場合、又は、動物の飼育場所として利用する場合には、同月末日限り契約を解除する旨の意思表示をした。
昭和57年7月末日以降	賃借人は、貸室を犬、猫の飼育及び飼料、器具等の保管場所として利用し続けた。

裁判所の判断理由

1　本件契約の解除原因について

　昭和57年6月頃、賃借人が貸室内に犬、猫を入れたことがあることは賃借人の自認するところであり、また、賃借人は、賃貸人から賃貸人所有の建物の1階部分をペットショップとして借り受けるとともに、これとは別にその2階にある貸室を住居として借り受け、妻及び3人の子供とともに居住していたものであるが、昭和56年6月頃、他に住居を購入して転居し、賃借人及び家族の生活の本拠としては貸室を使用しなくなったこと、賃借人が、昭和57年6月頃、貸室を犬、猫等の飼育及び飼料、器具等の保管場所として使用していたので、同月下旬頃、賃貸人が賃借人に対し、貸室内において犬、猫等を飼育することをやめるよう申し入れたが、その後も賃借人は貸室内において犬、猫等を飼育し、飼料、器具等の保管場所として貸室を利用し続けたことを認めること

第5章　利用に関する違反行為等　　153

ができ、この認定を動かすに足りる証拠はない。しかして、これが本件契約における前記約定の用法に違反し、本件契約の解除原因になると解すべきことは明らかである。

　賃貸人が、条件付解除の意思表示をしたにもかかわらず、昭和57年7月末日に至ってもなお、賃借人は、貸室を犬、猫の飼育及び飼料、器具等の保管場所として利用し続けていた事実を認めることができ、この認定を動かすに足りる証拠はない。

2　背信行為と認めるに足りない特段の事情の有無

　本件契約において、犬、猫等の病気、助産等の緊急を要する場合には、賃借人は賃貸人の承諾を得て貸室において犬、猫等を飼育することができる旨の特約があったことは当事者間に争いがないが、賃借人が貸室において犬、猫を飼育したことにつき賃貸人の承諾があったことについては主張立証がない。

　賃借人は、貸室内に犬、猫を入れたのは、犬の助産のため1回だけであり、緊急を要し賃貸人の承諾を得ることができなかった旨主張する。しかし、前記認定の事実に照らして当時賃借人が貸室内に犬、猫を入れたことが1回だけであったとは認め難いのみならず、仮に当時賃借人が貸室に犬、猫を入れるについて賃借人が主張するような緊急を要する事情があったとしても、犬、猫を貸室に入れることについて賃借人がその事前においてはもとより事後においても全く賃貸人の承諾を得ていないことは賃借人自身その本人尋問において自認しているところであり、しかも、賃借人は賃貸人の内容証明郵便による条件付解除の意思表示があった後においても同様の用法違反を続けていたものであること等の諸事情を考えると、この点をもって背信行為と認めるに足りない特段の事情があるとすることは到底できない。

　また、賃借人が貸室を使用し得ることは階下におけるペットショップの営業上賃借人にとって都合のよいことであることは明らかであるが、このことや前記特約の存在をもって賃借人の前記のような用法違反が本件契約における背信行為と認めるに足りないとすべき特段の事情があると認めることもできない。

解　　　　　説

1　ペット飼育禁止特約と信頼関係の破壊

　本件は、住居の賃貸借契約において、住居内における犬、猫等の動物の飼育が禁止され、これに違反したときは、賃貸人は契約を解除することができる旨の約定があったところ、同一建物の1階店舗部分を別途賃借しペットショップを営業していた賃借人が、この約定に反し、貸室内において、犬、猫等の動物を飼育し、飼料、器具等の

保管場所として貸室を利用し、賃貸人により、用法違反を理由として、賃貸借契約を解除された事案である。

建物の賃貸借契約において、犬、猫等の動物の飼育禁止の特約が付されていることがあるが、そのような特約は原則として有効とされている。特に、居住用の賃貸借契約においては、犬、猫等の動物の飼育は、その性質や飼育の態様により、建物に損害を与えるおそれがあるほか、近隣居住者に対し迷惑又は損害を与えるおそれがあり、特約を定めた上で、当該特約違反の場合に契約解除できると規定されているものが多い。

もっとも、ペット飼育禁止特約が存しても、その態様によっては、信頼関係を破壊する程度に至らないと判断される場合もあり、その場合には契約解除は認められない。

2 本件における判断のポイント

本件は、賃借人が貸室と同一建物の1階でペットショップを営んでいる者であり、ペット飼育禁止特約がありつつも、緊急を要する場合は一定の要件のもと、犬、猫等を飼育することができる旨の特約があった点に特徴がある。上記特徴があるにしても、本件契約自体は住居目的の賃貸借契約として締結されたことを基本に判断されたものと考えられ、特約に違反してペット飼育を続け、賃貸人がやめるように申し入れた後もやめなかった、また、緊急やむを得ない場合と認めることもできないという事情により解除を認めた。ペット飼育禁止特約に違反した場合に、いかなる事実が認定されれば、信頼関係が破壊されたと判断されるかに関し、実務上参考になるものと思われる。

＜参考となる判例＞
○猫飼育禁止の特約が付されているマンションの賃貸借において、賃借人が猫を飼育したことが、賃貸借契約解除に結びつく信頼関係破壊の一要素とされた事例（東京地判昭58・1・28判時1080・78）
○賃借建物での猫の飼育が用法違反に当たるとした事例（東京地判昭62・3・2判時1262・117）

第5章　利用に関する違反行為等　　155

31　体重2.5kgの小型犬の飼育によるペット飼育禁止特約違反を理由とする契約解除が認められなかった事例

（東京地判平18・3・10（平17（ワ）8108））

信頼関係破壊の判断ポイント

賃貸人の主張	賃借人の主張	裁判所の判断
賃借人（被告）は、賃貸借契約（以下「本件契約」という。）にペット飼育禁止特約があるにもかかわらず、賃借建物（以下「本件建物」という。）内で犬を飼育していた。	賃借人は、A（旧賃貸人）から本件建物内で犬を飼育することの承諾を得ており、ペット飼育禁止特約は空文化していた。	Aから飼育承諾を得ていたことは認めるが、ペット飼育禁止特約は有効である。
賃借人は、犬の飼育や持込みは契約違反行為ではないと強弁して、現在まで飼育を継続し、今後も継続する意思を表明しており、信頼関係は破壊されている。	近隣住民に迷惑をかけたこと等はなく、本件建物内の使用態様も含め、信頼関係を破壊するような背信行為には該当しない。	近隣住民・建物に損害を与えた事実はなく、また、Aから承諾を得ていたと考えていたことを併せ考えると、信頼関係の破壊は認められない。

事 実 経 過	
平成10年11月	Aは、賃借人に対し、本件契約に基づき、本件建物を賃貸した。なお、本件契約には、犬、猫等の動物飼育を禁止するとの特約（以下「本件特約」という。）が設けられていた。
平成11年10月頃	賃借人は、本件建物内において、マルチーズという品種の体重約2.5kgの小型犬（以下「本件犬」という。）の飼育を始めた。 賃借人は、管理会社に本件犬を飼育したい旨を伝えたが、その後、Aや管理会社から、本件犬の件で何らの異議も述べられなかった。

平成14年10月30日	Aと賃借人間において、本件契約を、契約期間平成14年12月1日より平成16年11月30日までとし、賃料1か月金30万円として更新した。本件特約に変更はなかった。
平成16年11月12日	賃貸人（原告）が本件建物の所有権を取得し、本件契約における賃貸人の地位を承継した。
平成16年11月25日	本件契約を、契約期間平成16年12月1日より平成18年11月30日までとし、賃料1か月金30万円として更新した。本件特約に変更はなかった。
平成17年1月	賃貸人が、本件犬を連れた賃借人の妻と会い、その場では本件犬を飼育していることが本件特約に違反していると指摘することはなかったが、後日、賃貸人は、賃借人に対し、本件犬の飼育は本件特約違反であり是正されたい旨を告げた。
平成17年3月8日	賃貸人は、賃借人に対し、本件犬の飼育は本件特約違反であるとして、本件契約を解除する旨の意思表示をした。

裁判所の判断理由

　賃貸人による本件賃貸借契約の解除の可否について検討するに、まず、本件において、賃貸借契約書の中に、賃借人が本件建物内で犬猫等の動物を飼育すること等を禁止する旨の条項（本件特約）が存在することが認められ、また本件特約が空文化していたとの賃借人の主張については、これを裏付ける客観的な証拠が提出されておらず、他方、本件犬を飼い始めて以後に作成された旧賃貸人との賃貸借契約書及び賃貸人との賃貸借契約書においても本件特約が明記されていたことから、本件特約が空文化していたとまでは認められない。

　そこで、本件特約に反して本件建物内で本件犬を飼育している賃借人に対し、賃貸人がこれを理由に本件契約を解除することができるか否かについて検討するに、賃借人の特約違反が解除理由となるのは、それが賃料債務のような賃借人固有の債務の債務不履行となるからではなく、特約に違反することによって、賃貸借契約の基礎となる賃貸人、賃借人間の信頼関係が破壊されるからであると考えられるので、賃貸人が当該特約違反を理由に賃貸借契約を解除することができるのは、賃借人が特約に違反し、そのため、上記信頼関係が破壊されるに至ったときに限ると解するのが相当である。

第5章　利用に関する違反行為等　　157

　これを本件についてみるに、そもそも、本件のような特約が結ばれる理由は、賃貸の共同住宅において犬、猫等の動物を自由に飼育することができるとすると、その鳴き声、排泄物、臭い、毛等により、当該建物に損害を与えるおそれがあるほか、同一住宅の居住者に対し迷惑又は損害を与えるおそれも否定できないからであると解されているところ、賃借人が飼育している本件犬は、体重2.5kg程度の小型犬であると認められ、また、これまでに、犬の鳴き声等により、同一住宅の他の居住者や近隣住民に迷惑や損害を与えたり、本件建物に損害を与えたりしたことを窺わせる証拠も存在しない。

　したがって、賃借人が本件建物内で本件犬を飼育することは、本件特約に違反するものであるとしても、そのために、本件契約の基礎となる賃貸人、賃借人間の信頼関係が破壊されるに至ったとまでは認められないので、賃貸人は、本件特約違反を理由に本件契約を解除することはできないと解するのが相当である。

　また、賃貸人は、契約違反行為を円満な話合いによって解決しようとする賃貸人の努力にもかかわらず、賃借人が、犬の飼育や持込みは契約違反行為ではないと強弁して、現在まで飼育を継続し、今後とも継続する意思を表明していることは、信頼関係を破壊するものであるとも主張するが、賃借人が本件犬を飼育していることが本件契約の解除原因とならないことは前記のとおりであり、また、賃借人は、旧賃貸人から本件犬を飼うことの承諾を得ていたと考えていたものであることをも併せ考えると、賃借人が本件犬の飼育を継続し、本件建物の明渡しに応じないことによって、賃貸人と賃借人との間の信頼関係が悪化したとしても、それを賃借人の対応のみに問題があったと解することは相当でない。

　したがって、賃借人の対応を理由に本件契約を解除することについても、これを認めることはできない。

解　　　　　説

1　ペット飼育禁止特約と信頼関係の破壊

　本件は、本件建物を賃借人に賃貸している賃貸人が、賃借人が本件契約のペット飼育禁止特約に違反して本件建物内で犬を飼育したことを理由として本件契約を解除し、賃借人に対し、賃貸借契約の終了に基づき本件建物の明渡しを求めた事案である。

　ペット飼育禁止特約は原則として有効とされている。

　もっとも、ペット飼育禁止特約が存し、形式的に特約違反の事実があっても、その

程度及び態様によっては、賃貸借契約解除が認められない場合がある。本件が指摘しているように、ペット飼育禁止特約が結ばれる理由の多くは、賃貸の共同住宅において犬、猫等の動物を自由に飼育することができるとすると、その鳴き声、排泄物、臭い、毛等により、当該建物に損害を与えるおそれがあるほか、同一住宅の居住者に対し迷惑又は損害を与えるおそれも否定できないからであって、そのペットの性質や飼育の態様により、建物に損害を与える程度が低く、近隣住民に迷惑をかける程度も低いような場合には、形式的に特約違反に該当しても、賃貸借契約の基礎となる賃貸人、賃借人間の信頼関係が破壊されるとは評価できない場合があるからである。

2　本件における背信行為と認めるに足りない特段の事情の存在

　本件において、賃借人が、旧賃貸人から本件建物内で本件犬を飼育することの承諾を得ており、本件契約におけるペット飼育禁止特約は空文化していたとして、故に、契約違反の事実はないと主張したことに対しては、裁判所は、本件犬を飼い始めて以後に作成された、旧賃貸人との賃貸借契約書、及び賃貸人との賃貸借契約書においても、本件特約が明記されていたこと等をもって、当該主張は認められないと判断した。

　しかしながら、裁判所は、賃借人が飼育している本件犬は、体重2.5kg程度の小型犬であり、また、これまでに、本件犬の鳴き声等により、同一住宅の他の居住者や近隣住民に迷惑や損害を与えたり、本件建物に損害を与えたりしたことを窺わせる証拠も存在しないと認定した上で、賃借人が本件建物内で本件犬を飼育することは、本件特約に形式的に違反するものであるとしても、そのために、本件契約の基礎となる賃貸人、賃借人間の信頼関係が破壊されるに至ったとまでは認められないと判断した。

　また、犬の飼育は契約違反行為ではないと強弁して飼育を継続し、今後とも継続する意思を表明しているという賃借人の対応については、旧賃貸人から本件犬を飼うことの承諾を得ていたと考えていたものであることをも併せ考えると、信頼関係が悪化したとしても、それを賃借人の対応のみに問題があったと解することは相当でないと判断した。

　本件では、ペット飼育禁止特約違反と、賃借人の対応とを分けて信頼関係の判断をしており、一見すると、小型犬で、近隣住民に迷惑や損害を与えたり、建物に損害を与えなければ、ペット飼育禁止特約に違反してもかまわないと判断したとも読めるが、それは一面的で正しくなく、今後も飼育を継続する等の賃借人の対応について、旧賃貸人から本件犬を飼うことの承諾を得ていたと考えていたと認定されたことも総合考慮されて、信頼関係破壊に至っていないと判断されたと考えられる。

ペット飼育禁止特約違反が存するにもかかわらず、賃貸借契約の解除が認められなかった事例として、実務上参考になる判例と思われる。

＜参考となる判例＞

○動物禁止の特約に違反しても、信頼関係の破壊に至っていないとして、契約解除が認められなかった事例（東京北簡判昭62・9・22判タ669・170）

160　　第5章　利用に関する違反行為等

第4　居住用物件における迷惑行為

32　賃借人の子が友人の少年らと共に毎夜のごとく賃借建物で寝泊まりして騒ぐ等の迷惑行為を行ったことを理由に、賃借人に対する賃貸借契約の解除が認められた事例　　　　　　　　（大阪地判昭58・1・20判時1081・97）

信頼関係破壊の判断ポイント

賃貸人の主張	賃借人の主張	裁判所の判断
賃借人（被告）の子であるAは、友人（暴走族）十数名と賃借建物（以下「本件建物」という。）内でシンナーの吸引、器物の破壊や放火、放尿、他人のおどかし、駐車場での自動二輪車での騒音走行などを行った。	否認若しくは不知。	賃貸人（原告）の主張をおおむね認める。
Aらは、本件建物の管理人の制止に従わず、シンナー類を吸引して管理人を襲った。	否認若しくは不知。	賃貸人の主張を認める。
これらのAらの行為により、他の入居者らは不安・怯えの毎日を過ごしている。実際、他の入居者の1人は、Aらの迷惑行為を理由として賃貸人に対し退去を申し出た。	他の入居者の退去申出は、否認若しくは不知であり、その余は争う。	賃貸人の主張を認める。
賃貸人は、賃借人に対し、前記迷惑行為を防止するよう求めたが、Aは反発し、入居者らの賃貸人に対する苦情が大きくなり、賃貸人はその対応に追われ	不知。	―

第5章　利用に関する違反行為等　　161

て本来の業務にも重大な支障が生じている。		
賃借人との契約（以下「本件契約」という。）には、近隣妨害行為等があった場合には無催告で解除できる旨の特約がなされており、本件での賃借人の義務違反は重大であって信頼関係を完全に破壊する。	かかる特約は例文であり、また、特約の内容は個人の生活権に関わる問題で元来賃貸借契約の内容として片付くものではなく、無効であって解除事由とならない。	信頼関係破壊を認める。

事 実 経 過	
昭和48年4月1日	賃貸人が賃借人との間で貸室の賃貸借契約（本件契約）を締結した。なお、本件契約では、賃借人が近隣の賃借人に著しく迷惑をかけたとき、又はかけるおそれがあるとき、若しくは近隣の迷惑となるべき場合その他本件建物に損害を及ぼすおそれがある場合には、直ちに本件契約を解除できるとの特約が定められている。
昭和56年6月頃	賃借人の長男A（昭和39年6月生まれ）が、その友人らを貸室に連れ込むようになった。 この友人らは17、18歳の少年であり、貸室に出入りするだけでなく、本件建物玄関付近に屯し、専用駐車場をバイクで騒音を立てて走り回り、シンナーを吸い、エレベーターでの迷惑行為を行い、本件建物内に落書きし、所構わず小用を足すなどした。なお、賃貸人は、Aらの行為によって、エレベーター内塗装等補修のために約27万円を支出している。
その後	Aらは貸室に寝泊まりするなどして毎夜のごとく騒ぎを起こし、他の入居者らは賃借人の退去を求め、賃貸人の管理責任を問う声が出るようになった。 本件建物の管理人がAらに注意をしたが、Aらは管理人に殴りかかる等して始末に負えず、しばしば警察に通報して来所してもらったが、実効をあげることはできなかった。
昭和56年6月初め	Aに同行していた友人が本件建物管理室前の電話帳に火を付けたため、管理人が警察に通報しようとしたところ、Aがこれを妨害して管理人が受傷した。

昭和56年7月2日以降	賃貸人担当者が賃借人と面談する等して注意喚起し、また、賃貸人は同年8月1日及び同年9月11日に賃借人に到達した各内容証明郵便で上記特約の厳守を催告したが、事態は改まらなかった。
昭和56年8月23日	管理人が、Aらに対して本件建物内に持ち込んでいたバイクを撤去するよう注意したところ、Aが管理人に殴りかかろうとした。
昭和56年10月頃	賃借人は、Aに、賃借人が経営する喫茶店を手伝わせることとしたため、少年らの足が自然と遠のき、他の入居者らに迷惑をかけることがなくなった。
昭和56年10月17日	訴状が賃借人に送達され、同日をもって、本件契約は解除された。

裁判所の判断理由

　マンション等の形式の住居の賃貸借契約においては、共用部分の使用も契約内容に含まれるから、賃借人も他の賃借人らの使用を妨げないようになすべき用法上の義務があるというべきであって、Aの友人らの行為が賃借人の監督のもとになされたとは勿論いえないが、少なくともAは賃借人の履行補助者であるから、友人らの来訪を断り、あるいは本件建物住居者らに対して迷惑のかかる行為をなさないように注意、制止すべきであるのにこれを放置したのみか、時には率先して行ったのである。

　Aらの行為の是正を求める賃貸人の内容証明郵便送達の経緯等の事実に照らすと、賃借人もまたこれらAや他の少年らの行為を知りながら放置、容認したということを妨げないのであって、Aが喫茶店を手伝うようになった昭和56年10月頃以降、ようやく少年らの集合等は自然消滅したとはいえ、Aらの行為が本件建物住居者らに与えた不安は大きく、賃貸人の受けた損害も補修等の出捐に留まらず、入居者らとの賃上げ交渉の困難、賃貸マンションとしてのイメージダウンによる入居者募集の困難等による減収も予想され、これら賃貸人の損害の回復は一朝一夕になされるとは言い難いことを考えると、賃借人には前記特約に違反して本件契約における信頼関係を破壊する行為があったというのが相当である。

　なお、賃借人は抗弁において前記特約を無効として争うが、同特約をなす合理的理由があることは前記判示したところから明らかであって、単なる例文にとどまり、あるいは借家人に不利な約定ともいえず、また他に抗弁事実を認めるに足る証拠もないから抗弁は採用しない。

| | 解　　　説 |

　本件は、本件建物（住居用兼貸事務室用）の一室での賃借人の長男及びその友人である少年らが、時にシンナーを吸引して、本件建物に屯し、また、貸室に寝泊まりするなどして、器物損壊、放火、暴力、昼夜を問わない騒音発生等の迷惑行為に及んだところ、賃借人が、長男らの行為を知りながら放置容認したと認められ、本件契約における信頼関係を破壊する行為があったというのが相当であるとされて、賃貸借契約の解除が認められた事案である。

　この点、判決によって認定された事実によると、賃借人の長男らによる近隣迷惑行為が開始されたのは昭和56年6月頃であり、同年10月頃には賃借人の長男が賃借人の経営する喫茶店で働き始めたことをきっかけに少年らの足が遠のき、他の入居者らに迷惑をかけることがなくなったとのことである。このように、賃借人の長男らによる近隣迷惑行為が継続したのは数か月間ではあり、また、長男の稼働により迷惑行為も収束したといえる。加えて、他の入居者からの退去申し出についても、賃貸人からの働きかけで本件建物内の別の貸室に移転してもらい、実際には、退去者は生じなかったという事情もある。

　しかしながら、本件での迷惑行為の内容は、単なるいたずらや騒音に留まらず、本件建物に実害を及ぼし、また、本件建物の他の入居者らの平穏な生活を脅かすものであって、犯罪に該当するような行為も含まれている。また、本件の迷惑行為は毎日のようになされ、度々警察に通報されつつも事態が改善されなかったものである。かかる事情に加えて、本件迷惑行為の結果、本件建物に関する風評被害が生じたであろうと考えられ、判決も述べるような、入居者らとの賃上げ交渉の困難、賃貸マンションとしてのイメージダウンによる入居者募集の困難等による減収といった、将来の損害の可能性も否定できないものであった。

　こういった本件迷惑行為の危険性、頻度、結果に照らせば、本件迷惑行為は、形式的に本件契約上の特約（賃借人に近隣迷惑行為やそのおそれがある場合、賃貸人は本件賃貸借契約を無催告解除できる旨の特約）に違反するのみならず、賃貸人との間の信頼関係を破壊するに十分なものであるといえる。

　本件で近隣迷惑行為に及んだのは賃借人本人ではなくその長男及び長男の友人らであるが、判決では、賃借人の履行補助者である長男が友人らの来訪を断るばかりか時には率先して迷惑行為を行ったこと、賃借人本人も長男らの行為を知りながら放置容認したことから、信頼関係の破壊を認めたものであり、いずれも妥当な判断といえる。

＜参考となる判例＞

○賃借人の内縁の夫が賃借人と共同して賃貸人夫婦に対し、威嚇、乱暴、侮辱等を行っていたところ、内縁の夫の背信行為について賃借人がその責任を問われてもやむを得ないとされ、賃貸借契約の解除が認められた事例（東京地判昭37・4・26判時312・31）

○貸室が従業員宿舎として賃貸借されるに当たり、入居者を特定の3名に限定する特約及び近隣迷惑行為があった場合には無催告解除ができる旨の特約がなされたにもかかわらず、賃借人が入居者をしばしば変更し、入居者の中には窃盗、放尿、深夜の喧噪行為、シンナー遊び等を行う者がいたため、信頼関係を破壊する行為があったとして賃貸借契約の解除が認められた事例（東京高判昭50・8・21判タ333・204）

第5章　利用に関する違反行為等　　165

33　早朝や深夜に頻繁に貸室の壁やベランダの手すりを叩いて大きな音を
　　立て、大声で怒鳴るなどの迷惑行為を繰り返した共同住宅の賃借人に対
　　する賃貸借契約の無催告解除特約に基づく解除が認められた事例

（東京地判平28・5・25（平27（ワ）34763））

信頼関係破壊の判断ポイント

賃貸人の主張	賃借人の主張	裁判所の判断
賃貸人（原告）は、共同住宅（以下「本件建物」という。）の他の住人から、賃借人（被告）が、騒音を立てているとの苦情を度々受けるようになった。	否認ないし争う。	賃貸人の主張を認める。
賃借人が賃借している部屋（以下「貸室」という。）の上階の住人が退去したが、賃借人は、早朝や深夜に頻繁に貸室の壁やベランダの手すりを叩いて大きな音を立て、大声で怒鳴るなどの迷惑行為を繰り返し行い、賃貸人からの再三の申入れにも関わらず、迷惑行為を止めることはなかった。	否認ないし争う。	賃貸人の主張を認める。
これらは賃貸人と賃借人の間の賃貸借契約（以下「本件契約」という。）で定められた無催告解除事由に該当し、かつ、賃貸人と賃借人との間の信頼関係は既に破壊されている。	否認ないし争う。	これらの迷惑行為は共同生活の秩序を著しく乱す行為に当たり、賃貸人と賃借人との間の信頼関係も破壊されているという

第5章　利用に関する違反行為等

		ほかない。

事 実 経 過	
平成11年7月30日	賃貸人は、本件契約を締結した。 なお、本件契約では、共同生活の秩序を著しく乱す行為があり、円満な共同生活を維持できないと賃貸人が認めたときは催告によらないで本契約を解除することができるとの規定が定められていた。
平成25年10月頃	賃貸人は、賃借人から本件建物の上階の住人が騒音を出していると相談を受けたため、調査したところ、上階の住人は、これを否定し、賃借人が本件建物の天井を叩き騒いでいると話した。
平成26年3月頃	賃貸人は、賃借人の近隣住人から、賃借人が本件建物の壁を叩きベランダで騒いでいるとの苦情を度々受けるようになり、賃借人から事情を聞いたところ、賃借人は、上階の住人が故意に音を出しているため、自分も音を立てていると説明した。
平成26年8月25日	貸室の上階の住人が退去して空き家になったが、賃借人は早朝や夜12時近くの遅い時間に頻繁に貸室の壁やベランダの手すりを叩いて大きな音を立てるようになり、空き家になった部屋の更に上階の住人の名前を挙げて「出て来い」などと大声で怒鳴るようになった。
その後	賃貸人は、本件建物の近隣住人から度々苦情を受け、賃借人から事情を聞いたが、賃借人は、近隣住人が故意に音を出していると説明して自らの非を認めようとせず、上記迷惑行為を続け、賃貸人からの再三の申入れにもかかわらず、迷惑行為を止めることはなかった。
平成27年2月25日	賃貸人代理人弁護士が賃借人に対し、上記迷惑行為を止めなければ本件契約を解除する旨の警告書を送付したが、その後も賃借人は迷惑行為を止めなかった。
平成28年1月16日	賃貸人は、訴状をもって本件契約を解除する旨の意思表示をしたが、その後も、賃借人は、上記迷惑行為を続けている。

裁判所の判断理由

　賃借人は、昼夜を問わず、本件建物において近隣住人が不快に思う大きな音を立て大声を上げており、度重なる注意にも耳を貸さなかったのであるから、賃借人にいか

なる理由があろうとも、この迷惑行為は共同生活の秩序を著しく乱す行為に当たり、円満な共同生活を維持できない場合に該当すると言わざるを得ない。

そうだとすると、賃貸人と賃借人との間の信頼関係も破壊されているというほかなく、賃貸人は、本件契約の無催告解除規定に基づいて本件契約を解除することができるというべきである。

解　　説

本件は、共同住宅の一室の賃借人が、早朝や深夜に頻繁に貸室の壁やベランダの手すりを叩いて大きな音を立て、大声で怒鳴るなどの迷惑行為を繰り返し、賃貸人からの再三の申入れにも関わらず、迷惑行為を止めなかったことが、賃貸借契約上特約された無催告解除事由に該当するとされ、賃貸借契約の解除が認められた事例である。

本件契約においては、賃借人に共同生活の秩序を著しく乱す行為があり、円満な共同生活を維持できないと賃貸人が認めたときは催告によらないで本契約を解除することができるとの特約が付されていた。

賃借人は、賃貸人に対し、騒音を立てている理由として、共同住宅の他の住人が音を立てているためであるなどと述べていたが、判決では、賃借人にいかなる理由があろうとも、賃借人の迷惑行為は共同生活の秩序を著しく乱す行為に当たると判断された。

賃借人の迷惑行為は相当な期間にわたって継続的に行われており、迷惑行為に対する近隣住人からの苦情が度々なされ、賃貸人からの申入れも繰り返されていた上、上階の住人が退去するという出来事もあったのであるから、賃貸借契約上特約された無催告解除事由に該当すると判断されたことは相当といえる。

そして、本件で、賃借人は、賃貸人の代理人弁護士から、迷惑行為を止めなければ本件契約を解除する旨の警告書の送付を受けてもなお迷惑行為を止めず、また、賃貸人から訴状の送達を受けても迷惑行為を続けたのであり、このように賃借人の行動に改善が見られなかったことが信頼関係の破壊を認める方向で心証に影響したものと考えられる。

本件は、賃借人の迷惑行為の内容、他の入居者への影響及び賃貸人が迷惑行為の中止を申し入れたのに対する賃借人の対応等を具体的に認定し、契約の解除を認めた判決であって、事例的参考性が認められるものである。

＜参考となる判例＞

○深夜にステレオや楽器等の騒音を生じさせている賃借人に対する賃貸借契約の解除が認められた事例（東京地判昭60・8・16判タ582・78）

○戸建て住宅の賃貸借の事案において、賃借人が無用に大きなラジオ音を発生させていたことは認められるものの、条例の音量基準を超えていたと認める証拠はないこと等を理由として、賃貸借契約の解除が認められなかった事例（東京地判平18・6・26（公刊物未登載））

第5章　利用に関する違反行為等　　169

34　隣室の入居者らに対して理由なく苦情を述べ、あるいはドアを蹴って穴を開ける等の行為を繰り返した賃借人に対する賃貸借契約の解除が認められた事例　　（東京地判平17・9・26（平16（ワ）27507））

信頼関係破壊の判断ポイント

賃貸人の主張	賃借人の主張	裁判所の判断
賃借人（被告）は、貸室の隣室住民Aに対し、生活音がうるさいなどと苦情を述べ、Aは、かかる苦情申立てが原因で賃借物件（以下「本件建物」という。）を退去した。	否認する。	賃貸人（原告）の主張を認める。
その後、Bが隣室に入居したところ、賃借人が壁を叩くなどし、Bは、そのことが原因で本件建物を退去した。	否認する。	賃貸人の主張を認める。
賃借人は、その後隣室に入居したCに対しても、壁越しにあるいは直接、うるさいなどと苦情を述べ、Cは、このことが原因で本件建物を退去した。	否認する。	賃貸人の主張を認める。
Cの後に隣室にDが入居したが、賃借人はDの居室のドアを蹴って穴を開けた。	ドアを蹴って破損したことは認めるが、Dが騒音を出すなど非礼であったため腹立ち紛れにしたことであるし、その後、賃貸人の長女に謝罪し、修理費用全額を支払った。	賃貸人の主張を認める。
賃借人は、もう一方の隣室のEにもうるさいなどと苦情を述	否認する。	賃貸人の主張を認める。

べ、壁を叩くなどし、Eは、このことなどが原因で退去した。		
上記のような行為は契約解除事由に該当する。	否認する。	賃借人の行為は、本件賃貸借契約（以下「本件契約」という。）の禁止事項に該当するばかりか、賃貸人と賃借人の信頼関係を破壊する行為であって、本件契約の解除事由に該当する。

事　実　経　過	
平成10年1月25日	賃貸人は、賃借人間で本件契約を締結した。 なお、本件契約では、以下の特約が定められていた。 【禁止事項】 ・本件建物の使用に当たり、本件建物を故意に損傷すること ・共同生活の秩序を乱す行為をすること 【解除事由】 賃借人が上記禁止事項に該当した場合において、当該項目に該当したことにより本件契約を継続することが困難であると認めるときは、賃貸人は本件契約を解除することができる。
平成10年4月12日	平成3年8月に貸室の隣室である2階1号室に入居したＡが退去したが、その理由は、賃借人が生活音がうるさいと苦情を述べた、ということであった。
平成11年2月25日	平成10年12月に2階1号室に入居したＢが退去したが、その理由は、賃借人が自室と2階1号室との間の壁を何度となく叩き我慢できなくなった、ということであった。
平成11年12月19日	平成11年3月に2階1号室に入居したＣが退去したが、その理由は、自

第5章　利用に関する違反行為等　　　171

	らはうるさくしたことはないのに、1か月に1度程度、賃借人がうるさいと怒鳴り安定した静かな生活を送れなかった、ということであった。
平成14年5月中旬〜12月23日	平成14年3月に2階1号室に入居したDに対し、賃借人がうるさいと怒鳴る、壁を何度となく叩くなどし、同年12月23日には賃借人がうるさい、ドアを開けろと怒鳴り、Dの居室のドアを蹴って穴を開けた。
平成15年1月26日	賃貸人代理人が賃借人を訪れ、上記ドア破損及び共同生活の秩序を乱したことを理由として、本件契約を解除する旨の意思表示をした。
平成16年2月16日	平成10年9月に貸室のもう一方の隣室である2階5号室に入居したEが退去したが、その理由は、賃借人が生活音がうるさいと苦情を述べ、また、壁を何度となく叩き我慢できなくなった、ということであった。
平成16年6月27日	2階1号室入居者のDが退去したが、その理由は、入居中、賃借人からうるさいと怒鳴られる、壁を叩かれる、ドアを蹴って穴を開けられる、親族を追いかけられるといった出来事が重なったため、賃借人との関係には耐えられず、もはや居住できないと判断したためであった。

裁判所の判断理由

　認定した事実によれば、賃借人は、本件建物を賃借し、隣室である1号室の入居者らに対して、同入居者らが格別騒音を立てていないのにもかかわらず、生活音がうるさいなどと苦情を面前あるいは壁ごしに繰り返し述べ、本件建物と1号室との間の壁を何度となく叩き、Dが居住していたときはドアを蹴って穴を開けるなどの行為を繰り返し、この結果、1号室の居住者らは、生活の平穏を一時的に乱されるだけでなく、耐えられなくなって退去せざるを得ない状況に至っていることを認めることができるのであって、賃借人による上記のような行為は、本件契約の契約書に定める本件建物を故意に損傷すること、共同生活の秩序を乱す行為をすることに該当するばかりか、他の居室に居住する他の賃借人らの生活を妨害する態様で賃貸人と賃借人の信頼関係を破壊する行為であって、本件契約の解除事由に該当すると認めることが相当である。

　加えて、賃借人は、上記解除の意思表示の後、その態度を改めることなく、かえって迷惑行為を繰り返しているのであって、これらを総合すると、賃貸人と賃借人との間の本件契約における信頼関係はもはや存在しないといっても過言ではない。

第5章　利用に関する違反行為等

解　　説

　本件は、アパートの一室である貸室において、賃借人が、隣室の入居者らに対して、理由なく、うるさい等の苦情を述べ、貸室と隣室との間の壁を叩くことを繰り返したほか、隣室のドアを蹴って穴を開けたと認定され、賃借人のこれらの行為は、本件契約に定める禁止事項（本件建物を故意に損傷すること、共同生活の秩序を乱す行為をすること）に該当するばかりか、賃貸人と賃借人の信頼関係を破壊するものであって、本件契約の解除事由に該当すると判断され、賃貸借契約の解除が認められた事案である。

　本件契約においては、賃借人が上記禁止事項に該当した場合において、本件契約を継続することが困難であると認めるときは、賃貸人は本件契約を解除することができる旨の定めがあった。

　賃借人は、賃貸人から、ドア破損及び共同生活の秩序を乱したことを理由として、本件契約を解除する旨の意思表示がなされてからも、他の入居者に対する迷惑行為を繰り返したことが認定されており、賃借人の迷惑行為を理由としてアパートから退去した他の賃借人は、解除の意思表示前に退去した者に限っても3名に上る（同意思表示後に退去した者を加えると合計5名である。）。

　このような賃借人の行為は、形式的に本件契約における禁止事項（本件建物を故意に損傷すること、共同生活の秩序を乱す行為をすること）に該当するのみならず、賃貸人との間の信頼関係を破壊するに十分なものであるといえる。

　また、判決は、上記解除の意思表示がなされてからも賃借人はその態度を改めず、かえって迷惑行為を繰り返しており、これらを総合すると賃貸人と賃借人の間の信頼関係はもはや存在しないと指摘している。このように、解除の意思表示後に、賃借人が信頼関係を一層破壊する行為に及んだ点とそれに対する判断も目を引くものである。

＜参考となる判例＞

○本件貸室の隣室から発生する騒音は、共同住宅における日常生活上、通常発生する騒音として受容すべきであったにもかかわらず、隣室の住民に対し、何度も執拗に文句を言い、壁を叩いたり大声で怒鳴ったりするなどの嫌がらせ行為を続け、隣室からの退去を余儀なくさせた賃借人の行為について、信頼関係の破壊が認められた事例（東京地判平10・5・12判時1664・75)

第5章　利用に関する違反行為等　　173

35　2年以上の長期にわたって、居室内に多量のゴミを放置した賃借人に対する賃貸借契約の解除が認められた事例

（東京地判平10・6・26判タ1010・272）

信頼関係破壊の判断ポイント

賃貸人の主張	賃借人の主張	裁判所の判断
賃貸人（原告）側が火災報知器の検査を行ったところ、賃借人（被告）が賃借する貸室内に相当量のゴミが積み上がっていることが発覚した。	賃借人が貸室内に空き缶及び空き瓶等のゴミを放置していることは認める。	賃貸人の主張を認める。
賃貸人と賃借人間の賃貸借契約（以下「本件契約」という。）の更新の際、貸室内のゴミを撤去すること及び賃借人の身だしなみを改善することが更新の条件とされた。	同上	賃貸人の主張を認める。
貸室内のゴミの不整理の状態は悪化していった。	同上	賃貸人の主張を認める。
本件契約上の禁止事項への違反を理由として本件契約を解除する。	争う。	居室内に社会常識の範囲をはるかに超える著しく多量のゴミを放置するといった非常識な行為は、本件契約の解除事由を優に構成するものといわざるを得ない。

事　実　経　過	
平成元年10月8日	賃貸人は、賃借人との間で、契約期間を2年として、本件契約を締結した。
平成7年春	貸室において火災報知器の検査があり、その際に、貸室内に相当量のゴミが積み上がっていることが発覚した。
平成7年10月8日	賃貸人と賃借人は、本件契約を以下の約定で更新し、その際、貸室内のゴミを撤去すること及び賃借人の身だしなみを改善することが更新の条件とされた。 【禁止事項】 賃借人は、貸室内において、危険、不潔、その他近隣の迷惑となるべき行為をしてはならない。 【解除条項】 賃借人が、上記禁止事項に違反したときは、賃貸人は、催告をしないで、直ちに契約を解除することができる。
時期不詳	賃貸人が消防署から貸室内のゴミに火災発生の危険があるとの注意を受けた。
平成9年10月3日	本件契約の更新に際し、賃貸人と賃借人の間で以下の合意が成立した。 ・賃借人は、貸室内に在置している空き缶及び空き瓶を含むゴミを同年11月7日までに撤去すること及び常識的な身だしなみに注意して他人に迷惑をかけないことを本件契約更新の条件とすること ・賃借人がこれらを遵守しないときは、本件契約は当然に解除されて賃貸借契約が終了することとし、賃借人は一週間以内に自己の費用で貸室を立ち退くこと
それ以降	賃借人は、ゴミの放置状態を改善せず、賃貸人ないしその家族から再三の注意を受けてきたにもかかわらず、2年以上にわたり、貸室内に極めて多量のゴミをかなりの高さにまで積み上げたままにしている。
平成10年2月12日	賃貸人は賃借人に対し、本件契約上の禁止事項への違反を理由として本件契約を解除する旨の意思表示をした。

裁判所の判断理由

　賃借人は、貸室内において危険、不潔、その他近隣の迷惑となるべき行為をしたということができ、賃貸人との間に締結した賃貸借契約の規定に違反したことが認めら

れる。

　確かに、信頼関係を基礎とする継続的な賃貸借契約の性質上、貸室内におけるゴミ放置状態が多少不潔であるからといって、そのことが直ちに賃貸借契約の解除事由を構成するということはできない。しかしながら、本件では、賃貸人から再三の注意を受けてきたにもかかわらず、事態を改善することなく2年以上の長期にわたって、居室内に社会常識の範囲をはるかに超える著しく多量のゴミを放置するといった非常識な行為は、衛生面で問題があるだけでなく、火災が生じるなどの危険性もあることから、賃貸人やその家族及び近隣の住民に与える迷惑は多大なものがあるといえるのであって、このことは、賃貸借契約の解除事由を優に構成するものといわざるを得ない。

　よって、賃貸人のした本件契約の解除は有効であるというべきである。

解　　説

　本件は、共同住宅の一室を対象とする賃貸借契約において、賃借人が、賃貸人から再三の注意を受けたにもかかわらず、2年以上にわたり、貸室内において空き缶及び空き瓶を含む多量のゴミを放置したことが、賃貸借契約の解除事由に該当すると判断された事例である。

　本件での賃貸借契約には、「賃借人は、貸室内において、危険、不潔、その他近隣の迷惑となるべき行為をしてはならない。」との禁止事項があり、賃借人がこれに違反した場合には賃貸人は無催告で賃貸借契約を解除できる旨の解除条項が存在する。

　裁判所は、賃借人が上記禁止事項に違反したと認定し、賃貸借契約の解除を認めたが、規定違反があれば、直ちに契約の解除を認めるとしたものではなく、判決文において「信頼関係を基礎とする継続的な賃貸借契約の性質上、貸室内におけるゴミ放置状態が多少不潔であるからといって、そのことが直ちに賃貸借契約の解除事由を構成するということはできない」と述べているとおり、信頼関係破壊理論を前提とするものである（なお、判決文からは、信頼関係の破壊の有無に関する主張を賃貸人及び賃借人が行ったかは定かでない。）。

　本件の判決文からは、賃借人側の具体的な主張内容は明らかではないものの、①賃貸人が、消防署から貸室内のゴミに火災発生の危険があるとの注意を受けたこと、②貸室内に相当量のゴミが積み上がっていることが発覚した後、平成7年10月と平成9年10月の2度の契約更新の際に、ゴミの撤去が条件とされたが賃借人がゴミの放置状態を改善しなかったこと、③ゴミの量が多量であり、再三の注意を受けたにもかかわらず、放置期間も2年以上にわたったことという各事情があるため、裁判所が、信頼関係

の破壊を認めて、賃貸借契約の解除を有効と判断したのはもっともであると考えられる。

　家屋に大量のゴミを放置する、いわゆるゴミ屋敷の問題が、社会的にも増加している中、本件は、過去の経緯を含め詳細に事実を認定し、社会通念上、許容されないと判断したものであって、事例判決として、同種事案で参考となるものである。

＜参考となる判例＞

○建物賃貸借契約の賃借人が、建物の前面の土地上に動産類を数か月放置した事実は認められるが、賃借人としての義務違反に該当せず、仮に該当する余地があるとしても、一時的な使用といえなくもないし、過去、当時の賃貸人から動産の設置が認められていた期間もあり、また、近隣住民から動産の設置について苦情が出ていないこと等から、信頼関係を破壊しない特段の事情があるとして、賃貸人による賃貸借契約解除の有効性及び建物明渡請求が認められなかった事例（東京地判平25・3・11（平24（ワ）11939））

第5章　利用に関する違反行為等　　177

36　賃借人の長期不在が常態化し、貸室の腐朽等が生じていることから賃
　　貸借契約の解除が認められた事例　　（東京地判平6・3・16判時1515・95）

信頼関係破壊の判断ポイント

賃貸人の主張	賃借人の主張	裁判所の判断
賃借人（被告1）の1か月以上の無断不在が繰り返され、貸室の腐朽及び損傷を生じさせた。	印刷された定型の契約書にある、無断不在が1か月以上に及ぶ場合は、契約は解除となるとの条項は、賃借人にとって著しく不利益な特約であり、無効である。 賃借人は、海外出張のために不在となることはあるが、貸室については友人らに定期的な点検を依頼している。 また、賃貸人（原告）主張の不在期間は誤っている。 貸室の畳、天井、壁には傷みが生じているが、入居前からまたは経年によってそうなったものである。	賃貸人の主張をおおむね認める。
長期無断不在中に貸室においてガス漏れ事故が発生した。	賃貸人が貸室でガス漏れしていると主張したことはあるが、ガス会社によればガス漏れはなかったとのことである。	賃貸人の主張をおおむね認める。
賃借人への貸室を含む本件の賃借建物（以下「本件建物」という。）では、賃貸人と賃借人との間に一定の協調関係が求められる特殊性があるが（具体的内容	賃借人は他の貸室の居住者との協調を保っている。 賃貸人こそ賃借人を無視する態度をとっている。	賃貸人の主張をおおむね認める。

は、後述する「裁判所の判断理由」参照）、賃借人は、協調性が欠如しており、賃料増額協議を不合理に拒否した。		
賃借人は、貸室を目的外使用（事務所としての使用）している。	貸室を事務所として使用したことはない。	賃貸人の主張を認める。
これらによって、賃貸人と賃借人との間の信頼関係は全く失われた。	争う。	信頼関係破壊を認める。

事 実 経 過	
平成元年9月17日	賃貸人が本件建物の所有権を前所有者から取得し、前所有者と賃借人間の貸室の賃貸借契約を承継した。
平成元年10月31日	賃貸人と賃借人は、賃借人の妻（被告2）を連帯保証人として、賃料増額等をし、改めて賃貸借契約（以下「本件契約」という。）を締結した。 本件契約書には、賃借人の無断不在が1か月以上に及ぶ場合は、契約は当然解除されることが記載されていた。
平成2年2月中旬〜4月上旬 平成3年3月上旬〜5月上旬 平成4年2月中旬〜5月下旬	少なくともこれらの期間、賃借人らの1か月以上の無断不在の事実があった。 賃借人らは長期不在中に貸室の合鍵を相互に関係のない2名の人物に常時貸与していた。
平成3年5月上旬	賃貸人は賃借人らに対し、同年6月1日以降の賃料を1か月8万5,000円（5,000円の値上げ）とする旨通知した。 その後、賃借人は賃貸人に対し、家賃の値上げは月3,000円までなら認めると回答し、4か月分は月額8万3,000円の賃料が支払われたがその後は月額8万円の支払しかなされなかった。
平成4年4月20日	賃借人らの長期不在中、貸室においてガス栓の閉鎖不完全を原因とするガス漏れ事故が発生した。
平成4年6月17日	賃貸人の賃借人らに対する本件契約を解除する旨の意思表示が賃借人らに到達した。

第5章　利用に関する違反行為等　　179

> ### 裁判所の判断理由

1　賃貸借契約解除の原因となる注意義務違反の行為の有無について

（1）　1か月以上の無断不在が賃借人の注意義務違反を構成するか

ア　本件契約の特殊性

本件建物は、東京都新宿区内の住宅地域にある建築後35年余り経過した木造2階建家屋で、6世帯が入居している共同住宅であり、共同住宅全体の管理は、本件建物の所有者であり、その入口近くに住む賃貸人が行っている。

そして、長期不在の場合には管理者である賃貸人に届出をし、あるいは平素から建物の室内の日照、通気、通風に意を用いる等、所有者である管理者に協力していかなければならない特質を有する。しかも、それは賃貸人の立場から必要であるのみならず、各賃借人が快適な生活を送るためにも必要なことといえる。

加えて、賃貸人は、65歳を過ぎた独り暮らしの女性であり、本件建物近くに住んで、貸室の賃料で生計を立てており、本件建物を丹精込めて管理し、手入れしているものであり、各貸室の賃借人としては、賃貸人との契約により本件建物内の貸室を賃借して居住するものである以上、賃貸人のこのような状況に理解を示し、協調性を保っていくことが、社会通念上必要とされているといえる。

イ　1か月以上の無断不在禁止の契約条項の効力

本件契約には、賃借人の無断不在が1か月以上に及ぶ場合、契約は当然解除されることが記載されているが、この規定については、信頼関係理論により限定解釈をし、1か月以上の無断不在の事実があり、かつ、これによって賃貸人と賃借人の信頼関係が失われている場合には、賃貸借契約を解除することができるとの趣旨と解すべきである。殊に本件においては、本件契約に前記アの特質があるので、賃貸人にはこのような条項を設ける必要性があり、賃借人相互の防犯、防災その他の快適な生活維持の観点からも、この条項に合理性を認めることができるのである。

ウ　賃借人の注意義務違反の成否

本件契約においては、賃借人が1か月以上無断で貸室を不在とすることは、賃貸借契約において定められた賃借人の注意義務に違反した行為というべきである。

（2）　無断不在の状況及び信頼関係を破壊する事情の有無

ア　1か月以上の無断不在の有無及び無断不在の状況

賃借人らは、仕事の都合上、そのような長期不在がやむを得ないかのような主張をするが、賃借人らは、共に健康で、相応の収入のある職業を持ち、養育すべき子供も

ない夫婦であり、自己の職業の特殊性にふさわしい住居を求め得る立場にあることは明白であり、にもかかわらず、前記のとおり居住し得る条件の整わない貸室に居住することに固執する姿勢は、身勝手というほかない。

　　イ　貸室の腐朽及び損傷について

　貸室の天井、壁は亀裂や剥がれが生じ、玄関の扉にも損傷があり、風呂場の敷居は腐って戸の開閉が不能の状態にある。また、賃借人らは風呂場の敷居が腐って戸の開閉ができないため、戸を開けたまま風呂を使っているが、そうだとすれば、貸室内に水蒸気が充満し、長期間使用するうちに、本件貸室内の各所が湿気のため劣化、腐朽することは明白である。

　しかるに、貸主が賃貸人に変わった平成元年当時、賃貸人は、貸室内に修繕を要する箇所がないかどうかを各賃借人に尋ね、修繕業者も呼んでいることからすれば、当時から風呂場の敷居がこのように腐っており、賃借人の妻から修繕の申出があれば、修繕をしないまま放置するとは、およそ考えられない。

　貸室は、賃借人らの不適正な使用によって腐朽ないし損傷を来しているのであり、特に湿気による腐朽、損傷は、賃借人らの長期間の不在と密接な関係があると認められる。そして、このような貸室ないし本件建物の腐朽及び損傷こそが、賃貸人が本件訴訟を提起する当初から賃借人らの長期の無断不在により生ずることをおそれていたものである。

　　ウ　ガス漏れ事故の発生による貸室管理義務違反

　ガス漏れ事故が生じたのは、長期無断不在中の貸室の管理がずさんであったためであると判断される。

　　エ　賃料増額の協議の拒否その他の協調性の欠如

　賃借人らに賃貸している貸室は、2階の東南角の部屋であり、日当たり、風通しがよく、静かで、貸室の中では最も条件のよいところである。貸室以外の貸室の賃料は、いずれも円満に更新され、階段下で狭く、条件の悪い2号室を除き、いずれも1か月10万円を超えている。2号室ですら8万9,000円となっている。賃借人らの貸室の賃料は、1か月8万5,000円を下ることはない。賃借人らが健康で相応の収入のある職業を持ち、養育すべき子供もない夫婦であることを合わせ考えると、賃借人らには、賃貸人との間で円満な賃貸借関係を継続しようとする意欲及び賃借人としての協調性に欠けるものといわなければならない。

　　オ　信頼関係を破壊する事情の存否

　貸室の管理のずさんさ及び賃借人らの賃借人としての協調性の欠如の状況に照らせば、賃貸人と賃借人らとの間の信頼関係は、賃借人らの長期無断不在、これを正当と

第5章 利用に関する違反行為等　181

主張して顧みない姿勢、長期無断不在に起因する貸室ないし本件建物の腐朽ないし損傷、貸室の合鍵等の管理のずさんさ及び賃借人らの賃借人としての協調性の欠如により、修復が不可能な程度に破壊されているものと認められる。

2　信頼関係の破壊

　本件においては、本件契約の解除の原因となる信頼関係を破壊する注意義務違反行為があったものと認められる。

解　　説

　本件の争点は、①賃借人らに貸室の賃借人としての注意義務に違反する行為があったかどうか、②賃貸人と賃借人らの信頼関係が賃借人らの注意義務違反の行為によって破壊されているかどうかの2点である。

　裁判所は、争点①について、賃借人の無断不在が1か月以上に及ぶ場合、契約は当然解除される旨の特約は、そのまま必ず有効となるものではなく、いわゆる信頼関係理論の適用を受け、限定解釈がなされ、1か月以上の無断不在の事実があり、かつ、これによって賃貸人と賃借人の信頼関係が失われている場合、契約解除が可能となるとの趣旨と解すべきとした。その上で、裁判所は、貸室が建築後35年余り経過した木造2階建家屋の中の一室であるといった本件契約の特殊性を認定し、賃借人が1か月以上無断で貸室を不在とすることは、賃貸借契約において定められた賃借人の注意義務に違反した行為というべきであると判断した。

　また、争点②については、賃借人らの長期無断不在、これを正当と主張して顧みない姿勢、長期無断不在に起因する貸室ないし本件建物の腐朽ないし損傷、貸室の合鍵等の管理のずさんさ及び賃借人としての協調性の欠如等を認定し、賃貸人と賃借人らとの間の信頼関係は、修復が不可能な程度に破壊されているものと認められると判断した。

　一般に、無断での長期不在が賃貸借契約の解除事由として定められるのは、賃借物件の保全や保安上の要請、賃借人が所在不明となり賃貸人が不安定な地位に置かれるリスクの低減等を意図したものと考えられる。

　この点、本件で、裁判所は、前述したような本件契約の特殊性（本件建物が老朽化した木造家屋の共同住宅であり、また、建物の管理を行う賃貸人は、独居の高齢女性であって、本件建物からの賃料で生計を立てており、各賃借人は、建物の維持、管理に協力する立場にあること、賃借人らには健康で相応の収入があり自己の職業の特殊

性にふさわしい住居を求め得る立場にあること）を相当詳細に言及した上、賃借人らの長期不在が繰り返されたことによって、単に抽象的に貸室の保全、保安上の危険が生じたことにとどまらず、貸室ないし本件建物の腐朽ないし損傷やガス漏れ事故の発生といった賃貸人に対する具体的な不利益が及んだことが認定されており、裁判所が信頼関係の破壊を認めたことは相当である。

　また、本件は、賃借物件及び建物を管理する賃貸人側の状況等、賃貸借契約における個別の特殊性を詳細に検討し、これを信頼関係破壊の有無の前提考慮要素とした点において特徴を有し、事例的にも参考性を有するものである。

＜参考となる判例＞

○建物賃貸借契約の賃貸人が、賃貸借契約の解約を申し入れて、正当事由の有無が争われたところ、賃借人が不在がちであり、月当たり1週間程度しかいないことも少なくない等の事情が認められたものの、信頼関係が破壊されたわけではないとして、立退料の支払と引換えに建物の明渡しを求めることができるとされた事例（東京地判平25・12・26（平25（ワ）1342））

第5章　利用に関する違反行為等　　183

37　アパートの共用部分である廊下に布団を敷いて寝る、椅子を置いてテレビを見るなどしていた賃借人に対する賃貸借契約の解除が認められた事例
（東京地判平25・5・24（平24（ワ）28046））

信頼関係破壊の判断ポイント

賃貸人の主張	賃借人の主張	裁判所の判断
賃借人（被告）が、アパートの管理人等に対し、興奮状態で押しかけ、脅威を与え、警察が呼ばれる事態になった。	逆であり、賃借人が警備員から脅迫を受けたため、警察を呼んだ。	―
賃借人が、アパートの廊下部分に布団を敷き、扇風機を置いてテレビを見たり眠ったりするなどの行為を繰り返し、警備員に注意を受けてもやめなかった。	―	賃貸人（原告）の主張をおおむね認める。起こされたことに腹を立てて、管理人や他の入居者に危害を加えかねないような言動に及んでいる。
賃借人は、深夜に自室玄関のドアを開放してAV機器の音を鳴り響かせたり怒鳴り声をあげたりした。	―	―
賃借人は、建物を破壊する、近隣住民を殺害するなどの脅迫行為に及び、警察が呼ばれる事態となった。	―	―
賃借人は、貸室内に動産やゴミ	―	賃貸人の主張を

をため込み、玄関からあふれ出している。		認める。
賃借人は、警備員から、上記行為をやめるように度々注意を受けているにもかかわらず、一向に改めようとしない。	—	—
これらの賃借人の行為により、信頼関係は著しく破壊されている。	争う。	信頼関係を著しく害する。

事　実　経　過	
平成6年12月26日	当時の賃貸人と賃借人間で貸室の賃貸借契約（原契約）が開始した。
平成14年12月頃	当時の賃貸人と管理委託契約（入居者との間で賃貸借契約を締結し得るとの内容が含まれる。）を締結した賃貸人と賃借人の間で原契約に代わって、賃貸借契約（以下「本件契約」という。）が締結された。 なお、本件契約では、以下の規定が設けられていた。 【禁止事項】 貸室内における風紀衛生上好ましくない行為や近隣の迷惑となるような行為（危険物・重量物の搬入、振動・騒音・異臭の発生、犬猫鳥獣類の飼育等）。 【解除事由】 賃借人が上記禁止事項に違反した場合、賃貸人は催告なしに本件契約を解除できる。
平成24年6月16日〜8月4日の間	賃借人は、少なくとも4回、アパートの共用部分である廊下に布団を敷き、扇風機を置いて寝たり、椅子を出してテレビを見たりなどして、警備員に自室に戻るよう注意を受けていた。 また、賃借人は、警備員に起こされたことに腹を立てて、アパートの管理人や他の入居者に危害を加えかねないような言動に及んだ。
平成24年8月	賃借人は、ゴミを含めた大量の動産類を自室である貸室に運び入れ、廊下にまであふれ出る状態にしており、他の者に搬出されるまでの間、これを放置していた。
平成24年10月19日	賃貸人は、賃借人に対し、同日送達された訴状をもって、本件契約

第5章　利用に関する違反行為等　　185

を解除するとの意思表示をした。

裁判所の判断理由

　上記のような貸室を含む本件アパートの使用状況を踏まえると、賃借人の行為には、本件契約の禁止事項に該当する用法遵守義務違反があり、賃貸人との信頼関係を著しく害するものであるから、賃貸人は、本件契約に基づき、催告なくして本件契約を解除することができる。

解　　　　　説

　本件は、アパートの一室である貸室において、廊下に布団を敷いて寝る、椅子を置いてテレビを見るなどの行為を繰り返すなどした賃借人について、賃貸借契約の禁止事項に該当する用法遵守義務違反があると認められ、賃貸人との信頼関係が著しく害されたと判断されて、賃貸借契約の無催告解除が認められた事案である。

　本件では、契約上、貸室内における風紀衛生上好ましくない行為や近隣の迷惑となるような行為について禁止事項として明確に定められ、禁止事項違反があれば無催告解除ができることも明文化されていた。

　しかしながら、形式的には契約上の禁止事項ひいては契約解除事由に該当しても、迷惑行為の内容、程度等によっては、信頼関係の破壊が否定され、解除が認められない場合もある。

　本件における賃借人については、警備員に起こされたことに腹を立てて、アパートの管理人や他の入居者に危害を加えかねないような言動に及んだといった事実や、ゴミを含めた大量の動産類を自室である貸室に運び入れ、廊下にまであふれ出る状態にして放置したといった事実も認定されており、こうした種々の迷惑行為に及んだ上、注意を受けても改めようとする様子が認められず、粗暴な態度を取ることもあったため、賃貸借契約上の信頼関係を著しく害する旨判断され、無催告での契約解除が問題なく認められた事案と考えられる。

＜参考となる判例＞
○シェアハウスの賃貸人が、賃借人に対し、共用部分であるリビングを占拠し、リビングを

使用しようとする他の入居者に対して高圧的な態度を示し、深夜に大声や奇声を発した等を理由として契約解除の意思表示を行ったものの、かかる事実は証拠上認められないし、仮に迷惑行為があったとしても、それだけで解除事由となるほどの信頼関係破壊には至らず、賃貸人が迷惑行為を行った賃借人に対して相当な注意指導を行ってもなお改善が見られない場合にはじめて信頼関係が破壊されるに至ったと認められるが、そういった注意指導が行われたことを認める証拠がないとして、賃貸借契約の解除が無効とされた事例（東京地判平27・11・10（平26（ワ）30888・平27（ワ）5161））

第5章　利用に関する違反行為等　　187

38　　著名人である賃借人が大麻取締法違反の容疑で逮捕され、同容疑により、捜査機関が貸室を捜索し、大麻吸引器具を押収した事案において、無催告解除特約に基づく契約解除が認められた事例

（東京地判平21・3・19（平20（ワ）24804））

信頼関係破壊の判断ポイント

賃貸人の主張	賃借人の主張	裁判所の判断
賃借人（被告）は、大麻取締法違反容疑で逮捕され、警視庁により貸室の捜索差押えを受け、貸室から大麻吸引器具が押収された。これは特約における「覚せい剤使用等により警察の介入を生じさせたとき」、「賃借人の行為が建物内の共同生活の秩序を乱すと認められたとき」等に該当する。	逮捕、捜索差押えの事実は認めるが、大麻所持容疑は比較的軽微な犯罪に留まり、また、大麻所持は平穏かつ隠密に行われたものであり、捜索も平穏かつ短時間で行われる1回的なものであって、近隣住民の居住関係に影響を与えたことはない。	賃借人の主張を排斥し、賃貸人（原告）の主張を認める。
貸室から大麻吸引器具が押収されており、賃借人の大麻所持は貸室と無関係にされたものではない。	—	賃貸人の主張を認める。
上記経緯により、賃借人との信頼関係は破壊された。	争う。	賃貸人の主張を認める。

事　実　経　過

平成20年1月10日	賃貸人は、賃借人に対し、次の特約を付して貸室を賃貸した（以下「本件契約」という。）。なお、賃借人は、当時、相撲の力士であった。 【特　約】 ①　賃借人又は入居者が次の各号のいずれかに該当する場合には、

	賃貸人は何ら催告を要せず直ちに本件契約を解除することができる（以下「本件無催告解除条項」という。）。 　⑦　賃借人又は入居者の行為が貸室を含めた建物内の共同生活の秩序を乱すと認められるとき 　④　賃借人又は入居者が、覚せい剤使用・暴行・傷害脅迫・酒乱・精神障害等により、警察の介入を生じさせたとき並びに賃借人が死亡若しくは解散したとき 　⑨　賃借人が破産の宣告・強制執行・銀行取引停止・刑事事件等その他社会的信用を失墜したとき ②　上記解除がされた場合、賃借人は賃貸人に対し、違約金として賃料等の2か月分を支払う。
平成20年8月18日	賃借人は、大麻取締法違反の容疑により逮捕された。警視庁は、上記容疑に基づき、貸室を捜索し、大麻吸引器具を押収した。
平成20年8月27日	賃貸人は、賃借人に対し、本件無催告解除条項違反に基づき、本件契約を解除する意思表示をするとともに、【特　約】②の違約金として、賃料等の2か月分の支払を求めた。
平成20年10月27日	賃借人は、賃貸人に対し、貸室を明け渡した。

裁判所の判断理由

　賃借人が、大麻取締法違反の容疑により逮捕されたこと、警視庁が、上記容疑に基づき、貸室を捜索し、大麻吸引器具を押収したことは前記前提事実のとおりである。

　大麻の所持については、大麻取締法24条の2により、成人であれば5年以下の懲役を科し得る犯罪行為であり、決して軽いものではない。また、賃借人が著名人であったことが影響していると思われるものの、上記の逮捕、捜索及び押収等の一連の手続について、社会から注目を集めたことは公知の事実であり、建物内において犯罪行為が行われたことにより、近隣住民が不安を抱いたであろうことは想像に難くない。さらに、上記一連の手続が執られた後、賃借人に対して法定解除の前提としての催告をしたとしても、近隣住民が抱いた不安が払拭されるものでもない。

　そうすると、賃借人の上記行為は、建物内の共同生活の秩序を乱し、覚せい剤使用等により、警察の介入を生じさせ、刑事事件等その他社会的信用を失墜したものであるというべきであるし、本件無催告解除特約に基づく解除は有効であると言わざるを得ない。

第5章　利用に関する違反行為等　　189

解　　　　　説

1　賃借人の逮捕と賃貸借契約の解除（逮捕解除特約のない場合）

　賃借人が何らかの犯罪行為によって逮捕された場合、賃貸人としては、その賃借人との賃貸借契約を直ちに解除したいと考えることも多い。また、他の入居者等において逮捕の事実が知られることとなった場合には、他の入居者等からも、賃貸人に対してそのような要望が申し入れられることもある。

　もっとも、最初に注意しなければならないのは、逮捕の段階では、あくまでも犯罪の容疑をかけられている状態であり、裁判で有罪判決が下されるまでは、無罪の推定が働くということである。

　したがって、賃貸借契約に賃借人の逮捕を無催告解除事由として定める特約がない場合には、逮捕されたという一事をもってして賃貸借契約を直ちに解除することは、困難なことが多いといわざるを得ない。

2　逮捕解除特約に基づく解除について

　では、賃借人が逮捕された場合に、無催告で解除することができる旨の特約が定められていた場合はどうであろうか。

　この場合も、他の義務違反事案同様、信頼関係が破壊されたか否かによって、その解除の可否が判断され、当然に無催告解除が可能となるわけではない。そして、その判断要素としては、当該犯罪行為の内容（近隣住民を被害者とするものか、また、近隣住民への悪影響を及ぼしかねない罪名であるか）及び重大性、当該犯罪行為と貸室との関連性、近隣住民の認識等がポイントとなろう。

3　本件における裁判所の判断のポイント

　本件は、「賃借人が覚せい剤使用等により警察の介入を生じさせたとき」、「賃借人の行為が建物内の共同生活の秩序を乱すと認められるとき」、「賃借人が刑事事件等社会的信用を失墜したとき」を無催告解除事由と定める賃貸借契約の賃借人が、大麻取締法違反容疑で逮捕され、貸室の捜索及び大麻吸引器具の押収を受け、賃貸人による無催告解除がなされた場合において、裁判所は、大麻所持の罪が決して軽いものではなく、逮捕、捜索及び押収等の一連の手続について社会から注目を集め、近隣住民が賃借人の貸室内での犯罪行為について不安を抱いたであろうことは想像に難くない等として、当該無催告解除の有効性を認めた事案である。

　本件では、賃借人が現役力士であったこともあり、社会の耳目を集め、近隣住民に

もその犯罪行為が周知のものとなった事案であるという要素が、信頼関係破壊の有無の判断に多少は影響しているものと考えられ、大麻取締法違反容疑で逮捕された場合に、当然に解除が認められるものと一般化することまではできないが、同種の事案において参考になるものである。

第5章　利用に関する違反行為等　　191

39　マンションの一室の賃借人の子が、共用部分で排泄物を漏らすなどした
が、その後、賃借人が子に対する監督を強めたという経緯があるとし
て賃貸借契約の解除が認められなかった事例

（東京地判平27・2・24判時2260・73）

信頼関係破壊の判断ポイント

賃貸人の主張	賃借人の主張	裁判所の判断
賃借人（被告）の長男が、 ・マンションの他の住戸のドアにマニキュアをつけた。 ・マンションの通路付近で大便を漏らした。 ・マンションの通路付近に竹輪及び納豆ご飯を放置した。	長男が左記各行為をしたことは認めるが、これらの行為を行ったのが長男であると判明したため、長男に対する監督を強めたところ、その後は同様の事態は生じていない。	賃貸人（原告）の主張する行為がなされた事実は認める。
賃借人の長男が、上記の他、居室の玄関前等にティッシュに包まれたご飯等を複数回放置した。	不知又は否認する。	当該行為を賃借人の長男が行ったことを裏付ける的確な証拠はない。
上記の行為により、信頼関係が著しく破壊された。	争う。	賃借人の長男の年齢、行為の内容及び程度、賃借人が長男に対する監督を強めたという経緯に照らし、賃貸人と賃借人との間の信頼関係が破壊されたと評価

		することはできない。

事 実 経 過	
平成25年1月14日	賃貸人は、賃借人とマンションの一室について、賃貸借契約を締結した（以下「本件契約」という。）。 なお、本件契約では、以下の規定が定められていた。 【禁止事項】 ・異臭の発生等近隣の迷惑となる一切の行為 ・落書き、ごみの放置など公序良俗に反する行為 【解除条項】 賃借人又は居住者が、上記禁止事項に違反したとき
平成26年4月4日ないしそれ以前	賃借人の長男（当時6歳）が以下の行為を行った。 ・マンションの他の住戸のドアにマニキュアをつけた。 ・マンションの通路付近で大便を漏らした。 ・マンションの通路付近に竹輪及び納豆ご飯を放置した。
平成26年4月4日	賃貸人が設置した防犯カメラの映像により、上記各行為を行ったのが賃借人の長男であると判明し、警察から連絡を受けた賃借人は、長男から話を聞き、長男に対する監督を強めた。
平成26年5月22日	賃貸人が賃借人代理人に対し、賃借人の長男の迷惑行為は解除条項に該当し、信頼関係を継続的に維持することは難しいなどとして本件契約を解除する旨意思表示した。

裁判所の判断理由

　賃借人の長男が、当時6歳であったこと、本件各行為の内容及び程度、賃借人は平成26年4月4日時点で、警察からの連絡により、長男から話を聞き、長男に対する監督を強めたという経緯に照らし、本件契約の継続が困難である程度まで、賃貸人と賃借人との間の信頼関係が破壊されたと評価することはできず、また、本件解除条項所定の事由が存在するということもできない。

　以上によれば、本件契約が解除されたものとは認められない。

第5章　利用に関する違反行為等　　193

解	説

　本件は、賃借人一家がマンションに入居して数ヶ月後に、当時6歳の長男によって、①マンションの他の住戸のドアにマニキュアをつける、②マンションの通路付近で大便を漏らす、③マンションの通路付近に竹輪及び納豆ご飯を放置するという行為がなされたという事実は認定されたものの、賃貸借契約上の信頼関係の破壊が否定された事案である。

　賃貸人は、賃借人の長男が行った迷惑行為は上記①ないし③以外に、居室の玄関前等にティッシュに包まれたご飯等を複数回放置した等主張した上で、長男のこれらの行為は、単なる子どものいたずらのレベルを超えており、かかる行為は今回の被害者だけでなく、他の入居者にとっても極めて不快なものであるとし、長男の行為が賃貸借契約上の禁止事項に該当し、ひいては契約解除事由に該当するとして、信頼関係を継続的に維持することは難しいなどとして本件契約を解除する旨意思表示した。

　裁判所は、①ないし③の行為を除いては、賃借人の長男が行ったことを裏付ける的確な証拠はないとしつつ、仮に賃貸人の主張を前提としても、賃借人の長男の年齢、行為の内容及び程度、賃借人が長男に対する監督を強めたという経緯に照らし、賃貸人と賃借人との間の信頼関係が破壊されたと評価することはできないと判断した。

　本件では、契約上、異臭の発生等近隣の迷惑となる一切の行為、落書き、ごみの放置など公序良俗に反する行為について、禁止事項として明確に定められ、禁止事項違反があれば契約解除事由となることも明文化されていた。賃借人の長男が行ったのが①ないし③の行為に限られるとしても、これらの行為は形式的には契約上の禁止事項ひいては契約解除事由に該当する。しかしながら、裁判所は上記の各事情を掲げ、信頼関係の破壊を否定したものであり、同種事案における信頼関係破壊の有無を判断するに当たり、迷惑行為の内容、程度その他の考慮すべき要素に関し、参考となる。

　なお、本件では、賃貸人から賃借人に対して、責任無能力者（長男）の監督義務を懈怠したとして損害賠償請求もなされたところ、裁判所は、賃借人は、長男に対し、マンションの共用部分に、排泄物その他の人の嫌がる物を置いたり、他の者が居住する部屋の扉に落書きしたりしないように、教育・指導すべき義務を負っており、監督者としての義務を懈怠していたとして、長男の行為によって汚損したカーペットの張り替え費用や清掃費用相当額を損害として認めたものの、マンションの他の入居者をホテルに避難させた費用や、同入居者が賃借人の長男の行為を理由としてマンションから退去したことによる損害については、相当因果関係を否定し、認めなかった。

<参考となる判例>

○戸建て住宅の賃貸借の事案において、賃借人が無用に大きなラジオ音を発生させていたことは認められるものの、条例の音量基準を超えていたと認める証拠はないこと等を理由として、賃貸借契約の解除が認められなかった事例（東京地判平18・6・26（公刊物未登載））

第5章　利用に関する違反行為等　　195

| コラム | 賃貸人の義務違反 |

　本書では、賃借人の義務違反に基づく賃貸借契約の解除の可否を取り上げているが、賃貸借契約においては、賃貸人側にも、契約の目的に従って賃貸借物件を使用収益させる義務、修繕義務（民606①）等の義務を負っており、その不履行によっては、賃借人からの解除、損害賠償請求、又は賃料減額請求が認められる場合がある。

　以下では、賃貸人側の義務違反が問題となった判例を二つ紹介したい。特に二つ目の判例においては、他の賃借人に対して度を超えた迷惑行為をする賃借人が存する場合に、他の賃借人との関係で、当該迷惑行為をする賃借人との賃貸借契約を解除して退去を求める行為に出なかったことを賃貸人の義務違反として認定しており、賃貸人として、参考にしておくべき判例といえる。

①　賃貸人がビルに居酒屋を入居させたことにより、賃借人のオフィスとしての貸室利用が妨げられたとして賃借人からの解除及び賃料減額が認められた事例（東京地判平10・9・30判時1673・111）

　＜概　要＞

　賃借人が、雑居ビルの3階及び6階を、一体性を保ちながらオフィスとして使用することを目的に同ビルの所有者から賃借していたところ、賃貸人が同ビルの4階及び5階に大規模な大衆居酒屋を入居させた結果、1台しかないエレベーターが夕方以降は同居酒屋の客によって継続的に使用される状況となり、賃借人の社員や賃借人を訪問した顧客のエレベーターによる円滑な移動が妨げられた等として、3階の賃貸借契約についての賃借人からの解除及び6階の賃貸借契約についての1割の賃料減額が認められた事案である。

　＜判　示＞

　本件ビルの賃貸人としては、貸室自体を使用収益可能な状態にしていれば、賃貸人としての使用収益させる義務を履行したとはいえず、貸室の使用収益をさせる前提として、各貸室に至る共用通路や階段、エレベーター等の移動経路についても、単に通路等の空間を提供しさえすれば足りるというものではなく、賃借目的に従った貸室の利用時間帯は、貸室への出入りが常時支障なくできるようにすることにより、貸室を使用収益するのに適した状態に置く義務を負っているものと解するのが相当である。

　とりわけ、本件ビルにおいては、他に実用可能な階段やエレベーターがなく、6人乗りの狭い本件エレベーターが唯一の昇降手段であることからすると、本来、150人

もの顧客が出入りするような大衆居酒屋が、途中階の4、5階に入居することは、本件ビルにとって構造的に予定されていなかったものといえる。

そうであれば、本件ビルの賃貸人は、A（大衆居酒屋）を入居させたからには、他の賃借人が各自の貸室にたどり着くのに支障がないよう、上下の移動手段ないし経路の確保、増設等の措置を講じるべき義務を負うに至ったものと認めるのが相当である。そして、特に本件3階契約をなした目的が、本件貸室（6階貸室）と本件3階貸室との間を賃借人の従業員が行き来しながら賃借人の東京支店としての一体的利用を図る点にあることは、前記で認定したとおりであるところ、賃借人の残業時間帯である夕刻以降における本件エレベーターの前記利用状況とこれによってもたらされた、あるいは本件3階貸室を実際に利用し始めることにより予想される賃借人にとっての利便に照らして考えると、本件貸室と本件3階貸室との間を賃借人の従業員が行き来しながら一体的利用を図るという、賃借人が本件3階貸室契約を締結した目的は、終日不能というわけではなく、かつ、完全に不能というわけではないものの、一部（＝夕刻以降の残業時間帯）において不完全にしか達せられなくなっているものと認めることができる。そうすると、本件3階貸室の賃貸人には、賃借人に対し契約の目的を達するべく本件3階貸室を使用収益させる義務について、不完全履行があったものと評価せざるを得ない。そして、賃借人は、賃貸人に対し、本件エレベーターの利用問題につき善処方を申し入れても、何ら改善がなされず、改善の見込みがなかったのであるから、賃借人は、賃貸人に対し、民法611条2項を類推適用して、本件3階契約を使用収益させる義務の一部不完全履行により解除できるものというべきであり、賃借人による本件3階に関する契約の解除は有効であるといわなければならない。

② 他の賃借人の異常行動を理由とした元賃借人からの損害賠償請求が認められた事例（大阪地判平元・4・13判タ704・227）

＜概　要＞

とある貸室の上階に部屋の賃借人が従前から音に異常なほど過敏であり、事あるごとに近隣居住者の住居に怒鳴り込み、ドアを足蹴りし、暴力を振るうといった異常な生活妨害行為を行っていた場合において、賃貸人が、これを知り、ないしは容易に知ることができたにもかかわらず、当該貸室に新たな賃借人を入居させたことが住居として円満な使用収益ができる状態で引き渡す義務に違反し、かつ、入居後も上階の迷惑行為者との賃貸借契約を解除して明渡しを求めることもせず、住居として円満な使用収益ができる状態を維持し、それが侵害されている場合にはこれを回復する義務を怠ったとして、退去した当該貸室の元賃借人からの賃貸人に対する損害賠償請求（財産上の損害及び慰謝料）が認められた。

第5章　利用に関する違反行為等　　197

＜判　示＞

1　一般に人の住居に使用される建物の賃貸借契約においては、賃貸人は賃借人に対し、いわゆる使用収益させる義務として、賃貸借の目的物である建物を人の住居（ちなみに、これには、当事者がその契約において当然の前提としている一定の平穏さが要求される。）としての円満な使用収益ができる状態（以下「本件状態」という。）で引き渡すべき義務があるというべきであり、そして、このことは本件賃貸借契約についても妥当するから、賃貸人は本件賃貸借契約に基づいて賃借人に対し201号室を本件状態で引き渡すべき義務があったというべきである。

　　しかるところ、本件で、Aは、音に異常な程過敏でかつ粗暴であるところから近隣居住者の通常の生活から必然的に発生する各種の音（以下「生活音」という。）に対し異常な反応を示し、その生活音を発生させた近隣居住者に対し「音がうるさい。」と怒鳴り込み、立腹の余りその仕返しと称して301号室において日常的に故意に騒音等を発生させ、時には暴行脅迫に及ぶというもので、Aのこのような生活妨害行為のため、殊にAの居住する301号室の真下に当たる201号室は賃借人の入居前から、誰が入居したとしてもその物的設備を通常の用法に従って円満に使用できないのみならず人として通常の平穏な生活を営むことができず、このことによる不利益や精神的苦痛は通常人の受忍限度をはるかに越えていたものと認められるから、201号室は賃借人の入居前から本件状態を欠いていたものというべきであり、また、本件で賃貸人は賃貸人管理課職員が賃借人の前居住者からAの生活妨害行為につき数回相談を受けていたことから右事実を知りないしは容易にこれを知ることができたものと認めるのが相当であるから、賃貸人が本件状態を欠くまま201号室を賃借人に引き渡したことは、賃貸人の賃借人に対する義務の不履行に当たるというべきである。

2　のみならず、本件で賃貸人は本件賃貸借契約に基づいて賃借人に対し201号室の引渡後も201号室につき本件状態を維持すべき義務があり、したがって、例えば本件のように第二者の侵害行為により201号室について本件状態が阻害された場合には、かかる義務に基づいて能う限り侵害行為を排除して201号室につき本件状態を回復すべき義務があるというべきである。

第5 協力義務違反

40 賃貸マンションの賃借人が、賃貸マンションの漏水調査・修繕（保存行為）に協力しなかった場合に、賃貸借契約の解除が認められた事例

（東京地判平26・10・20（平25（ワ）34512））

信頼関係破壊の判断ポイント

賃貸人の主張	賃借人の主張	裁判所の判断
賃借人（被告）は、正当な理由なく建物の保存に必要な行為（漏水調査）について協力しようとしない。	以前の漏水時に調査済みである。	賃貸人（原告）の主張を認める。
―	賃借人が、これまで調査に協力しなかったのは、賃貸人の対応に問題があったからである。また、賃貸人は、調査の実施に関する協議、交渉を一方的に拒絶した。	賃借人の主張は認められない。
これらの契約違反により、賃貸人と賃借人間の信頼関係は破壊された。	争う。	信頼関係破壊を認める。

事 実 経 過

平成15年3月25日	賃借人は、前賃貸人との間で、貸室について、賃貸期間を平成15年4月1日から平成17年3月31日までとして、賃貸借契約（以下「本件契約」という。）を締結した。
平成21年3月31日まで	賃借人と前賃貸人は、2年ごとに本件契約を更新した。 そして、平成21年3月31日付の契約更新により賃貸期間は平成23年3月31日までとなった。

平成22年9月30日	賃貸人が前賃貸人から、本件契約における貸主の地位を承継した。
平成23年3月	賃貸人は、管理会社を通じて賃借人との間で契約更新について協議したものの難航し、合意更新に至らなかったため、法定更新がなされた。 なお、賃貸人は、更新に当たり、賃借人より緊急連絡先は誰もいないとの話があったため、「賃借人死亡時の処理に関する覚書」（以下「本件覚書」という。）を作成する等して、合意更新及び本件覚書の締結に向けた交渉を行っていた。
平成23年5月24日	契約更新に関する交渉の中で、賃借人より、貸室で漏水があるとの話があったために漏水調査を実施し、更なる追加調査の必要があることを確認した。
平成23年6月7日	本件覚書の文言に関するやり取りの中で、賃借人は、賃貸人側管理会社の担当者の対応に苦情を申し立て、その後、賃借人は合意更新や漏水調査に関するやり取りに応じなくなった。
平成23年11月9日	賃貸人が前訴（明渡請求訴訟）を提起した。
平成24年9月19日	前訴の期日における協議により、賃借人が漏水調査に応じたため、賃貸人は前訴の請求を放棄した。
平成25年5月31日	貸室の階下の賃借人から、賃貸人に対し、浴室天井に漏水が生じているとの一報がなされた。
平成25年6月3日	賃貸人側にて貸室の階下の居室について調査を実施したところ、漏水原因の特定のためには貸室への立入調査が必要であることを確認した。
平成25年6月20日	賃貸人（賃貸人側管理会社）は、賃借人に対して貸室の立入調査への協力を求めたものの、賃借人は「また、どうせ言いがかりだろう。」と言ってこれを拒否した。
平成25年12月16日	貸室の階下の賃借人が、漏水調査が進まないことを理由に退去した。
平成26年1月15日	賃貸人から賃借人に対し本件契約を解除する旨の意思表示がなされた。

裁判所の判断理由

建物賃借人は、賃貸人が行おうとする賃貸建物の保存行為に対する受忍義務を負っ

ているから（民606②）、建物保存のための調査や工事を当該賃借人の賃借部分で実施する必要があるときは、賃借人は、正当な理由なくして自己の賃借部分への立入り等を拒むことができない。

　したがって、賃貸人が協力を要請する調査や工事が本件建物の保存に必要と認められるにもかかわらず、賃借人がこれを正当な理由なくして拒むときは、本件契約上の債務不履行を構成する。

　なお、賃借人が本件での漏水に係る立入調査の協力を求められた際に断った背景には、賃借人が賃貸人側に対して苛立ちと不信感を募らせていたことが影響していると考えられる。

　賃借人がこうした不信感を抱いた事情について、賃借人は、①平成24年5月24日に行われた貸室の漏水調査に関し、管理会社担当者は当初業者が同行すると述べていたのに、実際には1人で来て写真だけを撮って帰っていったこと、②本件覚書の内容に関するやり取りの中で、管理会社担当者は、弁護士から説明の電話があると伝えておきながらその後1週間も連絡がなかったこと、③更新契約書の条項や文言について、賃借人が繰り返し削除を求めている部分が残されていたことを挙げており、さらに、平成23年6月7日のメールからすると、④本件覚書の冒頭部分に「乙に親類縁者がなく」との文言を入れる提案があったことが、賃貸人側管理会社との交信を拒絶する直接の契機になったものと思われる。しかしながら、上記の各事情は、賃貸人側において、賃借人の主張するような「虚偽の言動を繰り返す」との評価を受けるものとはいえない。

　また、賃貸人が賃借人を退去させようとしていると認めるべき事情もなく、かえって、賃借人との契約更新や漏水発生時の対応からすれば、賃貸人は、賃借人を含む住民らとの信頼関係の構築に十分配慮していることが窺える。

　こうしてみると、賃借人が管理会社担当者や賃貸人に対して抱いた不信感は、何ら合理的な理由のない独善的なものであって、かかる不信感が基礎となった本件漏水に関する調査拒絶という対応も、やはり不合理なものといわざるを得ない。

　そして、賃貸人側では、立入調査を拒絶する賃借人の翻意を促すべく、賃借人に対する説明を繰り返し行うほか、事態の切迫性も訴えており、賃貸人としては、賃借人の対応が不合理であることを認識しつつも、賃貸人としてなすべき努力を十分に尽くしていたと評価することができる。

　それにもかかわらず、賃借人の回答は、本件漏水とは全く関係のない、貸室の設備等の修繕等を求めるものであり、かつ、その完全実施を漏水調査への協力の条件とするかのような内容であったのであるから、この段階において、賃貸人と賃借人との信頼関係は破綻されるに至ったというべきであり、賃貸人による解除は有効である。

第5章　利用に関する違反行為等

解　　　　説

　本件は、賃借人の貸室の階下にて漏水事故が発生したことに伴い、賃貸人において漏水調査を実施したところ、漏水の原因を特定するためには賃借人の貸室への立入りが必要であることが判明したにもかかわらず、賃借人においてかかる調査に協力しなかったことを理由として、賃貸借契約の解除が認められた事例である。

　民法606条2項は「賃貸人が賃貸物の保存に必要な行為をしようとするときは、賃借人は、これを拒むことができない。」と定めており、賃借人は、賃貸人による保存行為に対する受忍義務を負っていることから、賃借人が正当な理由なく保存行為への協力を拒んだ場合、債務不履行を構成することとなる。

　問題は、いかなる場合に保存行為への協力拒否を理由とする契約解除が認められるか（当事者間の信頼関係が破壊されたといえるか）であるが、この点について本判決は、本件の経緯（賃貸人及び管理会社担当者と賃借人との間でのやり取り）を詳細に認定した上で、賃借人が保存行為への協力を拒否するに至った理由やその正当性、あるいは、賃貸人によるこれまでの対応状況から、賃借人による協力拒否が合理的といえるかという観点からの判断を行っている。

　賃貸人といえども、賃借人の承諾なく貸室内に入室することはできないのが原則であり、それゆえ、例外的に入室する場合には、賃借人の要望に配慮する必要があることは当然である。

　それゆえ、保存行為への協力義務違反を理由に賃貸借契約の解除が認められるのは、賃貸人において保存行為に協力してもらうように説明を尽くしたにもかかわらず、それでも合理的理由なく賃借人がこれを拒否するような場合に限られるものと解される。

　なお、ここにいう合理的理由の有無については、保存行為の必要性や緊急性等を踏まえ実質的に判断されることとなるが、仮に、過去において、賃貸人の賃借人に対する対応に不適切な点があったとしても、そのことをもって保存行為を拒否する理由とはならず、例えば、賃借人の側で、当該保存行為を実施する必要がないことを基礎付ける等、保存行為を希望する賃貸人の利益を無視することを正当化するだけの相当な理由が必要になるものと考えられる。

　本件は、賃貸物の修繕等に関する賃借人の協力義務、及びその義務違反による賃貸借契約の解除の可否が問題になった珍しい事案であり、かかる争点について、具体的な事実認定を行った上判断を示したものとして、参考となるものである。

第6章　商業テナント特有の問題

第1　業態変更

41 賃借人が、貸室の用途をマリンスポーツ店から若者向けクラブに変更し、そのための大幅な原状変更工事を行った場合において、契約解除が認められた事例 （東京地判平3・7・9判時1412・118）

信頼関係破壊の判断ポイント

賃貸人の主張	賃借人の主張	裁判所の判断
賃貸借契約（以下「本件契約」という。）において、貸室の使用目的は、マリンスポーツ店の事務所、店舗とされたが、賃借人（被告）は、かかる使用目的に違反し、貸室をクラブ（飲食店）として使用している。	貸室は、マリンスポーツの会員の集会所、懇談所として用いるもので、会員に飲食を提供することを予定しており、本件契約の締結に際しても、賃借人は、かかる目的を明示し、賃貸人（原告）側の承諾を得ている。	賃借人の主張を排斥し、賃貸人の主張を認める。
本件契約で、貸室の原状変更は、賃貸人の書面による承諾を要すると規定されているが、賃借人は、賃貸人に無断で、エレベータからの出入口の封鎖、便所の物置への改造、エレベータホールへの便所の設置等を行っている。	これらの工事については、工事の終了後に賃貸人側の承諾を得ている。 なお、エレベータの出入口を塞いだのは、賃借人において建物の2階全部を賃借したため、クラブを利用する会員には階段を使用させ、エレベータを使用させないほうが3階より上に居住する居住者に迷惑にならないであろうとの考えによるもので、悪意はない。	賃借人の主張を排斥し、賃貸人の主張を認める。

第6章　商業テナント特有の問題　　203

これらは、賃貸人と賃借人との信頼関係を破壊する行為である。	争う。	信頼関係の破壊を認める。

	事　実　経　過
平成2年3月14日	賃貸人は、賃借人に対し、賃貸人所有の建物（以下「本件建物」という。）の2階部分（以下「貸室」という。）を、概要以下の条件で賃貸した（以下「本件契約」という。）。 ①　賃　　料　　　　月33万8,000円 ②　期　　間　　　　平成2年3月15日から3年間 ③　使用目的　　　　マリンスポーツ店の事務所、店舗 ④　原状変更の禁止　賃借人は、賃貸人の書面による承諾を得なければ、貸室の修理、改造、模様替えその他原状を変更する一切の工事をしてはならない。
平成2年6月～9月	賃借人は、本件建物の2階のエレベータからの出入口を塞ぎ、貸室の改装工事をし、2階の便所部分を物置に改造し、代わってエレベータホール部分に便所を設け、本件建物の外壁に「○○○○」の看板を取り付けた。
平成2年9月中旬以降	賃借人は、貸室において、女性に接客させて酒食を提供し、グランドピアノを置き、カラオケの設備を置いて客に利用させた。
平成2年11月8日	賃貸人は、賃借人に対し、信頼関係の破壊を理由として本件契約を解除する意思表示をした。なお、賃貸人は、同年12月17日及び平成3年3月12日の裁判での弁論期日においても、契約解除の意思表示を行っている。

裁判所の判断理由

1　使用目的について

　本件での貸室は、机を入れれば、そのまま事務所として利用することができる状態で、事務所として賃貸することが予定され、電気及び水道は利用できたものの、居住用又は飲食店営業用の他の階と異なり、ガスの配管はされていなかった。また、賃借人の当時の代表者Aとしても、不動産仲介業者や、賃貸人から本件建物の賃貸等を任

されていたBに対し、賃借人が本件建物の近隣で営業しているマリンスポーツ用品の販売店が手狭であるため、その会員向けのダイビングツアーの企画等の際の集会所及び説明の場所として利用するために賃借したいと述べるとともに、ダイビングの講習会及びダイビングツアーへの参加者の募集のためのパンフレットを示すなどした。さらに、Aは、本件契約の締結に際しても、Bに対し、貸室において、会員に対してコーヒーを供することがあることは説明したものの、酒食を提供する店舗として利用することは述べなかった。

そして、本件契約書では、貸室をマリンスポーツ店の事務所、店舗に使用することが目的であると明確に規定されている。

ところが、賃借人は、平成2年9月中旬頃から「○○○○」の営業を開始し、同クラブにおいては、グランドピアノ及びカラオケの設備を置き、女性従業員に接待させ、販売価格が1本20万円から30万円に及ぶ酒を含め、酒食を提供している。これは、風俗営業等の規制及び業務の適正化等に関する法律（風営法）3条の許可を要するものであるが、賃借人は、当該許可を受けていない。

これらの事実関係、経緯等からすれば、Aは、当初から貸室を酒食を提供する営業に利用する意図を有しながら、それを隠し、嘘の事実を言って賃貸借契約を締結し、かつ、原状変更工事の間、所有者側の反対の意向には一切耳を貸さず、法の要求する許可をも得ることなくクラブの開店にまで至ったものと認められる。

これに対し、賃借人は、本件契約を締結する際、貸室をマリンスポーツの会員の集会所、懇談所として、会員に飲食を提供する施設とすることについて、賃貸人側の承諾を得たと主張するが、本件契約書上の使用目的の記載に反する上、前記記載の事実経過及び本件建物の3階以上の部分が住居に利用されていることをも考慮すると、賃貸人側で貸室を深夜に及ぶ営業のために賃貸することを承諾したとは認められない。

2　改修工事について

本件契約締結後、賃借人は、貸室の床のリノリウムを剥がし、天井の電気の配線にも手を加え、2階のエレベータの近くに新たに便所を設け、従前の便所の部分を物置に変え、ガスの配管工事をした。また、賃借人は、本件建物の1階入り口の上部と2階の道路に面した窓側に窓を全面的に塞ぐ大きさの「○○○○」の看板を取り付けた。

このように賃借人は、本件契約が締結されるや、契約書の明白な文言にも反し建物の構造に悪影響を及ぼしかねない工事をするなど、本件建物をまるで我物のごとくに手を加えたものである。

第6章　商業テナント特有の問題　　205

　賃借人は、かかる工事について、工事の終了後に賃貸人側が承諾を与えたと主張するが、工事の内容が契約書に明示された目的と異なる利用に適するようにするためのものであるにもかかわらず、賃貸人が工事を承諾したことを示す書面等の客観的証拠を提出していないばかりか、工事に着手する前には工事内容を示す図面を賃貸人に交付していないというのであり、賃貸人側が賃借人のした工事に承諾を与えたものとは到底認めることはできない。

3　結　論
　これらの認定事実、特に、賃借人が賃借した他人所有の家屋の床のリノリウムを剥がし、便所を移設し、従前なかったガスの配管工事をし、建物の入り口及び貸室の外壁面に看板を設置し、また、女性に接客させ、酒食を提供することは、それが賃貸人との合意なくしてされた場合は、それだけで、賃貸借契約の当事者間の信頼関係を破壊するに足りる行為で、平成2年11月8日付けの意思表示による契約の解除は有効と是認し得る。

解　　説

　本件は、賃借人が、賃貸借契約書に定められた使用目的（マリンスポーツ店）と全く異なる用途（クラブ）で貸室を使用し、かつ、その使用のため、貸室の原状を大きく変更する工事を行った事案である。

　裁判所は、使用目的の大幅な変更及び賃貸人の承諾なくなされた貸室の原状変更工事から、信頼関係の破壊を認め、賃貸人による契約解除を有効と判断した。

　この点、本件では、賃貸借契約書において、使用目的をマリンスポーツ店の事務所、店舗とすること、及び賃貸人の書面による承諾を得なければ、貸室の原状変更工事が許されないことが明記されているにもかかわらず、賃借人が、これと異なる用途（クラブ）で貸室を使用し、また、原状変更工事について書面による承諾がなされていないことが客観的に認められるのであって、これらの事実をもってすれば、信頼関係の破壊が比較的容易に認められると思われる事案である。もっとも、裁判所は、賃借人が、使用目的の変更及び貸室の原状変更工事のいずれについても、賃貸人又はその代理人の承諾を得たと主張していたこともあって、賃貸借契約締結に至る経緯、契約締結の際の賃借人の説明、貸室を含めたビルの設備や使用状況等を具体的に認定し、かつ、賃借人の貸室での事業が風営法3条に違反することも認めた上で、それらも理由と

して賃借人の主張を全て排斥し、解除の有効性を認めたものである。本件は、賃借人が契約違反行為の存在を争い、違反行為について、賃貸人の承諾があった等主張する場合に、賃貸人側から指摘すべき点を示した事例判決として、参考になる。

＜参考となる判例＞

○用途を麻雀店の営業として賃貸された店舗につき、賃借人がゲームセンターに用途変更し、全面的に改装を行ったことが、賃貸人との信頼関係を破壊するものとして、賃貸借契約の解除を認めた事例（東京地判昭60・1・30判時1169・63）

○用途を活版印刷作業所として賃貸された貸室につき、賃借人が写真印刷作業所に用途変更し、それに伴う原状変更工事を行ったが、変更の経緯、変更前後の業種の性質等から、変更等は賃借人との信頼関係を破壊するものではないとして、賃貸人による解除が認められなかった事例（東京地判平3・12・19判時1434・87）

第6章　商業テナント特有の問題　　207

42　契約書上、貸室の用途が「店舗」とだけ定められ、業種について明確な制限はないものの、20年以上ファッション関係の営業店舗として使用してきた賃借人が、賃貸人から許可を得られなかったにもかかわらず、アイスクリーム販売店に店舗の用途変更をし、大幅な内装工事を行った場合において、契約解除が認められた事例

（東京地判平元・1・27判タ709・211）

信頼関係破壊の判断ポイント

賃貸人の主張	賃借人の主張	裁判所の判断
賃貸人（原告）は、昭和43年頃から、賃借人（被告）に建物（以下「本件建物」という。）を賃貸し、以後更新を繰り返してきたが、当初から、本件建物の用途はファッション関係の店舗であり、契約更新時の賃貸人と賃借人との話合いでも、当該用途としての使用が前提とされていたから、本件建物の使用目的は、ファッション関係の店舗として合意されてきたところ、賃借人は、かかる使用目的に違反し、本件建物の用途をアイスクリーム販売店に変更した。	本件建物の賃貸借契約(以下「本件契約」という。)の使用目的には、「店舗」として使用すること以外に何の制限もなされていない。	賃借人の主張を排斥し、賃貸人の主張を認める。
賃借人は、前記用途変更の目的を秘し、ファッション関係の店舗としての使用を継続する前提で、賃貸人に原状変更工事を承諾させたが、かかる承諾は錯誤により無効である上、賃借人が	本件建物がファッション関係の店舗に適さないから、今後は本件建物にふさわしい業種に変更して使用するため、改装を申し出て賃貸人の承諾を得たものであり、改装がファッション関係	賃借人の主張を排斥し、賃貸人の主張を認める。

行った工事は、賃貸人の承諾の範囲を大幅に超えている。	の店舗と限定されていたことはない。また、改装は、賃貸人の承諾の範囲でなされている。	
本件契約では、本件建物の店舗名称の変更、賃借人の従業員以外の者の使用は、賃貸人の書面による承諾を要するとしているが、賃借人は、これらの約定に反し、店舗名称を変更し、他の会社の従業員等を稼働させた。	賃貸人が指摘する名称はアイスクリームの商標に過ぎず、店舗名称の変更には当たらない。また、店舗の経営も従前どおり、賃借人の代表者が行っている。	用途の限定について、賃借人の主張を排斥し、賃貸人の主張を認める。
これらは、賃貸人と賃借人との信頼関係を破壊する行為である。	争う。	信頼関係の破壊を認める。

事　実　経　過	
昭和43年頃	賃貸人は、賃借人に対し、本件建物を賃貸し、以後、本件契約は、更新を繰り返しながら、昭和61年まで継続してきた。 なお、本件契約において、本件建物の賃貸の目的は、単に「店舗として使用すること」とされ、書面上、業種の限定はなされていなかったが、賃借人は、本件建物の賃借後、一貫して、本件建物でファッション関係の店舗を経営してきた。
昭和61年4月12日	賃借人は、賃貸人に対し、本件建物の改装を申し入れ、賃貸人と賃借人との協議の上、最終的に、賃貸人は、同年6月12日、本件建物の表面ウインドウ、日除け、内部便所の一部とケース部分の置換えにつき、賃借人が賃貸人に提出した図面どおり改装することを承諾した。
昭和61年7月10日頃	賃借人は、賃貸人に対し、本件建物でアイスクリーム販売店を開業したい旨告げたが、賃貸人は、これを認めない旨述べ、さらに同月18日到達の内容証明郵便で、前記販売店の開業とそのための工事を中止すること、前記図面どおりの改装をすることを申し入れた。
昭和61年7月18日	賃借人は、賃貸人からの内容証明郵便を受領した後も改装工事を続行し、昭和61年7月18日、本件建物において、アイスクリーム販売店

	を開業した。
昭和61年7月25日	賃貸人は、賃借人に対し、信頼関係の破壊を理由として本件契約を解除する意思表示をした。

裁判所の判断理由

　本件建物の賃貸の目的は、単に「店舗として使用すること」と合意されていたにすぎないことが認められ、それが賃貸人主張のようにファッション関係の店舗に限定される旨の明確な合意が当事者間でなされていたことを窺わせる証拠は全くない。

　しかし、賃貸借のような当事者間の信頼関係を基礎とする継続的契約関係においては、長年にわたる事実状態が契約の内容、秩序を形成していくことが多いことに鑑みると、本件のように、約20年近くもの間、賃借人が本件建物をファッション関係の店舗として使用してきた事実は、本件契約を律する上で決して無視することができないと解せられ、これを類型の異なる他業種に変更する場合には、少なくとも信義則上、賃貸人の期待を裏切らないよう配慮する義務があるであろう。

　改装工事について、賃貸人は、賃借人からの申入れを受け、本件建物の表面ウインドウ、日除け、内部便所の一部及びケースの置換えを図面どおりに改装することを承諾したが、賃貸人は、かかる承諾に際し、賃借人の改装は従来どおりファッション関係の店舗としての改装であると理解していた。

　そして、賃借人が実際に実施した改装工事の内容は、本件建物の前面ウインドウ部分の全部の取り壊し、内部の天井、床及び側面壁の全ての取り外し、水道メータからの本件建物内の配管の全部の変更、本件建物前面のウインドウ上の壁面への「○○○○アイスクリーム」という看板の設置など、賃貸人が書面により承諾した範囲を大幅に超えるものであった。

　なお、賃借人が、賃貸人に対し、改装工事の承諾を得る際、用途変更を秘匿したことについて（当事者間に争いがない事実）、賃借人は、賃貸人に改装工事の承諾を申し込む前、和議手続開始を申し立て、その手続の中で、本件建物で賃借人が「○○○○コーンズ」の専属的販売店としてアイスクリームの販売店を開業することを条件に、資金を融資するというスポンサーがいて、これを受け入れることにしていたところ、和議債権者の妨害等を予想し、和議認可決定まではアイスクリーム販売店の開業を裁判所等の関係者以外には積極的に明らかにしない方針であったことが認められ、賃借人における業種変更とその秘匿には会社の再建上やむを得ぬ面もあり、また改装が本

件建物の躯体部分に変更を加えず、将来の修得が可能なものであり、かつ、賃借人内部の経営実態や本件建物における営業状態等が従前とほとんど大差がないことが認められる。

しかしながら、賃貸人に対する関係では、賃借人は、事前に業種変更を賃貸人に告知せず、業種の変更が改装の場所、程度等に影響のあることは経験則上明らかであるのに、そのことを秘し、賃貸人をして従前の業種のままで改装するものと誤信させ、お互いに話し合って文書まで作成し確定した改装の範囲を著しく超える工事を行ったものであり、これは賃貸人に対する背信的行為と言わざるを得ない。

したがって、本件契約は、その基礎となる信頼関係を失うに至ったものと認められ、賃貸人の解除は有効である。

解　　説

本件は、賃借人が、約20年、貸室をファッション関係の営業店舗として使用してきたところ、貸室の用途をアイスクリーム販売店に変更し、改装工事を行った事案である。

裁判所は、本件での賃貸借契約書において、貸室の用途は、「店舗」とだけ定められ、その業種について制限はなされていなかったことを認めつつ、賃貸借のような当事者間の信頼関係を基礎とする継続的契約関係においては、長年にわたる事実状態が契約の内容、秩序を形成していくことが多いとした上、本件で、賃借人が、約20年近く貸室をファッション関係の店舗として使用してきたことを重視し、賃借人が他の業種に用途を変更する場合には、信義則上、賃貸人の期待を裏切らないよう配慮する義務があるとした。そして、賃借人の用途変更がかかる義務に違反するとし、また、用途変更の際になされた原状変更工事も、賃貸人による工事の承諾は、用途変更がないことを前提としていたものにすぎない上、実際になされた工事としても、賃貸人の承諾を大幅に超えるものであったとして、信頼関係の破壊を認め、賃貸人による解除を有効と判断した。

本件の判決は、賃貸借契約上、業種の限定がなされていないにもかかわらず、その後の店舗の利用状況等から、賃借人が、用途変更をするに際しては、信義則上、賃貸人の期待を裏切らないよう配慮する義務があるとした点に特色があり、同様の事案において、参考となるものである。

また、判決では、賃貸人側の事情のみならず、賃借人側の事情（判決は、業種転換につき、和議手続開始において、賃借人は、外部の者に業種転換を積極的には伝えな

第6章　商業テナント特有の問題　　211

い方針であり、それらは、会社の再建上やむを得ぬ面もあったとしたほか、改装についても、躯体部分に変更を加えておらず、将来の修得が可能なものであったとし、これらを賃借人側で酌むべき事情としている。）を考慮しつつも、賃借人が事前に賃貸人に業種変更を伝えず、賃貸人の承諾の範囲を大幅に超えた工事を行ったことは、背信行為であると言わざるを得ないと判示しており、信頼関係の破壊の有無を判断するに際しての利益考慮としても参考となるものである。

＜参考となる判例＞

○賃借人が、貸店舗を物品販売のみに使用し、かつ、使用方法につき他の賃借人に配慮する旨の調停条項に反し、貸店舗を倉庫及び荷造り作業場としてのみ使用した事案において、当該貸店舗は、物品販売を目的として作られ、商店街の一郭にあって商店街を構成しており、これが物品販売に用いられなければ、商店街の美観を害し、他の賃借人の営業に迷惑をかける等の理由から、賃貸人の解除を有効とした事例（東京高判昭55・6・20判時971・55）

212　　第6章　商業テナント特有の問題

43　商店街を構成する賃借区画であり、「店舗」としての利用が前提とされ
　　ていたが、賃借人が物置として利用し、店舗として利用しなかった場合
　　において、賃貸人による契約解除が認められた事例

（東京高判昭55・6・20判時971・55）

信頼関係破壊の判断ポイント

賃貸人の主張	賃借人の主張	裁判所の判断
過去に賃貸人（原告・被控訴人）と賃借人（被告・控訴人）が行った訴訟上の和解において、貸室がある建物（以下「本件建物」という。）が商店街の一部を構成する建物であるという特殊性に鑑み、賃借人は、1階にある貸室の使用目的を物品販売に限定し、使用方法につき、本件建物の他の1階店舗の賃借人に対する配慮義務を負うことを認めたにもかかわらず、賃借人が、これに違反して、貸室を店舗に使用せず、シャッターを下ろし、物置として使用しており、当該違反は度重なるものである。	賃借人の取扱商品が生ぶどうであって、時節外れの期間に貸室のシャッターを下ろし、看板の電気を点灯しないことがままあったからといって、無催告解除を許容すべきほどの信頼関係を破壊する契約違反があったとはいえない。	賃借人の主張を排斥し、賃貸人の主張を認める。
上記は、賃貸人と賃借人との信頼関係を破壊する行為である。	争う。	信頼関係の破壊を認める。

事　実　経　過

昭和29年頃	賃借人は、賃貸人の兄から商店街の一部を構成する旧建物を賃借し、これに居住して青果物の販売業を営んでいたが、昭和34年に、商店

第6章 商業テナント特有の問題 213

	街の向かい側に店舗兼居宅を取得し、同店舗においてぶどう等の卸、小売りを行うようになり、以後次第に旧建物のほうでは商品の販売を行わず、これを物置同然に使用するに至った。
昭和44年頃	賃借人は、上記のとおり賃貸人の兄から旧建物を賃借していたが、旧建物を取り壊して、賃貸人が鉄筋コンクリート造3階建物（本件建物）を建築する計画が立てられ、賃貸人側が、賃借人に対して旧建物の明渡しを求める調停を申し立てた。
昭和45年6月22日	賃借人において旧建物を明け渡すこと、賃貸人が賃借人に対して、新しく建築する本件建物の1階の一部（貸室）を賃貸すること等を内容とする調停が成立した。
昭和46年2月26日	賃貸人が賃借人に対して、以下の約定をもって、貸室を賃貸する旨の賃貸借契約（以下「本件契約」という。）が締結された。 ① 賃貸人は賃借人に対し、貸室を物品販売を目的として賃貸する。賃借人は、この目的以外に貸室を使用してはならない。 ② 貸室は本件建物の一部であり、他の賃借人と共に商店経営のために使用するものであるから、他の賃借人に迷惑を及ぼし、又は品位を傷つけるような使用方法はしない。 ③ 賃借人が当該約定に違反したときは、賃貸人は何らの催告を要せず、本件契約を解除することができる。
昭和48年12月	賃借人が、従前と同様、営業の中心を向かい側の賃借人所有店舗におき、貸室を販売用店舗に使用せず、空箱を置き、もみがら入りの麻袋、単車等を収納するなどして、物置として使用していたことから、賃貸人は、賃借人に対して、本件契約を解除する旨意思表示し、貸室の明渡し等を求める訴訟を提起した。
昭和50年12月20日	賃貸人と賃借人との間で、以下の内容を含む和解が成立した。 【和解条項】 1 前記①及び②の約定を含めた本件契約が有効に存続している。 2 賃借人が前記①及び②の約定に違反したときは、賃貸人は何らの催告を要せず、本件契約を解除することができる。 3 賃借人は、解除があったときは直ちに貸室を明け渡す。
昭和51年1月頃～4月初め頃	賃借人は、昼間でも時々店のシャッターを半分くらい開ける程度で、仮に開けたとしても、店内には、商品（ぶどう等）の入った箱が雑然と置いてあるほか、空箱が積んであるだけで、店員もおらず、商品の販売はほとんど行われていない。
昭和51年4月頃～6月	賃借人は、朝から店のシャッターを下ろし、一日中ほとんど開けることなく、夜間も看板に照明せず、貸室は、仕入先から運ばれてき

	た商品を、車から下ろして向かい側の賃借人所有店舗に運ぶか卸売先等に発送するまでの間、一時保管し、また当該発送のための荷造り作業をする場所として使われた。また、このような使用形態について、本件建物の他の1階店舗の賃借人からも賃貸人に苦情申入れがなされていた。
昭和51年6月16日	賃貸人は、賃借人に対し、内容証明郵便をもって、前記【和解条項】1項違反を理由に、本件契約を解除する旨意思表示をした（同内容証明郵便は同月18日に賃借人に到達。）。

裁判所の判断理由

　本件契約において定められた、①賃貸人は賃借人に対し、貸室を物品販売目的として賃貸する、②賃借人は①の目的以外に貸室を使用してはならない、③貸室は本件建物の一部であり、他の賃借人と共に商店経営のために使用するものであるから、他の賃借人に迷惑を及ぼし、又は品位を傷つけるような使用方法はしないという各約定（以下併せて「本件約定」という。）は、貸室の使用目的を物品販売に限定し、かつ、使用方法につき他の賃借人に対する配慮義務を定めるものであるが、右のような約定をした趣旨は、本件建物が○○通りという商店街の一部を形成しており、そのうち1階部分は商品を販売する店舗として使用されることを本来の目的として作られているものであり、貸室がそのように使用されないときは、商店街としての美観が害され、他の本件建物一階店舗部分の賃借人が営業上迷惑を被ることとなるので、前記のとおり賃借人が従前旧建物を物置同然に使用してきた経緯にも鑑み、賃借人に今後は貸室を必ず商品の販売用店舗として使用してもらうという点にあった。

　その上で、裁判所が認定した事実に基づいて考えるに、たとえ1月から6月頃までが生ぶどうの最盛期でないことを考慮しても（右期間中も生ぶどうが市場に出回らないわけではないし、他に関連商品も多数存する。）、遅くとも昭和51年4月頃以降の賃借人の貸室の使用は、使用目的を物品販売に限定し、使用方法につき他の賃借人に対する配慮義務を定めた本件約定に違反するものであり、賃貸人は本件和解条項の定めるところにより催告なくして本件契約を解除することができるものと認むべく、したがって、賃貸人のした前記解除の意思表示は有効であるといわなければならない。賃借人は、右違反の程度では賃貸借当事者間の信頼関係を破壊するほどの契約違反があったとはいえず、無催告解除は許されないとすべきであると主張するが、本件和解成立に至るまでの従前の経緯及びその後の賃借人の貸室の使用状況につき認定したところに

照らすと、本件においては、和解条項にその旨が明記されているにもかかわらず賃貸人が無催告にて契約を解除することを許さないものとしなければならないような理由は見出し難い。賃借人が自らの貸室の使用状況が格別非難されるべきものではないことを証する証拠として提出する証拠は、これらに関する原審及び当審における賃借人本人の供述とあわせて検討してみても、いまだ、賃借人に本件和解条項の違反があり、賃貸人において本件契約を無催告にて解除し得るとの前記判断を左右し得るものではなく、他に右判断を左右すべき証拠はない。

解　　　説

　本件は、賃借人が、本件和解条項に定められた使用目的を遵守することなく、貸室を使用した事案である。

　裁判所は、債務不履行に基づく賃貸借契約の無催告解除の特約が、訴訟上の和解条項に存する場合についても、いわゆる信頼関係破壊の法理の適用はある旨判示した最高裁判例（最判昭51・12・17判時848・65）を踏襲した上で、本件の事実関係に基づき、賃貸人と賃借人との間に信頼関係の破壊があったとして、賃貸人による無催告解除を認めたものである。

　この点、本件では、①本件和解成立に至るまでの従前の経緯及び②本件和解成立後の賃借人の貸室の使用状況につき、詳細な事実認定を行い、当該認定事実に照らせば、無催告解除の効力を認めることが合理的とはいえないような特別な事情があるとは認められない（信頼関係は破壊している）と判断されている。

　すなわち、まず前記①（和解までの経緯）について、本件では、調停を経て、貸室の使用目的を物品販売に限定し、かつ、使用方法につき他の賃借人に対する配慮義務を定めた本件約定を含む内容の本件契約が締結された、それにもかかわらず、賃借人が当該調停前と同様に本件約定に違反する貸室の使用状況を継続した、さらには、賃貸人が提起した前訴において、再度、本件約定を含む本件契約の存続を確認する内容の本件和解が成立した、というように、賃借人の違反行為が継続する状況下で、本件約定が複数回確認されているという事実経緯が認められることを、さらには、前記②（和解後の貸室の使用状況）については、賃借人が、本件和解成立後間もなくして、従前と同様（調停前や本件和解前と同様）に、貸室を商品販売ではなく物置として使用するという使用目的違反行為に及び、ひいては他の賃借人に対する配慮に欠いた使用方法を執ったという事実が認められることを重視し、その賃借人の悪質性を捉えて、信頼関係の破壊を認めたものである。

本件は、賃借人が使用目的違反の程度が信頼関係の破壊に至っていないと主張して、当事者間の和解条項違反を理由とした本件契約の無催告解除の有効性が争われたところ、和解成立に至るまでの経緯及び和解成立後の使用状況を詳細に検討した上で、賃借人の主張を排斥し、信頼関係の破壊があると判断したという点で、事例判決として参考になる。

＜参考となる判例＞

○裁判上の和解調書に、賃料の支払を1か月でも怠ったときは、賃貸借契約は無催告解除できる旨が規定されていたとしても、1か月分の賃料不払により当然に信頼関係が破壊されるとはされず、解除が否定された事例（最判昭51・12・17判時848・65）

第6章　商業テナント特有の問題　　217

44　賃借人が貸室の用途を活版印刷作業所から写真印刷作業所に変更した場合において、賃貸人による契約解除が認められなかった事例

（東京地判平3・12・19判時1434・87）

信頼関係破壊の判断ポイント

賃貸人の主張	賃借人の主張	裁判所の判断
過去に賃貸人（原告ら2名）と賃借人（被告）が行った訴訟上の和解において、貸室の使用目的を印刷工場に限るとともに、貸室の改造、変更その他の大修繕を禁止する旨合意した。	認める。	—
賃借人は、活版印刷の工場兼事務所から、写真印刷のための製版の作業場兼事務所に変更した。	用法違反に該当しない。	賃貸人の主張を認める。
賃借人は、賃貸人に無断で、玄関の木製戸をアルミサッシ戸に変更し、1階の床にコンクリートを流して平らにし、1階に天井を設け、2階に新たに部屋を作るという増改築工事を行った。	増改築違反に該当しない。	増改築禁止特約違反を認める。
上記は、賃貸人と賃借人との信頼関係を破壊する行為である。	争う。	信頼関係の破壊までは認められない。

事 実 経 過	
昭和46年3月31日頃	前賃貸人（原告らの父）は、賃借人に対して、賃貸人所有の建物（以下「本件建物」という。）を賃貸し（以下「本件契約」という。）、以降、賃借人は，本件建物を活版印刷の工場兼事務所として使用していた。
昭和62年10月16日	前賃貸人の賃借人に対する賃料増額請求訴訟において、本件建物の賃貸借契約の期間及び賃料につき合意するとともに、以下の特約条項（以下「本件特約条項」という。）のある和解が成立した（以下「本件和解」という。）。 ①　賃借人は、本件建物を「現状のまま印刷工場として使用する」ものとし、他の目的に使用してはならない。 ②　賃借人は、本件建物につき、その賃貸借契約の本旨に従い、改造、変更その他の大修繕をしない。
昭和63年頃	賃借人は、得意先から、他の取引先は写真印刷に切り替えているのに、賃借人が活版印刷を続けるのでは賃借人への発注が困難であるとして、写真印刷に転換するよう要請された。
平成元年2月17日	前賃貸人が死亡し、賃貸人が本件建物を共同相続し、本件契約における賃貸人たる地位を承継した。
平成元年12月頃	賃借人は、賃貸人に無断で、本件建物を、従前の活版印刷の工場兼事務所から、写真印刷のための製版の作業場兼事務所に変更するとともに、次の工事（以下「本件工事」という。）を実施した。 ①　玄関の木製戸をアルミサッシ戸に変更した。 ②　1階の床にコンクリートを流して平らにした（従来のコンクリート床にあった穴を埋め戻した。）。 ③　1階に天井を設けた。 ④　2階に新たに部屋を作った。 ただし、②から④につき、その態様については争いがある。
平成2年3月27日	賃貸人は、賃借人に対して、原状回復するよう催告した。
平成2年4月9日	賃貸人は、賃借人に対して、本件建物の無断増改築を理由に本件契約を債務不履行解除する旨の意思表示をした。

裁判所の判断理由

1　本件特約条項について

賃借人は、元々、本件建物が古くて埃も落ちることから、改装しない限り写真印刷には不向きで、写真印刷に転向するには多額の資金が必要である上、技術の違いから高齢の職人を使うことができなくなるとの考えから、本件建物で写真印刷をする計画を有していなかった。

しかるところ、賃貸人は、本件和解において、本件建物の使用目的を印刷工場に限り、併せて本件建物の改造、変更等を禁止しておけば、近い将来、賃借人は活版印刷業を継続することができなくなって本件建物を明け渡すであろうと考え、従前の賃貸借契約書には存しなかった本件特約条項を申し入れることで、賃借人に対して、本件建物を写真印刷のための工場にはしない旨を黙示に申し入れた。これに対して、賃借人は、上記の考えであったことから、本件特約条項を入れることに同意することで、黙示にこれを承諾した。

2　用法違反について

賃借人が、本件建物を写真印刷のための製版の作業場に変更したことは、本件建物を写真印刷のための工場にはしない旨の本件特約条項に違反したと認められる。

3　増改築禁止特約違反について

本件工事は、いずれも本件建物の改造又は変更に該当することから、賃借人が本件工事を実施したことは、本件特約条項に違反したと認められる。

4　信頼関係を破壊しない特段の事情の有無について

(1)　写真印刷の製版作業は、活版印刷作業と比較し、静かで清潔な作業であり、本件建物を製版の作業場として使用すること自体が、直ちに賃貸人に対して、不都合、不利益をもたらすものとはいえない。

また、賃借人が写真印刷への転換をした平成元年12月当時、活版印刷から写真印刷への転換は印刷業界の趨勢となっていたところ、賃借人は、得意先から、活版印刷では賃借人への発注が困難であるとして、写真印刷に転換するよう要請されたことを受けて、やむなく写真印刷に転換したもので、本件建物明渡し時期を先に延長する目的で殊更にしたものではない。

(2)　本件工事は、本件建物で写真製版の作業をするために、防犯、防塵及び防振動上通常必要とされる範囲内の工事で、本件建物に恒久的かつ重大な影響を与えるもの

ではない。

　すなわち、本件工事のうち①の工事（玄関の木製戸をアルミサッシ戸に変更）については、防犯上も機能上も劣る古い木戸から、これらに優れ、一般的に普及しているアルミサッシ製のものへ変更したものであり、本件建物の価値を高めこそすれ、その保存状態に悪影響を及ぼすものではない。

　本件工事のうち②の工事（1階の床にコンクリートを流して平らにする）については、本件建物内には従前から相当重い活版印刷の機械が何台か設置されていたことに照らすと、賃借人はもともとコンクリートで覆われていた床面の所々にあった活版印刷機の油をためる穴にコンクリートを流し込んで埋め戻す程度の工事をしたにすぎない。

　本件工事のうち③の工事（1階に天井を設ける）については、既存の梁等を利用して1階部分作業場の一部にベニヤの吊り天井を吊るしたにすぎず、これを撤去して原状回復することもさほど困難ではない。

　本件工事のうち④の工事（2階に新たに部屋を作る）については、従前倉庫となっていた2階の空間の一部を、ベニヤ板とガラスの引き違い戸を取り付けることで間仕切りをし、ベニヤ板の天井を設けて独立性をもたせた程度の簡易なものにすぎず、これを撤去して原状回復することもさほど困難ではない。

5　結　論

　これらの事実関係に鑑みれば、賃借人が行った写真印刷作業所への用法変更及び本件工事は、その目的、内容及び本件建物に及ぼす影響等を総合考慮すれば、いずれも、賃借人が印刷の仕事を継続していく上で行ったいわば不可避的ともいうべき変更であり、本件建物に恒久的かつ重大な影響を加えるものではないと認められる。

　以上のことから、賃借人のこれらの行為は、近い将来活版印刷が継続できなくなって本件建物の明渡しを受けることができるであろうとの賃貸人の期待に反するものではあるが、なお、賃借人としての信頼関係を破壊しない特段の事情があると認めるのが相当であり、賃貸人による本件契約の債務不履行解除は認められない。

		解　　　　説		

　本件は、賃借人が、本件和解において特約事項として定められた使用目的を遵守することなく、従前の活版印刷の工場兼事務所から、写真印刷のための製版の作業所兼事務所に変更するとともに、本件工事を実施したことにつき、用法違反及び増改築禁止特約違反という本件特約条項違反を認めつつも、いまだ賃貸人と賃借人との間に信頼関係の破壊があったとまではいえないとして、賃貸人による債務不履行解除を認め

なかったものである。

　この点、本件では、写真印刷作業所への用法変更及び本件工事について、①目的、②内容、及び③本件建物に及ぼす影響等に関し、それぞれ詳細な事実認定が行われた。すなわち、①目的については、賃借人が写真印刷作業所への用法変更を行ったのは、本件建物の明渡し時期を先に延長する目的で殊更になしたものではなく、得意先からの働きかけによりやむなくした不可避的なものであって、また、本件工事は、本件建物で写真製版の作業をするために、防犯、防塵及び防振動上通常必要とされる範囲内の工事であると認定した。加えて、②内容及び③本件建物に及ぼす影響等について、写真印刷の製版作業は静かで清潔な作業であることから、本件建物を製版の作業所として使用することが直ちに賃貸人にとって不都合、不利益ではなく、また、本件工事は、いずれも、比較的軽微な工事で、原状回復もさほど困難ではないことから、本件建物に恒久的かつ重大な影響を加えるものではないと認定した。

　そして、かかる詳細な事実認定のもとでは、用法違反及び増改築禁止特約違反がなされたことで、近い将来活版印刷が継続できなくなって本件建物の明渡しを受けることができるであろうとの賃貸人の期待に反するとはいっても、その目的、内容、及び本件建物に及ぼす影響等に鑑みれば、いまだ賃貸人と賃借人との信頼関係が破壊されたとまでは認められないと判断したものである。

　本件は、賃借人の行為が用法違反及び増改築禁止特約違反に該当すると明確に認めながらも、その違反の目的、内容及び影響（程度）等を詳細に検討した上で、信頼関係の破壊があったとまでは認められないと判断したという点で、事例判決として参考になる。

＜参考となる判例＞
○用途を麻雀店の営業として賃貸された店舗につき、賃借人がゲームセンターに用途変更し、全面的に改装を行ったことが、賃貸人との信頼関係を破壊するものとして、賃貸借契約の解除を認めた事例（東京地判昭60・1・30判時1169・63）
○賃借人が無断模様替禁止特約に反した場合であっても、それらが軽微なもので、さらに以前にも無断で模様替や補修等をしたが、隣に住む賃貸人から何ら苦情を言われたこともなかったという事情のもとでは、いまだ賃貸人との信頼関係が破壊されたとはいえないとして、賃貸借契約の解除を認めなかった事例（東京地判昭61・10・31判時1248・76）
○賃借人が、貸室の用途をマリンスポーツ店から若者向けクラブに変更し、そのための大幅な原状変更工事を行った場合において、契約解除が認められた事例（東京地判平3・7・9判時1412・118）

第2 設備・看板等の無断設置

45 店舗の賃借人が賃借建物の側面に自動点滅式の看板を設置したことが特約で禁じられた「付属設備の新設」に当たるとして、契約解除が認められた事例 （東京地判昭60・10・9判タ610・105）

信頼関係破壊の判断ポイント

賃貸人の主張	賃借人の主張	裁判所の判断
賃借人（被告）は、賃借部分の外面のほとんどを占め、多数の電球が配備され、自動点滅して外部からは回転して見える看板を新設した。	認める。ただし賃貸人（原告）から権限を授与された管理会社から承諾を得た。	賃借人の主張を排斥し、賃貸人の主張を認める。
争う。	賃貸借契約当初よりも集客上の悪条件が発生した。	賃借人の主張を認めるが、賃借人においてリスクを負担するべきである。
賃貸人は、賃借物件（以下「本件建物」という。）の美観に細心の注意を払っていた。	単に看板の華麗さがあったにすぎない。	賃貸人の主張を認める。
看板の設置を認めると屋上に設置した看板の看板料収入にも影響が生じる。	―	認める。
これらの契約違反により、賃貸人と賃借人間の信頼関係は破壊された。	争う。	信頼関係破壊を認める。

事 実 経 過

昭和56年4月2日	賃貸人と賃借人は、次の約定で建物賃貸借契約（以下「本件契約」

第6章　商業テナント特有の問題　　　223

	という。）を締結した。 ・期　間　昭和56年5月1日から昭和58年4月30日まで ・特　約　賃借人が本件建物の模様替え、付属設備の新設、その他 　　　　　全て原形を変更しようとするときはあらかじめ賃貸人の 　　　　　承諾を得た上、賃貸人の指示に従って施工するものとし、 　　　　　その費用は賃借人の負担とする。
昭和57年3月	日曜日に、賃借人が本件建物の北東側及び北西側にそれぞれ看板（以下「本件看板」という。）を設置した。 本件看板は、賃借人の賃借部分の外面のほとんどを占める立体構造物であり、周囲に多数の電球が配備され、回転するように点滅する。 賃貸人は賃借人に対して直ちに本件看板の撤去を求めたものの、賃借人が応じなかった。
昭和57年3月19日	賃貸人は、管理会社により、本件看板の電源を切った。
その後	賃貸人は、賃借人に対し、本件看板の撤去を求め、口頭並びに書面で再三催告を行うも、賃借人は応じようとしなかった。
昭和57年6月24日頃	賃貸人は、賃借人に対し、内容証明郵便にて、本件看板を撤去しないときは契約解除もあり得る旨を警告した。
昭和57年6月30日	賃借人は、賃貸人に対し、本件看板の設置は契約違反でなく、仮に違反していたとしても信頼関係を破壊するほどのものではない旨回答した。
昭和57年7月29日	賃貸人は、賃借人に対し、本件契約の解除を通知した。

裁判所の判断理由

　貸しビル経営者は、どのようなテナントを入居させ、当該ビルをいかなる形態のビルとするかの自由を有しており、賃貸人による本件建物のテナントに対する看板設置についての特約に基づく制限は不合理ではない。

　賃借人は、看板設置の制限を含め、賃貸人による本件建物の経営についての基本方針を十分認識しており、本件看板設置の承諾を賃貸人に求めても承諾を得られないか、あるいは、承諾が得られるにしても、何らかの対価（承諾料）ないし交換条件（賃料増額等）が付されることが明らかであるため、賃貸人に経済的損失を与えるであろうことや賃貸人による統一的なビルの管理・運営を困難にするであろうことを知りつつ、あえて無断で、かつ抜き打ち的に日曜日を選んで本件看板を設置したと推認することができる。

このような賃借人の態度や賃貸人が本件看板の撤去を求めたことに対する賃借人の対応は、本件看板の設置を既成事実化し、更に正当化しようとする自己本位的なものと言わざるを得ない。

他方、賃借人による本件建物における営業が想定よりも不振に陥っていたとしても、それはマーケットリサーチの不備等賃借人がその責任を負担すべきであって、かつ、集客上の悪条件の発生は賃貸人の関知しない事情によるものであることに照らすと、賃貸人の前記不利益を無視してまで本件看板の設置を容認することはできず、したがって、賃借人の本件看板設置行為がいまだ背信行為と認めるに足りない特段の事情があるとは到底認め難い。

解　　　説

本件は、賃貸物件で飲食店を経営していた賃借人が、事前に予測し得なかった集客条件の悪化（歩道橋の移設等）が生じたことをきっかけとして、集客力を高めるべく、賃貸人に無断で本件建物に看板を設置したことを理由に、賃貸人による賃貸借契約の解除が認められるかが争われた事案である。

裁判所は、一般論として、貸しビル経営者は、どのテナントを入居させるかや、美観の点を含め、貸しビルを全体としてどのような形態とするかといった点についての自由を有しているとした上で、本件において、賃借人は、賃貸人の本件建物の美観維持に関する基本方針を知っていながら抜け駆け的に本件看板を設置していることや、その後の対応等の悪質性を指摘し、本件看板の設置行為について背信行為と認めるに足りない特段の事情があるとはいえないと判断した。

賃貸人に無断で付属設備の新設が行われた場合には、無断増改築の場合と同様に、当該付属設備の用途や大きさ、構造等のほか、付属設備が新設された経緯や賃貸人から警告や注意を受けた際の賃借人の対応状況等を考慮した上で、具体的な事案において信頼関係の破壊に至っているか否かが判断されることとなる。

これらの点に加え、本判決では、テナントの選定や看板の設置に関する賃貸人の方針に対する影響や当該付属設備の設置が賃貸人に与える経済的な影響についても検討しており、このような賃貸人への損失の発生を知りながら、あえて無断で本件看板を設置し、そして「既成事実化し、更に正当化しようとする自己本位的な」賃借人の態度が許容できないと判断していることから、特に、賃借人の対応の悪質性が重視されたものと解される。

第6章　商業テナント特有の問題

　また、本判決については、賃借人が想定より営業不振に陥ったとしても、その責任は賃借人において負担すべきであって付属設備の新設を正当化する理由にはならないとの判示がなされており、この点は、当然のことではあるが参考となるほか、賃貸借契約の締結以降に生じた事情の変更は、それが賃貸人の関知しないものである以上、信頼関係破壊の判断においてこれを信頼関係破壊の否定の方向に解する事情には当たらないとの判示がなされていること（翻れば、賃貸借契約締結以降に生じた事情の変更のうち、賃貸人が関知すべきものについては信頼関係の破壊を否定する方向に解する事情に当たる余地を認めていること）にも留意が必要である。

第6章　商業テナント特有の問題

46　看板設置、共用部分への造作、動産類設置等の契約違反が認められる
　　が、都度対応していること等の事情に鑑み、信頼関係を破壊するとまで
　　はいえないとして、契約解除が認められなかった事例

（東京地判平28・5・23（平26（ワ）10246））

信頼関係破壊の判断ポイント

賃貸人の主張	賃借人の主張	裁判所の判断
賃貸借契約1（1階部分）		
賃借人1（被告1、賃借人2（被告2）の子会社）は、物件の前の公道上に、当該公道の一部をふさぐ形で看板を設置していた。	看板は、前賃借人から承継したものであり、前賃貸人の承諾を得ていた。	賃借人1の主張を排斥し、賃貸人（原告）の主張を認める。たとえ承諾があったとしても公道上の設置は違法であって、正当化されるものではない。
平成20年3月、東京国道事務所より賃貸人が指摘を受けたため、再三にわたり賃借人1に改善を要求したが拒否された。	行政から指摘があった際はその都度看板の位置を変更するなどの対応を行っている。	賃借人1の主張を認める。
契約違反により、賃貸人と賃借人1間の信頼関係は破壊された。	争う。	信頼関係破壊は認められない。
賃貸借契約2（4階部分）		
賃借人ら（賃借人1・賃借人2）は、共用部分である4階階段踊り場部分に、造作・動産類を設	前賃貸人の承諾を得ていた。	賃借人らの主張を排斥し、賃貸人の主張を認め

置していた。		る。
賃借人2は、東京消防庁より改善を指導されたが、直ちに是正を行わなかった。 また、賃貸人は賃借人らに対し、再三にわたり改善を求めたが拒否された。	賃借人らは消防署等からの指摘に対してその都度対応・改善を図っている。	賃借人らは、造作や動産類を既に撤去している。
賃借人らが無断で第三者に転貸又は使用させていることが判明した。	賃貸人が第三者と主張しているのは、いずれも賃借人らの関連会社又は従業員であって、郵便物の受け取りのために便宜上1階の郵便受けに社名等を記載していたにすぎない。	賃借人らの主張を認める。
契約違反により、賃貸人と賃借人ら間の信頼関係は破壊された。	争う。	信頼関係破壊は認められない。

事　実　経　過	
平成16年3月31日	前賃貸人と賃借人2との間で、1階部分について賃貸借契約（以下「本件契約1」という。）を締結した。 ・期　　間　平成16年4月1日から平成18年3月31日まで ・特　　約　賃借人に関連法規又は公序良俗に違背する行為があったときは、賃貸人は、催告を要せず契約を解除できる。
平成16年3月以降	賃借人1は、1階部分の前の公道上に、公道の一部（歩道の幅の4分の1程度）をふさぐ形で看板を設置した。
平成16年4月30日	前賃貸人と賃借人2との間で、4階部分についての賃貸借契約（以下「本件契約2」という。）を締結した。 ・期　　間　平成16年5月1日から平成18年4月30日まで ・特　　約　賃借人が契約条項等に違反し、契約時の信頼関係を失ったときは、賃貸人は、催告を要せず契約を解除できる。
平成17年3月31日	賃借人1が賃借人2から本件契約1の借主たる地位を承継した。

平成18年5月1日	賃借人1が賃借人2に加わる形で、本件契約2の借主たる地位を承継した。
平成19年10月1日	賃貸人が本件契約1及び本件契約2の貸主たる地位を承継した。
平成20年3月	賃貸人が東京国道事務所より、賃借人1が1階部分の前の公道上に設置している看板を敷地内に移動させるよう指導を受けた。
その後（平成20年頃）	賃貸人が賃借人1に対して、数度にわたり看板の撤去を求めたのに対し、賃借人1は指摘を受ける都度、看板を移動させる等の対応を採るものの、数週間で元の位置に戻している。
平成20年4月11日	賃借人らが、共用部分である4階階段踊り場に造作・動産類を設置していたため、賃貸人は、賃借人らに対して改善を求めた。 なお、賃借人らは、平成16年以降、4階階段踊り場に通路をふさぐ形で造作・動産類を設置しており、これについて、消防署から指摘を受けたことがあった。
平成20年7月15日	賃貸人から賃借人らに対し、各賃貸借契約の解除を通知した。
平成26年1月25日	賃貸人から賃借人らに対し、再度、各賃貸借契約の解除を通知した。
時期不明	賃借人らは、4階階段踊り場に設置していた造作・動産類を撤去した。

裁判所の判断理由

1　本件契約1（1階部分）について

　賃借人1による公道上への看板設置行為は、契約書にいう「関連法規又は公序良俗に違背する行為」に該当する。

　もっとも、賃借人1は、平成20年頃、賃貸人から数度にわたり看板の撤去を求められた際には、短期間ではあるものの、指摘を受けた都度看板を敷地内に移動させるなどの対応を行っていること、賃貸人が平成20年以降に看板の撤去等を求めたことをうかがわせる証拠はないことなどからすれば、賃借人1の看板設置行為により、賃貸人と賃借人1との間の信頼関係が破壊されたとまで認めることはできない。

2　本件契約2（4階部分）について

　賃借人らによる4階の共用部分（階段の踊り場部分等）への造作・動産類の設置行為は、契約に違反するものと認められる。

　もっとも、賃借人らが、現在では上記の造作・動産類を既に撤去していることや、

第6章　商業テナント特有の問題　　　229

賃貸人が、平成20年以降に当該造作・動産類の撤去を求めたことをうかがわせる証拠がないこと、当該造作・動産類の設置の態様等に照らせば、賃借人らによる造作・動産類の設置行為が、賃貸人と賃借人らとの間の信頼関係を破壊するものであるとまでいうことはできない。

　無断転貸との主張については、4階部分の郵便受けに複数の第三者の記載が認められるが、かかる事実のみで、これら第三者が4階部分において業務を行っていたと認めることはできず、これに加えて、これら第三者がいずれも賃借人らのグループ会社又は従業員であると認められること、賃借人らが平成18年頃から郵便受けに記載していたにもかかわらず、平成25年に至るまで賃貸人から賃借人らに対して改善の申入れ等がされたことがないことなどからすれば、賃借人らの行為が賃貸人との間の信頼関係を破壊するものであると認めることはできない。

解　　　　　説

　本件では、一棟のビルのうち1階部分と4階部分についてそれぞれ別個の賃貸借契約が成立しており、1階部分は賃借人1が飲食店として利用し、4階部分は賃借人らが事務所として利用していたという状況の下、1階部分の賃貸借契約（本件契約1）については賃借人1が公道上に看板を設置していたことを理由に、4階部分の賃貸借契約（本件契約2）については、賃借人らが共用部分に造作・動産類を設置していたことを理由に、それぞれ賃貸人による賃貸借契約の解除が認められるかが争われた事案である。

　まず、裁判所は本件契約1に関し、①賃借人1は、賃貸人から看板を撤去するよう求められた際には、短期間ながらも都度対応を採っていること、②賃貸人において、平成20年以降、賃借人1に対して看板の撤去を求めたとは認められないことを理由に、信頼関係の破壊にまでは至っていないと判断した。

　もっとも、賃借人1は、賃貸人から看板についての指摘を受ける都度これを敷地内に移動させておきながら、数週間で元の位置に戻しているというのであって、このような事情は賃借人1がその場しのぎの対応を繰り返しているとして、信頼関係の破壊を基礎付ける方向にも働き得る。かかる観点からは、裁判所としては、賃貸人が約5年間にわたり賃借人1による看板の設置を黙認していたことを重視し、本件では当事者間の信頼関係が破壊されているとまではいえないと判断したと解される。

　また、裁判所は本件契約2に関し、①時期は不明であるものの賃借人らは既に造作・動産類を撤去していること、②賃貸人において、平成20年以降、賃借人らに対して造作・動産類の撤去を求めたとは認められないこと、また、③造作・動産類の設置態様

から、本件契約2についても信頼関係の破壊には至っていないと判断した（もっとも、③造作・動産類の設置態様については、判決において具体的な言及はされていない。）。

本件契約2に関して、賃借人らは、造作・動産類の設置につき指摘を受けた際にはその都度対応・改善を図っていると主張していたものの、裁判所は、この点について触れることなく、単に、賃借人らにおいて既に造作・動産類を撤去していることのみを認定している。本来であれば、賃貸人が改善を求めた場合に賃借人らにおいてどのような対応を採っていたかが重要と考えられるが、裁判所は、本件契約2についても、賃貸人からの苦情の申入れ状況を重視して信頼関係の破壊の有無を判断したものと考えられる。

このように、看板や造作・動産類の設置に関して信頼関係が破壊されたか否かを判断するに当たっては、これらの設置態様や注意を受けた際の賃借人の対応のみならず、その前提として、賃貸人がどの程度の頻度、内容において看板等の撤去を求めていたのかという点も重視されることとなる。そのため、仮に、何らかの問題が発生した場合には、賃貸人において問題が改善されるまで継続的に注意を行っていなければ、事実上、これを黙認していたと解される可能性があることに留意が必要である。

第6章　商業テナント特有の問題　　231

第3　店舗の不適切な維持管理

47　ビルの1、2階のテナントである中華料理店が油脂を飛散させて建物を汚し、洗剤でカーテンウォールを腐食させるなどといった約定違反行為があった場合につき契約解除が認められた事例

（東京地判平4・8・27判タ823・205）

信頼関係破壊の判断ポイント

賃貸人の主張	賃借人の主張	裁判所の判断
賃借人（被告）は、貸室を含む賃貸ビル（以下「本件ビル」という。）と隣接するビルとの間に冷房、冷蔵庫の室外機を設置した。	室外機の設置については賃貸人（原告）の承諾を得ている。仮に承諾がなかったとしても、賃貸人は設置後5年間何らの申入れもしておらず、黙示の承諾が認められる。	賃借人の主張を排斥し、賃貸人の主張を認める。
賃借人は、本件ビルに油脂を飛散させている。	否認する。	賃貸人の主張を認める。
賃借人は、油脂を飛散させないことを目的とした排風機やダクトの改修をしない。	否認する。なお、賃貸人が排風機の新設を拒否している。	賃貸人の主張を認める。
賃借人が洗剤や油を流したことにより、貸室のカーテンウォールが腐食した。	否認する。	賃貸人の主張を認める。
これらの契約違反により、賃貸人と賃借人間の信頼関係は破壊された。	争う。	信頼関係破壊を認める。

232　第6章　商業テナント特有の問題

事 実 経 過	
昭和54年2月1日	旧賃貸人と賃借人との間で貸室について、以下の特約を付した賃貸借契約（以下「本件契約」という。）が締結された。 【特　約】 ① 賃借人が現状を変更するときはあらかじめ賃貸人の承諾を得なければならない。 ② 賃貸人の承諾は書面によらなければならない。 ③ 賃借人は賃借物内において衛生上有害、危険、その他近隣の妨害になるような営業その他の行為をしてはならない。 ④ 賃借人は賃借物を善良な管理者の注意をもって保守しなければならない。
昭和57年7月22日	相続により賃貸人（2人）が本件契約における貸主の地位を承継した。
昭和59年	賃借人が隣接ビルとの間に大型の室外機を数台設置した。同年7月、賃借人は本件ビルの屋上に排風機を新設し、ダクトを清掃した。
その後	賃借人は、冷凍肉の血を貸室から垂れ流したり、空き瓶やごみを放置した。賃貸人が賃借人に対し、たびたび排風機やダクトの改修を求めたが、改修方法で話がまとまらず、油脂の飛散は改善されなかった。
平成元年11月28日	賃貸人は、賃借人に対し、室外機を撤去すること、排風機・ダクトを改善すること、カーテンウォールを改修することを要求するとともに、1か月以内に改善されない場合には平成元年12月31日をもって本件契約を解除する旨通知した。

裁判所の判断理由

1　室外機の設置について

　賃借人は、昭和59年に本件ビルと隣接ビルとの間に室外機を設置しているところ、その際、賃貸人に対して、口頭で家庭用冷房機の室外機を多少大きくしたものを設置すると述べただけで明確な回答がないまま室外機を設置しており、かつ、室外機は相当大きなものが数台置かれていて、賃借人は、隣接ビルの所有者から境界をはみ出していることを理由に室外機の撤去を求められている。賃貸人が室外機の設置を承諾していたと認めることはできない。

　したがって、賃借人による室外機の設置は本件契約の約定（注：上記【特　約】①及び②）に反する。賃借人は、本件ビルの屋上に室外機を設置することを賃貸人が拒

否しているために室外機を撤去できないと主張しているが、かかる事実は賃借人の約定違反があるかどうかとは直接は関係しない。

2　油脂の飛散と排風機等の改修について

賃借人は中華料理店を営業しているものであり、かねてから油脂の飛散が激しく、貸室内、本件ビルの屋上や壁、近隣のビル等を汚し、賃貸借契約更新の際にも問題となっていた。賃借人は、昭和59年に排風機の新設、ダクトの清掃工事をして油脂の放出を減少させるようにしたものの、その後も油脂が飛散し屋上等が汚れるため、賃貸人は清掃を定期的に行っていた。これに対し、賃借人は営業上大量の油脂を出すことが避けられないにもかかわらず、昭和59年の改修以降はその対策を講じることなく、排風機やダクトの清掃も不十分であり、冷凍肉の血を貸室から外に垂れ流したり、空き瓶やごみを放置することにも見られるように、全般的に貸室や本件ビル等を清潔にしようとする態度に乏しく、また、賃貸人はたびたび排風機やダクトの改修を賃借人に求めたにもかかわらず、改修方法で話がまとまらず油脂の飛散はそのままになっていた。

以上によれば、賃借人は、油脂の飛散についての管理が十分でなく、貸室を含む本件ビル等を汚し、その対策も怠っていることから、本件契約の約定（注：上記【特約】③及び④）に反する。なお、賃借人は、排風機等の新設を賃貸人が拒否をしているために改善ができないと主張しているが、排風機を新設しないでも改善することは可能であるから、当該主張は認められない。

3　カーテンウォールの腐食について

貸室のカーテンウォールの一部に腐食があるところ、当該腐食は昭和59年に賃借人が改修工事をしたときに発見されたものであり、当該カーテンウォールは、賃借人が洗剤等を流していた流し台が置いてあったところのすぐ下に位置していたことから、当該腐食は賃借人の行為が原因であると考えられる。

したがって、賃借人は不注意な使用方法により貸室を傷めたものであるから、本件契約の約定（注：上記【特　約】④）に反する。

4　賃貸借契約の解除（信頼関係の破壊の有無）について

以上のとおり、賃借人には本件契約の約定違反が認められるところ、約定違反が重なっていることに加え、油脂飛散については、かねてから問題になり、かつ賃貸人は再三注意をしていたにもかかわらず賃借人が改善をしようとしなかったこと、賃借人は全般的に貸室や本件ビル等を清潔にしようとする態度に乏しいと見られること等の

事情を考慮すると、これら約定違反により賃貸人と賃借人の信頼関係は破綻しているものというべきである。

解　　　説

　本件は、貸室にて中華料理店を営む賃借人において、①賃貸人に無断で本件ビルと隣接ビルの間に室外機を設置したこと、②油脂の飛散に対する対策を講じなかったこと、③貸室の一部であるカーテンウォールを腐食させたこと等を理由として、賃貸人と賃借人との間での信頼関係が破壊されたと判断された事例である。

　そして、裁判所は、本件契約の信頼関係が破壊されていると判断するに当たり、「油脂飛散については（中略）かねてから問題になり、かつ原告〔注：賃貸人〕らは再三注意をしていたにもかかわらず被告〔注：賃借人〕が改善をしようとしなかったこと、被告〔注：賃借人〕は全般的に本件建物や原告ビル等を清潔にしようとする態度に乏しいと見られること等の事情を考慮」していることからすると、本件では、各違反行為の中でも特に②油脂の飛散の点が最も重視されたものと解される。

　貸室の維持管理の態様を理由に当事者間の信頼関係が破壊されたか否かを検討する場合には、賃借人による貸室等の利用状況のほか、賃貸人からの是正申入れの頻度や態様、当該是正申入れに対する賃借人の対応に加え、賃借人において採り得る対策の有無やその現実性についても考慮されるものと考えられる。

　本件では、中華料理店の営業という賃借人の事業内容に照らしても、大量の油脂が排出されることが避けられない以上、賃借人において可能な限りの対策を講じるべきであるにもかかわらず、賃借人は、賃貸人からの再三の是正の申入れに対し、賃貸人が拒否する排風機の新設にこだわり、他の対策を講じることなく油脂の排出を継続しており、本判決は、このような賃借人の態度について、具体的な油脂の排出状況のほか、冷凍肉の血を垂れ流す等といった他の事情も考慮した上で、賃貸人の資産である本件ビルを清潔に使用しようとする意識を欠いているとして、背信性の程度が高いと判断したものと解される。

　なお、このほか、本件では、①室外機の設置の点に関し、賃借人による室外機の本件ビル屋上への移設の提案を賃貸人が拒否したことについて、そのような事実は賃借人の約定違反があるかどうかとは直接は関係しないと述べ、信頼関係が破壊されたか否かの検討に当たり考慮要素として挙げていない。すなわち、室外機の設置自体が約定違反であり、賃借人が約定違反状態を作出した以上は、それを是正できないことは専ら賃借人側の問題であり、賃貸人の責めに帰すことはできないとの判断を示したものと解され、この点についても参考となるものといえる。

第6章　商業テナント特有の問題　235

第4　ショッピングセンターにおけるリニューアルへの非協力

48　ショッピングセンターのテナントにおいてリニューアルに協力しなかったことを理由とする契約の解除が認められた事例

（名古屋高判平9・6・25判時1625・48）

信頼関係破壊の判断ポイント

賃貸人の主張	賃借人の主張	裁判所の判断
賃借人（原告・被控訴人）は、賃貸人（被告・控訴人）との間の契約（以下「本件契約」という。）上の定めに反し、ショッピングセンターのリニューアルに伴う一時退店及び改訂された賃貸条件の承諾を拒否した。	賃借人に、賃貸人との交渉過程において、本件契約上の義務違反はない。	賃貸人の主張を認め、賃借人の主張を排斥する。
これらの契約違反により、賃貸人と賃借人間の信頼関係は破壊された。	賃借人の賃貸借の条件変更の許否等は、継続的契約の解除を正当たらしめるような背信性を有しない。	信頼関係の破壊を認める。

事実経過

昭和53年8月8日	A（前賃貸人）は、賃借人に対し、B（オーナー）から賃借していた店舗（以下「本件店舗」という。）を期間2年5か月で転貸した（本件契約）。 なお、本件契約には、契約時の店舗の位置、面積などが、本件店舗を含んだ建物（以下「本件ビル」という。）の設計・店舗レイアウト、法規制などの関係上変更の必要が生じたとき、Aが、賃貸区画の位置、面積、賃貸借料、共益費、建設協力預託金、敷金などの額を改訂することができ、賃借人はこれに異議を述べないとの特約が定められていた。
平成4年12月18日	Aは、自身が本件ビルから撤退することとなり、賃貸人がAのテナ

	ントに対する賃貸人たる地位を引き継ぐこと、賃貸人は、本件ビルを新装オープンする予定であることを発表した（なお、この時点で賃借人は、地位承継には同意していない。）。
平成5年1月25日	Aは、Aと賃貸借契約を締結していた全テナントに対し、賃貸人たる地位が本件の賃貸人に承継されることを承諾する旨記載した承諾書用紙を交付の上、賃貸人において新装オープンするショッピングセンターに引き続き入店を希望する者は、承諾書に押印して提出するよう申し入れた。
平成5年3月	賃貸人は、賃借人を含めた全テナントに改装期間中の一時退店、賃貸条件の改訂について協力を求め、契約条件につき個別折衝を開始した。
平成5年12月6日	賃貸人は、賃貸借条件について賃借人の要望にある程度沿った譲歩案を提示した。
平成5年12月10日	賃借人は、賃貸人の賃料提示額から更に減額を求め、賃貸人がこれに応じないと分かると賃貸人との交渉を拒絶した。なお、賃借人が減額を求めた賃料の額は、16年前にAとの間に決めた賃料額（既に、一般賃料水準を下回るものであった。）を更に下回り、その3分の1にも満たないものであった。
平成6年1月12日	賃貸人がAの賃借人に対する賃貸人の地位を承継した。
平成6年1月14日	賃貸人は賃借人に対し、Aから賃貸人たる地位を承継したことを伝え、交渉を再開するように求めたが、賃借人はAを契約当事者として交渉するとして、交渉に応じなかった。
平成6年2月10日	賃貸人は、賃借人に対し、工事等の都合もあり、平成6年2月15日が入店を希望するタイムリミットである旨告げ、それまでに賃借人から回答がない場合には権利放棄として扱う旨告知した。
平成6年2月28日	賃貸人は、本件ビルを休館して改装工事に着手した。

裁判所の判断理由

　本件契約における貸主の地位は、百貨店のケース貸しと一般の独立店舗の賃貸借の中間的法性格を有するものと解され、本件契約においては、一個の営業体としてのショッピングセンターの一体性の維持とショッピングセンター全体の集客力の維持という共通の利益のために、一般の独立店舗の賃貸借には見られないような、各種の制約を合意されているものといえる。

　そして、本件の賃借人が、地位承継後の賃貸人との間で本件ビルの新装オープン後

第6章　商業テナント特有の問題　　237

の賃貸借条件に関する交渉をしないとの態度を継続したことは、同人が賃貸人であることを否認するものであって、賃貸借の基本である信頼関係を破壊するものであり、また仮にかかる態度が交渉を継続するものと認められたとしても、16年前に前賃貸人との間に取り決めた賃料額を更に下回り、その3分の1にも満たない賃料額を提示するものであって、そのような要求を維持すること自体、賃貸人との間の信頼関係を裏切るものとの評価を免れない。

解　　説

本件は、賃貸借物件である店舗を含むショッピングセンターの改装期間中の一時退店及び賃貸条件の改訂に応じなかった賃借人の態度が信頼関係を破壊するものとして解除を認めたものである。

本来、賃料その他の賃貸条件は、契約当事者間の合意により定められるものであり、その改定についても、借地借家法32条の借賃増減請求権が適用されるような場合を除き、やはり当事者の合意によりなされることになる（契約当事者が、改訂の義務を負うものではない。）。

しかるに、本件のようなショッピングセンターには多数のテナントが入店していることから、全体としての秩序維持が必要であり、本判決においても、そのようなショッピングセンターとしての一体性、及び契約において、賃貸人が賃貸条件を改訂することができるとの規定が設けられていたこと等が考慮されたものである（なお、そのような規定があれば、賃貸人による一方的な賃貸条件の変更が必ず認められるというわけではないことに注意が必要である。）。

この点、リニューアルに協力しなかったテナントに対する解除が認められなかった事例（東京地判平5・9・27判タ865・216）も存在するが、本件では、あくまでも賃貸人からテナントに対して譲歩した賃貸借条件を提示したにもかかわらず、テナントからなされた提案は一般的な賃料水準を大幅に下回っていた点、賃借人が交渉を拒絶する態度を示していた点等を重視して解除を肯定したものであり、解除が認められるかは個々の事実経緯、当事者の対応等を検討する必要があることに注意を要する。

＜参考となる判例＞
○リニューアルに対する非協力があってもその程度が背信的かつ重大なものとはいえないとして賃貸借契約の解除を認めなかった事例（東京地判平5・9・27判タ865・216）

238 第6章 商業テナント特有の問題

49 駅の地下街の賃貸借契約において、賃借人が賃貸人に無断で改装を行うなど契約の規定に反する行為をしたが、背信的かつ重大な違反行為とはいえないとして解除が認められなかった事例

(東京地判平5・9・27判タ865・216)

信頼関係破壊の判断ポイント

賃貸人の主張	賃借人の主張	裁判所の判断
賃借人（被告）は、賃貸店舗（以下「本件店舗」という。）を無断改装したほか、リニューアル計画への不協力、店長等の届出義務違反、防火管理確認票の不提出、無届の休業という契約違反行為に及んだ。	賃貸人（原告）は、駅の地下街のリニューアル計画が思うように進捗しないことから、地下街に多くの店舗を賃借して営業している賃借人に標的を定めて、計画に無条件に協力させるべく、違反の有無を日常的に監視して、軽微な義務違反等をあげつらっているものである。	改装工事の実施は認めるが、賃借人の義務違反の内容及び程度は、背信的かつ重大なものとはいえない。
上記の契約違反により、賃貸人と賃借人間の信頼関係は破壊された。	争う。	信頼関係破壊を認めない。

事　実　経　過	
昭和60年1月29日	賃貸人は、賃借人に対し、本件店舗を賃貸した（以下「本件契約」という。）。なお、本件契約には、以下の特約が定められていた。 【特　約】 ① 無断改装禁止 ② 無断休業禁止 ③ 店長等の届出義務 ④ 防火管理確認票の提出義務 ⑤ 賃借人が契約の約定に違反した場合、賃貸人は契約を無催告解除できる。

第6章　商業テナント特有の問題　　239

平成3年3月始め頃	賃借人は、特約に反し、賃貸人の承諾を得ることなく、空調関係の工事によって内装の一部が取り払われた機会に、本件店舗での営業を休業し、ラーメン店舗であった店舗部分を中華料理店とする内装工事に着手した。
平成3年3月2日頃	賃貸人は、内装工事の着手を発見し、賃借人に対し契約違反であることを指摘した。
平成3年3月4日	賃借人は、賃貸人に対し、本件店舗内の厨房排気設備工事等及び改装工事の承認申請書を提出した。 これに対し、賃貸人は、当時計画していたリニューアル計画に賃借人が協力し、リニューアル時には本件店舗における営業を輸入雑貨販売業等の物品販売に変更することや建設協力金を預託することを承諾し、その趣旨の確認書を賃貸人に差し入れるのであれば上記改装工事を承認する旨を伝えた。
平成3年5月下旬頃	賃借人は、上記確認書を賃貸人に差し入れず、本件店舗の改装工事を続行した。 これに対し、賃貸人は賃借人に工事の中止を求めるとともに上記確認書と同趣旨の覚書を作成し、賃借人の署名押印を求めたところ、賃借人から交渉を委ねられていたAが、賃借人の代表取締役が不在で、後日、代表取締役が署名押印したものと差し替えると伝えた上、被告代理人として覚書に署名したが、賃借人はAの代理権を否定し、その後再三にわたって確認書及び覚書への署名押印を拒否した。
平成3年11月5日	賃借人は、賃貸人の承認を得ることなく、本件店舗の通路側のガラスサッシを撤去して新たにショーウィンドウを設置する改装工事を施工した。
平成3年11月6日	賃貸人は、賃借人に対して、書面にて本件契約を解除する旨の意思表示をした。

裁判所の判断理由

　本件契約の特約条項は、多数のテナントを集団的に規律し、全体としての秩序やショッピングセンター全体の統一的なイメージを維持して、各店舗の共存を図り、あるいは、安全性を確保するという合理的な側面を有するが、他方、賃借人が特約条項に違背したとして賃貸借契約を解除することができるものとするためには、当該義務違背が背信的かつ重大なものであって、地下街のショッピングセンターの店舗という特

殊性を正当に考慮した上での賃貸人と賃借人との信頼関係を破壊するようなものでなければならず、単なる集団的な規律のための手続的な条項への違背をもっては、直ちに賃貸借契約を解除することはできないと解するのが相当である。

　本件では、賃借人が、本件店舗の空調関係の工事によって内装の一部が取り払われた機会に、原状どおりのラーメン店としての内装に復旧することなく、同一系列の飲食店である中華料理店としての内装に変更したものにすぎず、賃借人は、内装工事に着手後であったとはいえ、賃貸人の求めに応じて、改装工事の承認申請書を提出していること、賃貸人は当該承認申請書を条件付きながらも一旦はこれを承認したものであって内装工事自体に承認を拒むべき合理的な理由があったというわけではないこと、賃貸人が承認のために付した条件が重要なものであって、賃借人として直ちにこれに応諾し難いものがあったとしてもあながち無理はないこと、賃貸人が本件店舗内における賃借人の無承認の改装工事を発見するや、これを奇貨として条件を付してこれを承認し、賃借人をリニューアル計画に協力させようとする態度には性急さが顕著であること、賃借人がガラスサッシ等をショーウィンドウに改めたことは、それによって美観上その他の点において格別の問題が生じるものではなく、賃借人があらかじめ承認を申請していたものとすれば、賃貸人においてこれを拒絶すべき合理的な理由があるとは認められないこと、その他の無届休業、防火管理確認票の提出の懈怠、店長等の届出義務違反等は、賃貸借契約の関係にとっては、それ自体として必ずしも重大な義務違背とはいえないことに照らすと、賃借人の義務違背の内容及び程度は、個別的にみても又は全体として評価しても、いまだ本件契約の解除原因を構成する程には背信的かつ重大なものとはいえないと解するのが相当である。

解　　　　　説

　建物賃貸借契約において、賃借人が内装等を変更したことが特約に違反することを理由として契約解除が認められるかについて、①解除が認められた事例として、東京地裁昭和60年10月9日判決（判タ610・105）等、②解除が否定されたものとして、東京地裁昭和61年10月31日判決（判時1248・76）等がある。

　本件においては、賃借人が賃貸人に無断で店舗の改装工事を実施した事実は認められるものの、改装工事による内装の変更はそれほど大きくなかったという義務違反の程度に加え、賃貸人が条件付きで改装工事を承諾し、無断で行った改装工事を奇貨として賃借人にリニューアル計画への協力を求めようとした賃貸人の態度等を総合考慮して、契約の解除に至らしめる背信性は認められないとの判断がなされたものである。

第6章　商業テナント特有の問題　　241

　本件は、建物賃貸借においては土地賃貸借の場合と異なり、建物の所有権が賃貸人に帰属するため、無断改装による解除の効力が肯定される事案が多い中で、解除の効力を否定した判例として参考になる。

＜参考となる判例＞

○店舗の賃借人が賃借建物の側面に自動点滅式の看板を設置したことが「付属設備の新設」に当たるとして、特約による賃貸借契約の解除が認められた事例（東京地判昭60・10・9判タ610・105）

○賃借人が無断模様替禁止特約に反した場合であっても、それらが軽微なもので、さらに以前にも無断で模様替や補修等をしたが、隣に住む賃貸人から何ら苦情を言われたこともなかったという事情の下では、いまだ信頼関係が破壊されたとはいえないとされた事例（東京地判昭61・10・31判時1248・76）

242　第6章　商業テナント特有の問題

第5　商業施設における迷惑行為

50 建物賃貸借契約において特約により賃借人に課された付随的義務の不履行が信頼関係を破壊するとして無催告の解除が許容された事例

(最判昭50・2・20判時770・42)

信頼関係破壊の判断ポイント

賃貸人の主張	賃借人の主張	裁判所の判断
ショッピングセンターの一部に関する賃借人（被告・控訴人・上告人）との賃貸借契約（以下「本件契約」という。）では、賃借人がショッピングセンターの運営を阻害したとき等には無催告で解除できる旨の約定がなされていた。	－	賃貸人（原告・被控訴人・被上告人）の主張を認める。
賃借人は、ショッピングセンターの表側で青物商を営んでいたが、隣に同じ青物商（以下「A」という。）が配置されたことを受けて、賃貸人に対し、Aを奥の場所に移すよう求め、それが受け入れられないと、賃貸人代表者を脅迫し、また、隣のAの店にはみ出すように自己の商品を並べ、賃貸人が注意しても改善しなかった。	－	賃貸人の主張を認める。
賃借人は、元々営んでいた青物商に加え、隣の果物商（以下「B」という。）と同様に果物の販売	－	賃貸人の主張を認める。

第6章　商業テナント特有の問題

も始め、賃貸人が注意しても改善しなかった。		
賃借人は、賃貸人代表者が、賃借人に対し、隣のAの店舗の前に商品を陳列したことを注意したことに対し、暴行を加え、加療3週間の傷害を負わせた。	賃貸人代表者に暴行を加えたのは賃借人本人ではなく、賃借人の従業員である。	賃借人の主張を排斥し、賃貸人の主張を認める。
賃借人は、ごみ処理の方法等が悪く、また、ショッピングセンターの定休日にルールを無視して自己の店舗のみ営業したりして、ショッピングセンターの正常な運営を阻害した。	—	賃貸人の主張を認める。
これらの行為により、信頼関係は破壊された。	賃貸人は、Aと、ショッピングセンターの奥において営業する旨合意していたが、それにもかかわらず、Aは表側で営業するに至ったものである。そのような賃貸人の不信行為に対処するために、賃借人がある程度の処置をとったとしても信頼関係の一方的な破壊と断ずるのは誤りである。	賃借人の主張を排斥し、賃貸人の主張を認める。

事　実　経　過	
昭和44年12月	賃貸人は、賃借人に対し、青物商営業のため、以下の特約を付して、賃貸した(本件契約)。 【特約】 賃借人に次の①ないし③のいずれかに当たる行為があるときは、賃貸人は無催告で賃貸借契約を解除することができる。 ①　粗暴な言動を用い、又はみだりに他人と抗争したとき。

	② 策略を用い、又は他人を煽動して、ショッピングセンターの秩序を乱し、あるいは運営を阻害しようとする等不穏の言動をしたと認められたとき。 ③ 多数共謀して賃貸人に対して強談威迫をしたとき。
昭和45年2月10日頃	上記ショッピングセンター内で当初ショッピングセンターの奥の場所に店舗を構えていた青物商Aが賃借人の店舗と並ぶ表側に場所を変えたことを受けて、賃借人は、賃貸人代表者に対し、Aを奥の場所に移すことを求め、その要求が容れられないとなると、賃貸人代表者に対し、「若い者を来させる。どんな目にあうかわからん。」等と述べ、また、賃借人がAの店の前にはみ出して自己の商品を並べたため、Aより賃貸人代表者に苦情があったので賃貸人代表者において賃借人に注意をしたが、改めなかった。
日付不明	賃借人は、隣の果物商Bと同じく果物の販売を始めたため、Bから賃貸人代表者に苦情があり、賃貸人代表者が賃借人に果物の販売をやめるよう申し入れたが、これに応じなかった。
昭和45年7月27日	賃借人がAの店の前にはみ出して自己の商品を並べたので賃貸人代表者が賃借人にこれを注意したところ、賃借人はその従業員らとともに、賃貸人代表者に殴るなどの暴行を加え、頭部顔面項部挫傷等約3週間の治療を要する傷害を被らせ、賃借人は、罰金刑に処せられた。
日付不明	賃借人は、ごみ処理が悪かったり、ショッピングセンターの定休日にルールを無視して自己の店舗だけ営業したりしてショッピングセンターの正常な運営を阻害していた。
昭和45年8月29日	賃貸人は、賃借人に対し、訴状において、特約に基づき、本件訴状の送達をもって、本件契約解除の意思表示をした。

裁判所の判断理由

　賃借人の特約違反が解除理由となるのは、それが賃料債務のような賃借人固有の債務の債務不履行となるからではなく、特約に違反することによって賃貸借契約の基礎となる賃貸人、賃借人間の信頼関係が破壊されるからであると考えられる。そうすると、賃貸人が特約違反を理由に賃貸借契約を解除できるのは、賃借人が特約に違反し、そのため、信頼関係が破壊されるに至ったときに限ると解すべきであり、その解除に当たっては既に信頼関係が破壊されているので、催告を要しないというべきである。

第6章　商業テナント特有の問題　　　　　245

　これを本件について見るに、賃借人はショッピングセンター内で、他の賃借人に迷惑をかける商売方法をとって他の賃借人と争い、そのため、賃貸人が他の賃借人から苦情を言われて困却し、賃貸人代表者がそのことにつき賃借人に注意しても、賃借人はかえって、その代表者に対して、暴言を吐き、あるいは他の者とともに暴行を加える有様であって、それは、共同店舗賃借人に要請される最少限度のルールや商業道徳を無視するものであり、ショッピングセンターの正常な運営を阻害し、賃貸人に著しい損害を加えるに至るものである。

　したがって、賃借人の前記のような行為は単に前記特約に違反するのみではなく、そのため本件契約についての賃貸人と賃借人との間の信頼関係は破壊されるに至ったといわなければならない。

解　　　　　説

　ショッピングセンターにおいては、多数の店舗賃借人によって共同してショッピングセンターを運営、維持していくためには、店舗賃借人間において協調性を保つことが必要不可欠であり、ショッピングセンターの秩序を乱したり、運営を阻害したりするような行動が許されないのはいわば当然であって、そのような制限は賃借人にとっても過度の負担になるものではないのであるから、ショッピングセンターの契約に際し、迷惑行為等を禁止する特約を設けることには合理性があると考えられている。

　もっとも、上記のとおり、ショッピングセンターの運営阻害禁止条項が有効であるとしても、そのような特約違反によって当然に賃貸借契約の解除が認められるわけではなく、賃借人が特約に違反したことにより信頼関係が破壊されるに至ることが必要である。

　本件においても、これらの考え方を前提に、他の同業者に嫌がらせをしたり、認められた商品以外の商品を売ったり、注意した賃貸人代表者に暴行を加えて、加療3週間もの傷害を負わせた賃借人に関し、信頼関係の破壊を認め、特約に基づく無催告解除を有効と認めた。賃借人の迷惑行為が度を過ぎていることは明らかではあるが、付随的義務の不履行が信頼関係の破壊につながる一事例として参考になるものである。

246 第6章 商業テナント特有の問題

51 マンション内の店舗のカラオケ騒音が住民の迷惑になり、賃貸人と賃借人間の信頼関係を破壊するに足るとして店舗賃貸借契約の解除が認められた事例

(横浜地判平元・10・27判タ721・189)

信頼関係破壊の判断ポイント

賃貸人の主張	賃借人の主張	裁判所の判断
賃借人2名（被告ら）は、賃貸人（原告）との賃貸借契約（以下「本件契約」という。）に基づき、集合住宅であるマンションの1階部分にある店舗（以下「本件店舗」という。）を賃借しているが、深夜までカラオケ騒音等を発生させるような方法で店舗を使用している。	本件契約はスナックを経営する目的で締結されたものであり、カラオケ用の音響機器の使用も許諾されており、かつ、賃貸人は当該店舗におけるスナック経営経験者であり、当該店舗におけるカラオケ用音響機器の影響や酔客の叫喚等について事前に知っていたにもかかわらず、何らの規制もせずに賃貸したのであるから、カラオケ用の音響機器を使用したからといって使用方法に反した使用とはいえない。	賃借人らの主張を排斥し、賃貸人の主張を認める。
賃借人らのかかる行為は、店舗の使用方法に関して、賃貸人との信頼関係を破壊するに足るものである。	争う。	賃借人らの主張を排斥し、賃貸人の主張を認める。

事 実 経 過

昭和56年1月16日	建物所有者は、賃貸人に対し、期間を5年、使用目的を飲食店、第二種住居専用地域内にある地上13階建マンションの1階にある本件店舗の使用に関して騒音、ばい煙、悪臭等を防止する措置をとること

第6章　商業テナント特有の問題　247

	を求め、騒音等により第三者に重大な損害、迷惑を与えた場合に賃貸借契約を解除できるとの特約を付して本件店舗を賃貸した。 （注）　本件は転貸借契約の解除が問題となった事案であり、上記は、その前提たる賃貸借契約の内容である。
昭和61年9月20日	賃貸人は、賃借人らとの間で本件店舗に関する賃貸借契約（本件契約）を締結し、本件店舗を転貸した。
昭和61年12月頃	本件店舗は、第二種住居専用地域内にあり、神奈川県の条例により、飲食店は、午後6時から午後11時までは45ホーン以下に騒音を抑え、午後11時から午前0時までは音響機器の使用を禁止され、午前0時から午前6時までは営業を禁止されているにもかかわらず、賃借人らは、本件店舗において、午前3時頃まで音響機器を使用して営業することもあったため、マンション住民は管理組合や賃借人らに苦情を申し立てた。
昭和62年1月頃	賃貸人は、賃借人らに対し、音響機器の音量を下げて近隣住民に迷惑をかけないように注意したが、賃借人らは、数日間は静かにするものの、すぐに元どおりの営業を再開する状況にあった。
日付不明	賃借人らは、金沢警察署から2回呼び出され、午前0時以降音響機器を使用した営業をしないことを約し、その旨の念書を作成した。 管理組合も賃借人らに、本件店舗の騒音が許容限度を超えているから管理組合規約に基づく対策をとる旨を警告した。
昭和62年7月30日	横浜市公害対策局騒音課は、賃借人らに対し、神奈川県公害防止条例に基づく規制を遵守するように求める内容の文書を配付した。
昭和62年8月28日	賃貸人は、①賃借人らが本件店舗での営業においてあらゆる種類の公害を発生させ、市当局及び警察当局からその公害の改善勧告および命令を受けた場合、②賃借人らが本件店舗での営業によって賃貸人及び賃貸人以外の第三者に損害を与えた場合、③賃借人らのうち一方が本件店舗の営業をやめる意思を表示した場合、④昭和63年9月20日が到来した場合のいずれかに該当したときは、賃貸人からの通告があれば無条件で営業を停止して本件店舗を明け渡す旨を賃借人らに約束させ、誓約書及び詫び状を提出させた。
昭和62年10月頃	賃借人らは、従前と同様、本件店舗でカラオケを使用するスナックの営業を行うようになった。
昭和63年1月	横浜市公害対策局騒音課は、賃借人らに対し、神奈川県公害防止条例を遵守し、かつ、本件マンション住民との協定を守って、カラオケ用の音響機器を注意して使用するように求める内容の文書を配付

	した。
	しかし、賃借人らは、本件店舗における従前の営業内容を変更せず、特に金曜日及び土曜日には午前5時頃までカラオケ用の音響機器を使用した営業を行っていた。
昭和63年3月	賃貸人は、賃借人らに対し、昭和63年3月16日付け文書をもって、本件店舗を昭和63年9月20日までに明け渡すように求めた。
昭和63年9月28日	横浜市公害対策局騒音課は、賃借人らに対し、神奈川県公害防止条例を遵守するように求める文書を配付した。
遅くとも昭和63年12月8日	賃貸人は、賃借人らが騒音問題等を惹起して信頼関係を破壊したことを理由に解除し、本件店舗を明け渡すように求めた。

裁判所の判断理由

　賃借人らは、神奈川県公害防止条例に反して、昭和61年10月1日以降午前3時過ぎまでカラオケ用の音響機器を使用して飲食店の営業を行い、本件マンションの管理組合や住民が苦情を申し立てても、改めることなく従前どおりの営業を継続し、さらに、警察官や横浜市公害対策局騒音課からの注意、指導があるにもかかわらず、これも無視した営業を続けてきたのである。

　また、賃貸人が賃借人らに対し、本件店舗の騒音防止を求め、その旨の誓約書及び詫び状まで作成させて騒音防止に努めるよう求めたにもかかわらず、音響機器の交換、防音設備の些細な改善等の僅かな騒音防止措置しかとらずに午前3時過ぎまで、騒音を発生させ続けてきたのである。

　さらに、賃貸人が、賃貸人に対して賃貸している者（本件店舗の所有者）から、本件店舗の騒音問題を解決しなければ賃貸借契約を解除する旨の通告を受けているにもかかわらず、賃借人らは本件店舗における営業時間、音響機器の使用等を改めて騒音防止に努力する姿勢さえ示さず、午前3時過ぎまでも音響機器を使用した営業を続けてきたのである。

　そうすると、賃借人らの本件店舗の使用方法は、賃貸人と賃借人との信頼関係を破壊するに足る義務違反行為であるというべきである。

　なお、賃借人は、賃貸人が本件店舗でカラオケ用の音響機器を使用することを承知し、かつ、機器の影響についても知りながら賃貸したのであるから、かかる音響機器の使用をもって、本件店舗の使用方法に義務違反があるとはいえない旨主張する。

　しかし、建物の賃借人は、賃貸借契約において明確に約していなくとも、当該建物

第6章　商業テナント特有の問題　　249

の存する環境、立地状況、使用目的等から予想される制約の範囲内で当該建物を使用すべき義務があるところ、賃借人は、本件店舗が集合住宅である本件マンションの1階部分にあることを知りながら賃借したのであるから、建物の区分所有等に関する法律6条1項をあげるまでもなく、賃借人は、本件マンションの居住者に迷惑をかける使用をしてはならない義務があり、かつ、カラオケ騒音等を防止するための基準として定められた神奈川県公害防止条例を遵守する義務もあるにもかかわらず、午前3時過ぎまで音響機器を使用した営業を続けるなど、弁解の余地のない使用方法を行ってきたのであって、本件店舗の使用方法に義務違反があることは明らかである。

解　　　説

　賃貸借契約においては、民法や賃貸借契約書において定められた直接的な義務のみならず、契約書に明記がないとしても、信義則上導かれる義務を負う。

　この点、最高裁判例においても、「賃貸借の当事者の一方に、その義務に違反し、信頼関係を裏切って賃貸借関係の継続を著しく困難ならしめるような行為があった場合には、相手方は催告を要せず賃貸借契約を解除することができるが、ここにいわゆる義務違反には、必ずしも賃貸借契約（特約を含む。）の要素をなす義務の不履行のみに限らず、賃貸借契約に基づいて信義則上当事者に要求される義務に反する行為も含まれるものと解すべきである」（最判昭47・11・16判時689・70）と判示されており、かかる信義則上の義務違反によっても、無催告解除が認められるケースがある。

　本件においても、「信義則」という表現こそ用いられていないが、建物賃借人は、賃貸借契約において明確に約していなくとも、当該建物の存する環境、立地状況、使用目的等から予想される制約の範囲内で当該建物を使用すべき義務を負い、集合住宅の1階部分にある店舗を賃借した以上は、マンション居住者に迷惑をかける使用をしてはならない義務がある旨判示している。

　もっとも、そういった信義則上の義務についての違反行為がある場合であっても、直ちに解除が認められるわけではなく、信頼関係を破壊する程度の違反であることが必要である。

　本件は、そのような状況において、賃借人らの行為の内容、近隣住民への迷惑の程度等を具体的に認定し、信頼関係を破壊する程度の義務違反があると判断したものである。

　本件では、賃借人らの行為による近隣への迷惑が著しいことから、信頼関係を破壊する程度の義務違反であるという結論には異論はないところと思われるが、契約書に

おいて騒音に関する特約がない中で、騒音を理由とする賃貸借契約の解除を認めた事案として、一つの参考となろう。

＜参考となる判例＞
○建物賃貸借契約において特約により賃借人に課された付随的義務の不履行が賃貸人に対する信頼関係を破壊するとして無催告の解除が許容された事例（最判昭50・2・20判時770・42）

第6章　商業テナント特有の問題 251

第6　その他

52　賃貸人と賃借人の間で、パチンコ店舗用建物の賃貸借契約と、賃借人
は賃貸人以外の者からパチンコの景品を購入してはならない旨の商取引
契約が締結されたところ、賃借人が賃貸人以外の者から景品を購入し、
賃貸人が景品納入者としての地位を失っている等の事情が認められる場
合に、賃貸借契約の解除が認められた事例

（東京地判平2・6・29判時1377・71）

信頼関係破壊の判断ポイント

賃貸人の主張	賃借人の主張	裁判所の判断
賃借人（被告）は、賃貸人（原告）との間のパチンコ店に関する賃貸借契約（以下「本件契約」という。）とともに締結した商取引契約に定める景品購入義務に違反し、また、景品購入代金を支払う義務に違反した。	賃借人が賃貸人から景品を購入し、それ以外の者から購入しないという義務は、賃貸人が賃借人に景品を納入することを前提とするが、賃貸人は賃借人に対して景品の納入をしなくなった。	賃借人の債務不履行のために、賃貸人は商品を納入できなくなったのであるから、賃借人の主張は認められない。
これらの義務違反により、賃貸人と賃借人間の信頼関係は破壊された。	争う。	信頼関係破壊を認める。

事実経過

昭和59年10月頃	賃貸人は、賃借人の役員であるＡと、賃貸人が建築予定の建物（以下「本件建物」という。）の賃料、賃貸借期間等について協議するとともに、賃貸人が本件建物で経営されるパチンコ店の景品の売り買いの権利を得たい旨提案したところ、Ａは売りか買いどちらか一方にしてほしいと述べ、賃貸人はこれに応じ景品の販売の権利のみを

	取得することとしてパチンコ店営業用店舗を建築した。
昭和60年7月15日	本件建物につき本件契約が締結され、また、併せて商取引契約も締結された。なお、これらの契約には、以下の特約が付されていた。 【商取引契約における特約】 ・賃借人は、賃貸人以外の者から景品を購入してはならない。 【本件契約における特約】 ・賃借人が商取引契約に違反したとき、賃貸人は、催告を要さず、本件契約を解除できる。
昭和60年10月7日	商取引契約における賃借人の未払代金が2,175万6,350円に達し、賃貸人及び賃借人は、代金を小切手で支払うことを合意した。ところが、賃借人は、同額の小切手を振り出したものの、賃貸人に対し、銀行への取立てをしないように依頼し、小切手の金額を現金で何回かに分割して支払うようになった。
昭和60年12月14日	昭和60年12月13日までに未払代金が2,500万円に達したため、賃貸人はそのうち2,000万円を無利子で凍結し、賃借人は同日以降納入代金を毎日一括して現金で支払う旨合意した。
昭和61年1月25日	賃借人は、毎日現金で代金を支払う方法を、毎日小切手で支払う方法に変更してもらいたい旨申し入れ、賃貸人はこれを承諾した。
昭和61年2月22日	賃借人が小切手も現金も持参しなくなった。
昭和61年2月23日	賃貸人と賃借人は、凍結中の未払代金2,000万円を昭和62年1月から昭和63年8月まで20回に分割して毎月100万円ずつ支払い、賃借人の納入代金を今後毎日現金で支払う旨合意した。
昭和61年7月12日頃	累積した未払代金が864万3,800円（前記凍結された未払代金2,000万円を除く。）に達し、賃借人は、同金員を同月20日から毎日5万円宛支払い、同年末までに未払代金を返済することを合意した。
昭和61年10月19日	未払代金の支払が中止され、残金404万円（前記凍結された未払代金2,000万円を除く。）が未払となった。
昭和61年10月30日	賃借人が納入代金の支払を中止した。
昭和61年11月2日	賃借人が未払代金404万円及び同年10月27日から同年11月2日までの支払残909万5,200円を支払わないため、賃貸人は景品の納入を停止した。
昭和61年11月3日	賃借人は、賃貸人以外の者より景品を買い入れるようになった。
昭和62年2月13日	賃借人は、未払代金、納入代金及び損害金等について約束手形を振

及び同月27日	出交付し、賃貸人との間で商取引契約について再検討するが、意見が合わず、賃貸人の景品納入者としての地位は確保されなかった。
昭和63年3月28日	賃貸人は、同日付書面の到達により、本件契約を解除する旨の意思表示をした。

裁判所の判断理由

　賃借人が、商取引契約に定められた、賃貸人以外の者から景品を購入してはならない義務及び商取引契約の内容として成立した、毎日の納入代金を現金で支払われなければならない義務にそれぞれ違反したことは明らかであり、納入代金支払についての賃借人のこれまでの遅滞の態度及び支払方法の変更を度々申し入れていること、未払代金等については分割して約束手形が振り出されたが、賃貸人及び賃借人間で商取引契約の再検討については双方意見が合わず、賃貸人の景品納入者としての地位が失われ、賃借人は他より景品の購入を続けていることなどからみて、催告を要せず解除し得る背信性が賃借人に認められる。

解　　説

　例えば、ある当事者間で物品の売買契約と不動産賃貸借が締結されるなど、複数の契約が締結されている場合、それぞれの契約が別個のものであれば、その一方の契約に違反があったからといって、別の契約についてまで直ちに解除が認められるわけではない。

　この点、本件は、賃貸借契約上の義務違反ではなく、賃貸借契約に関連して締結された商取引契約における義務違反を理由とした解除を有効としたものであるが、賃貸借契約における賃料が、商取引契約に基づく景品取引による収益を考慮して低廉に設定されていたことなどからして、両契約は密接不可分であることが、信頼関係の破壊の有無の検討において考慮されたものと考えられる。

　もっとも、本件においては、景品購入代金の未払が継続し、その支払方法について度々協議を行ったにもかかわらず、支払を懈怠し続けた賃借人の不誠実な対応も考慮したものであり、賃貸人以外の者からパチンコの景品を購入してはならない義務の違反のみをもって解除を肯定したものではないことには注意を要する。

なお、この点、賃貸人が、賃借人との間で、賃貸借契約を含め、複数の契約を締結する場合で（例えば、貸室契約に加え、倉庫契約、駐車場契約を締結することは、一般にあり得ることである。）、そのうちいずれかの契約につき、賃借人の違反があれば、全ての契約を終了させたいのであれば、端的に各契約にその旨の規定を設けることが考えられる。

第6章　商業テナント特有の問題　　255

53　ショッピングセンターの一部区画で、業務委託契約に基づき物品販売を行っていた会社において、従業員がレジスターの不正操作によって売上げの虚偽報告をし、売上げを着服したことを理由とした業務委託者による契約解除が認められた事例　（東京地判平21・12・28（平20（ワ）14319））

信頼関係破壊の判断ポイント

賃貸人（委託者）の主張	賃借人（受託者）の主張	裁判所の判断
受託者（被告）は、ショッピングセンターの一部区画（以下「本件店舗」という。）における営業を委託者（原告）に無断で第三者であるＡに再委託した。	店舗における営業を代行していたＡは、受託者の従業員であって、社会保険にも加入しており、営業を再委託したとは認められない。	受託者の主張を排斥し、委託者の主張を認める。
Ａが売上げについて不正報告を行い、売上金の一部を着服した。	業務委託契約上、責任売上高が定められており、委託者はそれに対応した歩合金を得ることができるから、売上げが少なく修正されたとしても実質的な損害は発生していない。	受託者の主張を排斥し、委託者の主張を認める。
これらの契約違反により、委託者と受託者間の信頼関係は破壊された。	争う。	信頼関係破壊を認める。

事　実　経　過	
平成12年1月11日	委託者と受託者は、委託者が経営するショッピングセンターにおける100円均一商品販売に関して、以下の約定にて、業務委託契約（以下「本件契約」という。）及び「売上高の確認及び売上金の取扱いに関する覚書」（以下「本件覚書」という。）を締結した。 【本件契約の内容】 ・営業の第三者への委託の禁止 ・営業場所の全部又は一部を第三者に使用させることの禁止

	・受託者は委託者の社内諸規則の遵守義務を負う ・委託者との間で別途締結する諸契約又は委託者の定める営業管理規則等の違反は解除事由となる 【本件覚書及び本件覚書に基づくマニュアルの内容】 ・店舗における売上げは全て委託者に帰属し、レジスター内の現金を使用することの禁止 ・レジスターに売上げを正確に登録し、売上げと共に委託者に報告する義務
平成12年1月30日	受託者は、受託者の従業員であったＡとの間で本件店舗における受託者の業務について業務委託契約を締結した。
平成19年11月9日	Ａが本件店舗のレジスターを操作して売上高を少なく修正し、レジスターからその分（月100万円ないし130万円）の現金を引き出して、昼食代や従業員の給与等への支払に充てたことを認める。
平成19年11月28日	委託者は、受託者に対し、Ａがレジスターを不正に操作し、売上金を着服したことを理由に本件契約を解除するとの意思表示をした。
平成20年8月	受託者は、委託者と受託者間の本件契約に基づく受託者の委託者に対する歩合金、倉庫料、駐車場料金及び消費税の支払を停止した。
平成20年10月20日	本件訴訟の期日において、委託者は受託者の平成20年7月分及び8月分の歩合金の未払を理由として、改めて本件契約を解除する旨の意思表示をした。なお、委託者は、その後の裁判期日でも、追加の未収金の発生を理由として二度にわたって解除の意思表示をしている。

裁判所の判断理由

　受託者は、Ａに対し、本件店舗における営業を委託し、Ａから本件契約に基づき負担する営業保証金と同額の営業保証金600万円を受領すること、受託者とＡとの契約では、Ａは受託者から仕入れた商品又は受託者の承認した商品のみを販売するが、商品の選定自体はＡが行い、また、Ａは、本件店舗の内装及び造作等に関する費用、本件営業に必要な共益費、営業管理費、個別経費及び販売促進費等の必要経費及び受託者が派遣する従業員の給与を負担し、受託者に対し、責任売上高1,800万円の11％及び1,800万円を超える部分の9％の歩合金を支払うこと、Ａに破産等の信用不安が発生した場合には、受託者はＡとの契約を解除できることが定められていることに照らせば、Ａは、同人の責任と権限において本件店舗を経営し、受託者は一定の監督権限等の留

第6章　商業テナント特有の問題　　257

保はあるものの、日常的に本件店舗及び本件営業の管理を行うことは予定されていな
かったことは明らかであり、受託者がＡに営業を委託したことは、本件契約において
禁止される「営業を第三者に代行させること」及び「経営の委託、業務委託その他名
目の如何を問わず本営業場所の全部又は一部を第三者に使用させ又は管理させるこ
と」に該当する。

　そして、本件契約においては、受託者が委託者の定める社内諸規則の遵守義務を負
うことが規定されており、委託者と受託者との間で別途締結する諸契約又は委託者の
定める営業管理規則等の違反を解除事由と定めているところ、本件契約に関連して締
結された本件覚書及びマニュアルによれば本件店舗における売上げは全て委託者に帰
属し、レジスター内の現金を使用することは理由を問わず禁止されているとともに、
その内容を報告することが義務付けられていたにもかかわらず、平成19年9月から同
年11月までの間、Ａが本件店舗において、レジスターを不正に操作して売上げの虚偽
報告をし、売上げを着服した行為は重大な契約違反であり、本件契約に違反し、Ａに
業務を代行させ、本件営業の管理及びＡに対する監督を十分に行わなかった結果、上
記契約違反が生じたという事情を考慮すれば、本件契約に借地借家法が適用されると
しても当事者間の信頼関係を破壊するに十分な債務不履行があったというべきであ
る。

解　　説

　本件では、本件契約について借地借家法の適用があるかは明らかにされなかったが、
過去には、売店営業の委託契約の更新拒絶に民法651条2項の法意を類推すべきである
として契約の解除には信頼関係の破壊が必要であるとした事例（名古屋高判昭58・11・16
判タ519・152）がある。

　本件は、Ａは受託者の従業員ではあるものの、独立した権限及び責任において店舗
の営業を行っていたことから、業務委託契約上禁止されていた第三者による営業の代
行に該当するとの事実認定を前提に、Ａによるレジの不正操作及び売上げの着服とい
う行為それ自体の重大性、更には本件契約に違反し、Ａに業務を代行させ、本件営業
の管理及びＡに対する監督を十分に行わなかった結果、売上げの着服という契約違反
が生じたという事情をも考慮して、本件契約について仮に信頼関係破壊の法理の適用
があった場合であっても、信頼関係を破壊するに十分な債務不履行があり、解除の効
力は否定されないとしたものである。

　受託者からは、業務委託契約における責任売上高が存在し、仮にＡが売上げを着服

したとしても委託者が得る歩合金額に差異はないとして信頼関係はいまだ破壊されていないと主張したが、本件は、本来売上げは全て委託者に帰属するはずであるにもかかわらず、Aが売上げを着服する操作は横領にほかならないとして委託者の主張を排斥しており、信頼関係の破壊の有無について、損害の有無のみでなく売上金の帰属や管理という業務委託契約における重要な部分に関する契約違反行為自体の悪質性を重視したものといえよう。

＜参考となる判例＞

○高速道路における売店営業の委託契約関係について、商品販売業務委託の準委任契約と建物賃貸借契約の混合契約であるとし、契約更新拒絶につき民法651条2項の法意を類推適用すべきであるとしたが、受託者の行為による信頼関係の破壊を認めた事例（名古屋高判昭58・11・16判タ519・152）

第6章　商業テナント特有の問題　　259

54　一つの契約で同一の賃借人に3つの店舗の賃貸借がなされた場合に、その一つの店舗の転借人がした違法行為（用法違反）により契約解除が認められても、契約解除の効力は、他の2店舗には及ばないとされた事例

(東京高判平5・11・22判タ854・220)

信頼関係破壊の判断ポイント

賃貸人の主張	賃借人の主張	裁判所の判断
賃借人（被告・控訴人）は、本件建物①の転借人が常習賭博行為をするのを知りながら容認し、又は、指摘を受けながら放置したことは、賃借人としての賃借物の管理義務に違反する。	争う。	本件の事情のもとでは賭博の事実を疑う方が自然であるのに、賃借人が、賃貸人（原告・被控訴人）から指摘を受けながら何らの措置も講じなかったのは、管理責任の懈怠である。
違法行為に及ぶ賃借人及び転借人に対しては、とるべき手段を講じてその排除に努めていた。	賃貸人は、違法な営業をする賃借人及び転借人の排除につき無関心で、転借人による賭博行為を容認していた。	賃借人の主張を排斥する。
争う。	本訴が提起されたことをきっかけに本件建物①の転借人と交渉し、既に本件建物①の明渡しを受けており、信頼の維持、回復の努力をした。	明渡しの事実は認めるが、その余の賃借人の主張は排斥する。
以上の事由により、賃貸人と賃	本件建物①において転借人が賭	上記懈怠は、賃

借人との間の信頼関係全体が破壊されたため、賃貸人は、本件建物①以外の2店舗を含め、賃貸借契約（以下「本件契約」という。）全体を解除した。

博行為をした事実があったとしても、これをもって賃貸人と賃借人との間の信頼関係を破壊する事由ということはできないし、仮に、この点をおいても、それは本件建物①についていえるに過ぎず、本件建物②及び③について信頼関係が破壊されたとまでいうことはできない。

借人としての信頼関係を損なうものであり、賃貸人は催告なしに解除できる。しかしながら、解除の効力は、本件建物②及び③には及ばない。

事 実 経 過	
昭和55年頃～昭和60年頃	賃貸人（代表者A）は、本件ビルの賃貸等を業とする会社であるところ、本件ビルの場所柄、そのテナントの中には賭博等の違法営業をするものがあり、従前より、複数の賃借店舗に対し、違法営業を理由に賃貸店舗の明渡しを求めることがあった。その交渉においては、Aの子で、昭和55年に賃貸人に入社したBが率先して行動した。Bは、昭和59年12月10日に賃貸人（代表者B）を設立し、明渡しを受けた本件ビルの店舗のうちいくつかを賃借人の名で借り受けるようになった。
昭和60年10月29日	賃借人は、賃貸人から、本件ビルのうち本件建物①から③を借り受けた。なお、本件契約においては、本件建物①から③が一つの契約書に、互いに区別することなくまとめて記載され、賃料、保証金も不可分に定められていた。
昭和61年頃	賃借人は、本件建物①をDに、本件建物②をEに、本件建物③をFに、それぞれ転貸した。なお、Dは、本件建物①をさらにEに転貸した。
昭和62年9月頃	賃貸人は、その従業員らを介して、賃借人に対し、賃貸人としては、本件建物①がゲーム喫茶店として利用されている実情にあり、賭博が行われている可能性もあるので明け渡してもらいたいこと等を申し入れた。しかし、賃借人は、賭博の事実を明らかにすることができないという理由で本件建物①の明渡しを拒んだ。
昭和63年7月下旬	Eが、本件建物①においてゲーム喫茶店を営業しゲーム賭博をした

第6章　商業テナント特有の問題　　261

	ために常習賭博の容疑で逮捕された。
昭和63年中	賃貸人が賃借人に対し、用法違反、無断改築、無断転貸等を理由に本件契約を解除したとして、本件建物①から③の明渡し及び遅延損害金の支払を求めて本訴訟を提起した。
平成2年9月29日	賃借人は、賃貸人から訴訟を提起されたことをきっかけにDと交渉し、同日、本件建物①の明渡しを受けた。

裁判所の判断理由

　賃借人が本件建物①をDに転貸した頃から以降、解除通知を受けるまでの間は、転借人が賭博をしないように、賃借人が特別に注意を払った形跡はない。

　他方、賃貸人は、本件ビルの賃借人の店舗で違法な行為があったときは、その契約上の責任を追及する考えであったと認めることができる。

　賃借人は、本件ビルの場所柄や従前のいきさつからみて、本件建物の内部でテナントが賭博等の違法行為をすることがあり得ることもわかっていたというべきであり、かつ本件建物①の使用状況からすれば、賭博に利用されているのではないかとの疑いを持つ方がむしろ自然であるのに、賃貸人から賭博がなされているおそれがあるとの指摘を受けながら、何らの対応措置もとっていないのは、賃借人として転貸店舗の管理を怠ったとされてもやむを得ないところである。

　すなわち、昭和62年9月頃、賃貸人は、その従業員らを介して、賃借人に対し、賃貸人としては、本件建物①がゲーム喫茶店として利用されている実情にあり、賭博が行われている可能性もあるので明け渡してもらいたいこと等を申し入れたが、賃借人は本件建物①については、賭博の事実を明らかにすることができないという理由で明渡しを拒んだ。上記賃貸人の申入れは、確定的な明渡しの催告とまではいえないが、本件建物①で賭博が行われている疑いがあるとの指摘は賃借人（転貸人）としては看過することができない事実の指摘であることは明らかである。しかるに、賃借人がその後も賭博が行われていることを証明する資料がないとして、何の措置も講じなかったのは、賃借人（転貸人）としての信頼関係を損なうものであったといってよく、賃借人には、本件契約について、催告なしに解除されてもやむを得ない事情があったというべきである。

　本件の解除は、催告の有無にかかわらず効力を生ずると認めるべきである。

　本件建物①から③までの賃貸借契約が一つの契約書に、互いに区別することなくまとめて記載され、賃料、管理費、保証金も不可分に定められていたが、本件ビルの改

装時に行われた模様替えによってそれぞれが独立して転貸の対象となる建物部分となっていた（ことに本件建物①、②と本件建物③とは別の階にある。）。

そうすると、ある転借人がした違法行為（契約違反）に対応して賃借人（転貸人）の義務違反（信頼関係の破壊）が問題とされ、このことにより賃貸借契約を解除することが許されるといっても、その効力の及ぶ範囲は他の転借人の利益をも考慮に入れて決する必要があると解するのが相当である。複数の転借人の一人が契約違反をしたからといって、その累が全く関係のない転借人に及ぶというは相当ではないからである。

本件建物①から③までは、転貸の結果それぞれ全く別の転借人が利用していることは明らかであり、これまで本件建物②、③の店舗について賃借人（転借人）に債務不履行の事実があったとの主張もない。

そうだとすると、本件解除は、その効力を本件建物①に関して認めれば足りる。本件建物②、③との関係では解除の効力が及ばないとするのが相当である。

解　　　説

本件で、裁判所は、賃借人が賃貸人から転借人の賭博行為について指摘を受けながら誠実に対応しなかったことは、賃貸借契約当事者間の信頼関係を損なうものであり、賃貸人は催告なしに解除することが許されるとしつつも、他方で、解除の効力が及ぶ範囲については、他の転借人の利益をも考慮に入れて決する必要があるとして、3店舗のうち賭博行為のなされた店舗にのみ及び、他の2店舗との関係では解除の効力が及ばないとした。

同一当事者間で締結された契約であっても、それが別個の契約であれば、一方で信頼関係が損なわれたという事情があっても、当然にそれが他方の契約に影響を与えるものとは考えられないが（東京地判昭59・11・27判時1166・106）、本件は、契約としては1個の賃貸借契約であるものの、賃貸物件が3つの独立した建物部分（店舗）に分かれており、それぞれに別の転借人がいるという点に特殊性があった。

本件は、賃貸人と賃借人の賃貸借契約における解除の効力の及ぶ範囲につき転借人の利益をも考慮に入れて柔軟に決せられる可能性があること、すなわち、一つの賃貸借契約であっても当事者間の信頼関係を目的物件ごとに分割して考え得ることを示した判例として、参考になる。

第6章　商業テナント特有の問題　　263

＜参考となる判例＞

○隣接する2棟の建物について、それぞれ別個に賃貸借契約が締結され、その使用目的も異なるという場合において、一方の建物の賃貸借契約における信頼関係の破壊が当然に他方の建物の賃貸借契約についての契約解除理由になると解することはできないとされた事例（東京地判昭59・11・27判時1166・106）

第7章 賃貸借契約における信頼関係破壊法理に付随する諸問題

第1 業務委託契約・混合契約と信頼関係破壊の要否

55 高速道路における売店営業の委託契約は、商品販売業務委託の準委任契約と建物賃貸借契約の混合契約であり、その更新拒絶には委任契約の解除に関する民法651条2項の法意が類推され、また、信頼関係の破壊がなされたことを要するが、本件では受託者に信頼関係破壊行為があるとし、契約終了を認めた事例 （名古屋高判昭58・11・16判タ519・152）

信頼関係破壊の判断ポイント

委託者の主張	受託者の主張	裁判所の判断
委託者（原告・控訴人）と受託者（被告・被控訴人）間の本件契約は、委託者が受託者に販売業務を委託した売店2件（以下「本件各売店」という。）における商品販売業務の再委託契約であり、これは準委任契約であって、賃貸借契約ではない。	受託者は、独立して売店営業をする権限を有していること、入居に際し100万円を支払っていること、建物使用の対価として固定賃料を支払っていることから、本件契約は、本件各売店の賃貸借契約がその本質をなすものである。	本件契約は、商品販売業務の委託の準委任契約と本件各売店の賃貸借契約とが結合した、一種の混合契約である。
本件契約で、本件各売店のうち1つの売店の営業時間は8時から21時までと定められているが、受託者はこれを遵守していない。	否認する。	委託者の主張を認める。
委託者と受託者は、本件各売店での業務に関し、従業員数を合意により定めたが、受託者はこれを遵守していない。	従業員数の合意は認めるが、これに不足した事実はない。	委託者の主張を認める。

委託者は、これらの債務不履行につき、是正要求をしたが、受託者はその指示を受け入れない。	否認する。	委託者の主張を認める。
売店の巡視の際には、受託者は暴言を吐いて応対するなどしている。	—	委託者の主張を認める。
前記受託者の債務不履行等により、委託者と受託者間の信頼関係は破壊されており、委託者の本件契約の解除は有効である。	債務不履行の事実はなく、委託者との信頼関係が破壊されたとはいえないから、委託者の主張は理由がない。	委託者の主張を認める。
委託者の本件契約の期間満了による終了又は解除の主張は正当である。	争う。	委託者の主張を認める。

事　実　経　過	
時期不明	委託者は、財団法人（以下「本件財団法人」という。）から高速道路の売店2店舗（本件各売店）における商品販売業務（以下「本件業務」という。）の委託を受け、かかる業務を営む場所として本件各売店の提供を受けた。
昭和43年	委託者と受託者は、以下の内容で本件契約を締結し、委託者は、受託者に対し本件業務の再委託をした。 ・期　　間　昭和45年6月1日から昭和46年3月31日 ・更　　新　期間満了の6か月前までに双方から更新拒絶の通知がなされないときは、自動更新する。 ・保証金　100万円 ・納付金　歩合納付金（本件各売店の売上高に応じて支払う） 　　　　　固定納付金
昭和44年5月以降	本件財団法人は、高速道路の全線開通に伴う売店利用客の増加に対応するため、高速道路における売店営業の管理等に当たる事業所を設置し、売店の巡回・点検をするようになった。

昭和47年中旬以降	本件各売店につき、本件財団法人及び委託者によって巡回、点検が行われたが、その際、本件財団法人及び委託者は、受託者に対し、本件各売店につき、①営業時間の不順守、②従業員不足、③商品の量目不足、④清掃の不行届きといった点を注意し、改善を指示したが、受託者は改善をしなかった。
昭和50年9月27日	委託者は、受託者に対し、本件契約を終了させる旨の意思表示をした。

裁判所の判断理由

1 本件契約の法的性質について

　委託者と受託者との間の本件契約の性質について、委託者はこれを純粋な準委任契約関係であると主張するが、委託者が主張する固定納付金の性格が明らかではなく、本件各売店の使用の対価たる性格を払拭しえないため、委託者の主張は採用できず、本件契約は、商品販売業務の委託の準委任契約と本件各売店の賃貸借契約とが結合した一種の混合契約であると認められる。

　しかし、本件契約の性質をこのように解しても、前記賃貸借関係は、あくまで商品販売業務の委託に附随する従たる契約関係であるから、主たる契約関係である前記準委任契約とその運命を共にするものというべきであるが、本件契約の終了事由については、民法651条1項をそのまま適用すべきではなく、同条2項の法意を類推し、原則として、受託者に著しく不誠実な言動がある等、やむを得ない事由が存在する場合に限り解除ないし更新拒絶を認めるべきである。そして、従とはいえ賃貸借関係も存する以上、やむを得ない事由の存否を中核として、受託者について、本件契約の基礎たる信頼関係を破壊し、本件契約の存続を困難ならしめる特段の事情が存するか否かの見地から、これを決するのが相当である。

2 解除及び更新拒絶事由の有無について

　受託者は、本件財団法人の職員及び委託者の従業員によって本件各売店の巡回、点検が行われた際、委託者らから営業時間の不順守、従業員不足、商品の量目不足や保証期間経過、清掃の不行届きといった点につき注意あるいは改善を指示されている。もっとも、このうち、量目不足や保証期間経過等の問題については、その都度改善していたことが窺われ、本件各売店の清掃等についても心がけてきたことが窺われないではない。

第7章　賃貸借契約における信頼関係破壊法理に付随する諸問題　　267

　しかし、本件各売店の営業時間の遵守については、頑としてこれに応じようとせず、規定の営業時間より2時間も短い時間で営業を打ち切っており、また、従業員の適切人数の確保についても、例えば本件各売店のうち1店舗については、区画ごと従業員を2名ずつ配置するよう定められていたにもかかわらず、1名ずつしか配置されていない等、本件契約の趣旨に添ってこれが履行されてきたとは認められず、そのため売店の閉店時間を切り上げるなどの支障が生じていた。

　しかるところ、高速道路における売店の営業時間と従業員の確保は、単に売上げの向上という目的のみではなく、道路利用者の利便に配慮しつつ、適切な道路管理を図るという総合的・公共的な観点から定められているのであるから、売店における営業時間の遵守と適切な人数の従業員の配置は、営業の基本態勢として、受託者がとりわけ遵守すべき本件契約上の根本的義務であることはいうまでもない。しかるに、受託者は、更新拒絶の申入れを受ける以前から長期間にわたり、何らの合理的理由もないのに当該義務を履行することなく徒過してきており、しかもその点について反省、改善に努めるどころか、専ら自己の立場と考えを主張し、不穏当な言動にも走るという状態であるから、受託者の態度はもはや著しく不誠実なものといわざるを得ず、受託者の営業当初の業績や本件各売店を失うことによる打撃を考慮に入れても、なお受託者の所為は、本件契約における当事者間の信頼関係を破壊し、契約の継続を困難ならしめるものと評価されてもやむを得ない。

解　　　　説

　本件は、高速道路のパーキングエリアの売店2店舗について、財団法人から商品販売業務の委託を受けた会社が、かかる販売業務を再委託した会社に対して、営業時間や従業員数の不遵守等を理由に契約を解除するとともに、更新を拒絶し、各売店の建物の明渡しを求めた事案である。

1　本件契約の法的性質

　本件では、仮に本件契約の法的性質が賃貸借契約であると認められれば、借地借家法が適用され、賃貸人による契約の解除は、当事者間の信頼関係の破壊が前提となるほか、賃貸人による契約の更新拒絶にも正当な事由が求められることになるため（借地借家28）、まず本件契約の法的性質が問題とされた。

　この点、委託者は、受託者には売店における商品販売業務を委託したもので、本件各売店の使用はこれに付随するものにすぎず、契約は準委任契約であり、賃貸借契約

ではないと主張したが、本件は、受託者から委託者に対して支払われる固定納付金が各売店の使用対価としての賃料の性格が否定できないとして、本件契約は、商品販売業務の準委任契約と売店建物の賃貸借契約とが結合した一種の混合契約であると判断した（本来、業務委託契約であれば、委託者が受託者に報酬を支払うことになり、受託者の委託者への金員の支払は、当然に予定されるものではないが、本件では、受託者が委託者に「固定納付金」名目で金員を支払っており、これが賃料としての性質を有することを否定できないことを重視している。）。

　その上で、本件は、本件契約が、混合契約である以上、賃貸借契約が準委任契約に付随する従たる契約関係であるとしても、本件契約の終了事由は、準委任関係の解除ないし更新拒絶と賃貸借関係の解除が併存する必要があるとの判断を示した。

　近年、百貨店や大型商業施設などにおいて、契約書の表題等が「賃貸借契約」ではなく、「業務委託契約」、「出店契約」等であったとしても、契約に区画の使用が伴う場合、契約の実態が賃貸借契約である（あるいは賃貸借契約としての性質を含む。）として、契約の一方当事者が相手方による契約の解除や解約の有効性を争う事案が増加しているところ、本件は、商品販売業務の委託契約について、賃料としての性質が否定できない金員の支払があることから、準委任契約と賃貸借契約としての性質を含む混合契約であるとした上、準委任契約の性質を有する以上、契約の解除には、やむを得ない事由があることを要するとした民法651条2項の法意が類推されるほか、賃貸借契約としての性質から、契約の解除には、当事者間の信頼関係が破壊されたことを要するとしたものであり、これらの判断について事例的意義がある。

2　解除及び更新拒絶事由の有無について

　その上で、本件は、高速道路における売店営業に関する契約につき、道路利用者の利便や適切な道路管理という公共的な観点から契約内容が定められているという特殊性を有するとして、かかる観点から契約に定められた営業時間の遵守や従業員の配置は、受託者の根本的義務であるとした上、義務違反に対する受託者の対応姿勢をも踏まえ、契約の解除の有効性を認めたものであり、契約の解除の有効性を判断するに際し、考慮されるべき契約の特殊性及びそれによる受託者の契約違反行為の重大性の程度に関する事例的判断を示したものとして、この点についても、実務上、参考性が高い判決である。

第7章　賃貸借契約における信頼関係破壊法理に付随する諸問題　　269

56　百貨店から業務委託を受け、百貨店の区画の一部を管理運営している
　　会社より更に業務委託を受けて飲食店を営んでいる会社との間の契約に
　　ついて、賃貸借契約ということはできず、借家法等の適用もないとした
事例　　　　　　　　　　　　　　　　　（大阪地判平4・3・13判タ812・224）

信頼関係破壊の判断ポイント

賃貸人（委託者）の主張	賃借人（受託者）の主張	裁判所の判断
委託者（原告）と受託者（被告）との本件契約の性質は、賃貸借契約とは根本的にその性質を異にする借家法の適用のない業務委託契約である。	本件契約は、賃貸借契約であるか、少なくとも賃貸借契約の要素を含む混合契約である。	本件契約は、借家法等の適用のない販売業務委託契約である。
受託者は、委託者に対して、代表者変更及び役員の交替の届出をそれぞれ怠ったが、各届出を怠ったことは、本件契約書に定める解除事由に該当する。	これらの変更は、事後に委託者に対し届出をしているから、委託者の主張のような解除事由としての義務違反はない。	受託者による届出は、事後なされたにすぎず、本件契約上の解除事由に該当する。
これらにより、委託者と受託者との信頼関係は完全に破壊されている。	委託者の本件契約の解除ないし解約の告知は、権利の濫用であって許されない。	本件契約違反の程度が軽微であること及び委託者が本件契約違反による不利益等を被ったことを認めるに足りる証拠はないことから、委託者主張の本件契約解除及び解約の告知は、権利濫

| | | 用というべきであり、その効果はいずれも発生しない。 |

<table>
<tr><td colspan="2" align="center">事　実　経　過</td></tr>
<tr><td>昭和57年4月1日</td><td>委託者は、百貨店の承認を得て、受託者との間で、「販売業務委託契約」との名称の契約（以下「本件契約」という。）を締結し、受託者は、本件契約に基づき、百貨店内の区画（以下「本件売場」という。）においてスパゲッティ等の販売業務を行ってきた。</td></tr>
<tr><td>昭和61年3月24日</td><td>受託者において、代表取締役がAからBに変更された。</td></tr>
<tr><td>昭和61年4月15日</td><td>受託者の取締役、監査役全員が辞任し、その後同月24日、新たに5名の取締役、1名の監査役が選任された。</td></tr>
<tr><td>昭和61年5月連休明け頃</td><td>受託者は、委託者に対し、昭和61年3月24日の代表者変更及び昭和61年4月15日の全役員の交替の事実を告げた。</td></tr>
<tr><td>昭和61年9月19日</td><td>委託者は、受託者に対し、口頭で本件契約を解除する旨の意思表示をした。なお、委託者は、昭和63年6月25日に受託者に到達した書面によっても、同年9月30日限りで、本件契約を解除する旨の意思表示等を行っている。</td></tr>
</table>

裁判所の判断理由

　受託者の本件売場部分における営業は相応の独立性を有するものといえるが、他方、賃貸借契約に通常付随する権利金、敷金等の授受が当事者間に全くなく、委託者の収得する金員も日々の売上金の一定割合をもって定められる歩合金であって賃料とは全く異なること、売場の設定、変更等について委託者の強い権限が及んでいること、さらには契約当事者の意思などを併せ考慮すると、本件契約は、賃貸借契約であるということはできず、借家法等の適用のない販売業務委託契約であるというべきである。

　ただし、借家法等の適用がないとしても、委託者・受託者間の本件契約に関する来歴経過に鑑みれば、委託者が解除や解約告知等によって、一方的に本件契約を破棄するためには、解除等の事由やその背景事情等において、来歴経過からみてもやむを得ないといえるような合理的理由が必要である。

第7章　賃貸借契約における信頼関係破壊法理に付随する諸問題　　271

　本件では、受託者において届出の怠り、遅れはあるが、それがあるといっても、怠り等がない場合と委託者の採り得る措置に何ら変りはなく、右の怠り等によって、委託者が不利益ないし損失を被り、又は採り得た措置等を実行する機会を失ったことを認めるに足りる証拠はない。また、これまで受託者は、百貨店の店内改装に協力しており、これによれば、今後も同様の協力が見込まれ、受託者において、特に委託者との信頼関係を破壊するような行為をした形跡が見受けられないことを考え併せると、委託者において、一方的に本件契約の破棄を是認できるに足りる合理的な理由があるということはできない。

　したがって、委託者主張の本件契約解除及び解約の告知は、権利濫用というべきである。

解　　　　説

　本件は、百貨店の地下2階部分において、百貨店から業務委託を受けて管理運営している会社から、更に業務委託を受けて飲食店を営んでいる会社との間の販売業務委託契約について、契約は業務委託契約であって、借家法は適用されないが、その解除、解約には合理的理由が必要であるところ、本件での解除等には、合理的な理由がなく、権利濫用に当たるとした事案である。

1　借家法（現：借地借家法）の適用の有無

　業務委託契約等、賃貸借以外の形式をとった契約につき、借家法（現：借地借家法）が適用されるかについて、これを肯定した判例としては、スーパー店内の区画でのパン販売業者につき、使用場所が明確に区画されていること、売場部分を提供することの対価が保証金や歩合金であることから、借家法の適用があるとしたもの（東京地判平8・7・15判時1596・81）、否定した判例としては、旧国鉄のいわゆる職場営業承認による業者の区画使用について、業者は、国鉄職員の理容を行うという労務の対価として、国鉄と協議決定した理容代金の支払を受けており、業者の本件建物の使用はこれと不可分的に付随するものにすぎず、借家法の適用はないとしたもの（神戸地判平4・8・13判時1454・131）などがある。

　各判例では、借家法（現：借地借家法）の適用の有無について、①契約の目的、②使用の対価が賃料か否か、③権利金・敷金の有無、④利用者の独立性等を総合的に考慮して判断がなされているが（契約書の表題が業務委託契約であるか、賃貸借契約であるかという形式事項によって判断がなされるものではない。）、本件としても、基本

的には同様の基準に立ち、賃貸借契約に通常付随する権利金、敷金等の授受が当事者間にないこと、委託者の収得する金員も歩合金であって賃料とは全く異なること、売場の設定、変更等について委託者の強い権限が及んでいること、さらには契約当事者の意思などを併せ考慮すると、本件契約は、賃貸借契約であるということはできず、借家法等の適用のない販売業務委託契約であるとしている。

なお、これまでの判例においても、借家法（現：借地借家法）の適用がない場合、契約書に定めた解除事由に該当さえすれば、必ず契約の解除が有効になるとされるわけではない。本件としても、本件での経緯等からすれば、当事者が一方的に契約を破棄するには、解除等の事由やその背景事情等において、やむを得ないといえるような合理的理由が必要であるとしていることに注意が必要である。

2　合理的理由の有無

そして、本件において、裁判所は、受託者の届出の遅滞は、本件契約書12条所定の解除事由に該当するとしながらも、本件では契約の破棄に合理的理由があるということはできず、委託者主張の本件契約解除及び解約の告知は、権利濫用であると判断した。

かかる判断においては、①届出の遅滞によって、委託者が不利益ないし損失を被り、又は採り得た措置等を実行する機会を失ったことを認めるに足りないこと、②これまで受託者は、委託者との信頼関係を破壊するような行為をした形跡がないことが総合的に考慮されている。

本件は、業務委託契約における解除、解約の事案において、解除等に合理的理由が必要であるとした点に事例的意義があり、実務上参考になると思われるので紹介することにしたい。

＜参考となる判例＞
○旧国鉄のいわゆる職場営業承認による理容営業のための建物の使用関係には借家法の適用はないとした事例（神戸地判平4・8・13判時1454・131）
○スーパー店内でのパン販売業者について、使用場所が明確に区画されていること、売場部分を提供することの対価が保証金や歩合金であることから、借家法の保護を受けるとした事例（東京地判平8・7・15判時1596・81）

第7章　賃貸借契約における信頼関係破壊法理に付随する諸問題　　273

第2　賃貸借契約終了後の賠償金・違約金

57　契約終了後の明渡遅延による賃料等の2倍相当額の賠償予定条項が、
　　消費者契約法9条1号及び10条に該当しないと判断した事例

（東京高判平25・3・28判時2188・57）

信頼関係破壊の判断ポイント

賃貸人の主張	適格消費者団体の主張	裁判所の判断
争う。	賃貸人（被告・被控訴人、不動産会社）の使用する賃貸借契約書には、契約終了後に明渡しが遅滞した場合の損害賠償額の予定として、賃料等の2倍相当額の損害金を定めた条項（以下「本件倍額賠償予定条項」という。）が含まれるが、当該金額は、高額に過ぎ、規定自体、消費者契約法9条1号に規定する消費者契約の条項に該当し、無効である。	適格消費者団体（原告・控訴人）の主張を排斥する。
争う。	本件倍額賠償予定条項は、賃借人にのみ賃料等相当額の2倍もの損害金の支払という極めて大きな不利益を強いるものである上、本件では、別に後述する本件特別損害賠償条項が定められ、賃貸人は、賃料等の倍額を超えて損害賠償を求められるのに対し、賃借人は、倍額相当額以下の損害しか発生していないことを立証しても免責されず、本件倍額賠償予定条項及び本件	適格消費者団体の主張を排斥する。

		特別損害賠償条項は、全体として消費者契約法10条に該当し、無効である。	

事 実 経 過

平成22年8月24日	適格消費者団体が、賃貸人に対し、消費者契約法41条に定める書面による事前請求として、賃貸人が消費者との間で賃貸借契約を結ぶ際、賃料等の2倍相当額の明渡遅延損害金を定める条項や、更新料を定める条項を含む契約締結の意思表示を行わないこと等を請求した。
平成22年9月6日	適格消費者団体は、賃貸人に対し、上記の意思表示の差止め等を求めて訴訟提起した。
平成23年4月1日	賃貸人は、消費者との間の賃貸借契約において、一般に使用する契約書（雛形）の条項を、以下のとおり改訂した。 ・賃借人が賃借物件の明渡しを遅延した場合には、賃借人は、賃貸人に対して、契約終了日の翌日から明渡完了日までの期間について、賃料等相当額の2倍相当の使用料相当損害金を支払う。ただし、賃借人は当該使用料相当損害金と別に賃料を支払う必要はない（本件倍額賠償予定条項）。 ・賃借人の賃借物件の明渡遅延により、賃貸人において賃料等1か月分相当額を上回る損害が特別に発生した場合、これを特別損害分として、賃借人は賃貸人に対して本件倍額賠償予定条項に基づく損害金に加えて、当該特別損害分の賠償をしなければならない（以下「本件特別損害賠償条項」という。）。
平成23年10月25日	適格消費者団体が、賃貸人による上記契約書改訂に伴い、請求の趣旨を上記の各条項の意思表示の差止め等に変更した。

裁判所の判断理由

　本件倍額賠償予定条項は、契約終了の原因がいかなるものであるかにかかわらず、契約が終了した後において、賃借人が明渡義務を履行せずに賃借物件の明渡しを遅延した場合における使用料相当の損害金一般について定めた規定であり、その対象となる損害は、契約の解除後に賃借人が賃借物件の返還義務を履行せずに使用を継続する

ことによって初めて発生するものであって、契約の解除時においては、損害発生の有無自体が不明なものである。

したがって、このような損害について賠償の予定額を定めた本件倍額賠償予定条項を、消費者契約法9条1号に規定する消費者契約の解除に伴う損害賠償の額を予定し又は違約金を定める条項であると解することは相当でないというべきである。

本件倍額賠償予定条項は、賃貸借契約が終了しているにもかかわらず、賃借人が当該契約の目的たる建物を明け渡さないために賃貸人がその使用収益を行えない場合に適用が予定されている条項であって、賃貸借契約終了後における賃借物件の円滑な明渡しを促進し、また、明渡しの遅延によって賃貸人に発生する損害を一定の限度で補填する機能を有するものである。このように、一方当事者の契約不履行が発生した場合を想定して、その場合の損害賠償額の予定又は違約金をあらかじめ約定することは、消費者契約に限らず、一般の双務契約においても行われていることであって、その適用によって賃借人に生じる不利益の発生の有無及びその範囲は、賃借人自身の行為によって左右される性質のものである。これらのことからすれば、本件倍額賠償予定条項は、賠償予定額が上記のような目的等に照らして均衡を失するほどに高額なものでない限り、特に不合理な規定とはいえず、民法1条2項に規定する信義誠実の原則に反するものとは解されない。

そこで、本件倍額賠償予定条項の賠償予定額についてみると、賃借人が明渡しを遅滞した場合、当該目的建物を他に賃貸して収益を上げることができなくなるほか、賃借人との交渉や明渡訴訟の提起、強制執行などに要する費用の負担の発生などの損害が発生することが容易に想定されること、本件倍額賠償予定条項の予定する目的のための使用料相当損害金には、明渡義務履行の促進の機能を有するための違約金としての要素も含まれることなどを考慮すれば、本件倍額賠償予定条項において使用料相当損害金の額を賃料等の2倍と定めることは、高額に過ぎるとか、同条項の目的等に照らして均衡を失するということはできない。

さらに、適格消費者団体は、本件では倍額賠償予定条項のほかに特別損害賠償条項が定められており、賃貸人は、賃料の倍額を超えて損害賠償を求められるのに対して、賃借人は、倍額相当額以下の損害しか発生していないことを立証しても免責されず、主張立証責任という面でも賃借人に一方的に不利益な条項であると主張するが、本件特別損害賠償条項自体は、前記のとおり、本来賃借人が負うべき責任を特に加重するものではなく、また、倍額賠償予定条項が設けられた趣旨及びその適用の前提を考慮すれば、倍額賠償予定条項だけを捉えて、賃借人側に一方的に不利益を強いるだけの条項であると認めることは相当でないというべきである。

276　　第7章　賃貸借契約における信頼関係破壊法理に付随する諸問題

|　　　　　　　　　　解　　　説　　　　　　　　　　|

　本件は、①契約終了後に賃借人が明渡しを遅滞した場合、遅滞した期間について賃料等の2倍相当額の損害金を支払う旨の条項（本件倍額賠償予定条項）及び②明渡しが遅滞した場合に賃料等の1か月分相当額を上回る損害が特別に生じた場合には、本件倍額賠償予定条項による損害金に加えて、特別損害の賠償をする旨の条項（本件特別損害賠償条項）について、いずれも消費者契約法9条1号及び10条に該当せず、有効であると判示したものである。消費者契約法の詳細な議論は本書の趣旨から外れるため、ここでは省略するが、明渡遅延損害金に関する契約条項の有効性を直接的に判示した判例として参考になる。

　仮に賃貸借契約上、本件倍額賠償予定条項のような規定が存在しない場合、賃借人が契約終了後に明渡しを遅滞したとしても、賃貸人は、明渡しの遅滞によって賃貸人に生じた損害を証明しない限り、これを請求することができないこととなってしまう。最低限、従前の賃料等相当額については認められる可能性が高いと考えられるが、それだけでは、賃借人からすれば、解除後も明渡しをせずに居座ったとしても、従前どおりの賃料と同額を支払いさえすればよいということとなり、早期に建物を明け渡すことへのインセンティブが働かなくなってしまう。この点、本判決も、本件倍額賠償予定条項には明渡義務履行の促進の機能を有するための違約金としての要素も含まれている旨を指摘している。

　賃貸人としては、以上のとおり、損害額の立証の負担の軽減及び明渡義務の履行促進のいずれの観点からも、本件倍額賠償予定条項のような明渡遅延損害金に関する規定を置いておくことが極めて有益である（本件は、解除がなされた後の損害賠償の範囲及び損害賠償規定の有効性に関する判例であり、本書が対象とする信頼関係の破壊による解除の議論に直接関係するものではないが、解除がなされた場合の賃貸借契約の処理、倍額賠償予定条項が存在することによる貸室の任意の明渡しの促し等に大きく影響するものであるため、紹介するものである。）。

　なお、本件の裁判では、賃貸借契約の自動更新に際し、1か月分の更新料の支払を要する旨の規定の有効性も争われたが、裁判所は、更新料が、一般に賃料の補充、前払、賃貸借契約を継続するための対価等、複合的な性質を有することに加え、規定が契約書上、明記されていること等をもって当該規定も有効との判断を示している。

　また、本件では、訴訟当事者（原告・控訴人）が適格消費者団体であるという点にも特色がある。適格消費者団体とは、不特定かつ多数の消費者の利益を擁護するために差止請求権を行使するために必要な適格性を有する消費者団体として内閣総理大臣

第7章　賃貸借契約における信頼関係破壊法理に付随する諸問題　　277

の認定を受けた法人であり、平成30年11月現在、全国に19団体が存在している。

＜参考となる判例＞

○建物収去土地明渡請求に付随する賃料相当損害金請求において、賃料相当損害金を認定する資料がないとして請求を棄却した第1審判決を取り消した上、賃料相当損害金の額を、土地の固定資産評価額に年間利回りとして5分を乗じた額として認定した事例（福岡高判平19・12・20判タ1284・253）

278　第7章　賃貸借契約における信頼関係破壊法理に付随する諸問題

[58]　テナントビルの1フロアの普通賃貸借契約において、賃借人の債務不履行による解除の場合に、賃料の約10か月分の違約金（金750万円）の支払義務を定めた条項が公序良俗に反するとはいえないとして、有効性を認めた事例　（東京地判平27・9・24（平26（ワ）5765・平26（ワ）11461））

信頼関係破壊の判断ポイント

賃貸人の主張	賃借人の主張	裁判所の判断
賃借人（本訴原告・反訴被告）との賃貸借契約（以下「本件契約」という。）における違約金条項に基づき、賃借人に対し違約一時金等を請求した。	本件契約における違約金条項は、著しく過大であり、公序良俗に反し無効である。	賃借人の主張を排斥する。
争う。	賃借人は、賃貸人（本訴被告・反訴原告）による契約解除前に解約申入れをしており、新たな賃借人の確保までの時間的余裕があったから、本件において違約金条項を適用することは権利濫用である。	賃借人の主張を排斥する。

事　実　経　過	
平成19年2月28日	賃貸人は、賃借人に対し、六本木の建物（以下「本件建物」という。）の一部（テナントビル6階部分、飲食店用。）を期間2年、賃料75万750円の普通賃貸借で賃貸した（本件契約）。なお、本件契約には、以下の特約が付されていた。 【特　約】 ・保証金1,500万円 ・本件契約が債務不履行により解除された場合、賃借人は、賃貸人に対し、賃貸人に与えた損害金及び償却料のほか、750万円を違約一時金として支払う（違約金条項）。

平成23年5月頃〜 平成24年5月頃	賃借人が、度々、賃料等を滞納するようになり、賃貸人から複数回にわたり内容証明郵便等による請求が行われた。
平成24年7月9日	賃借人が、賃貸人に対し、本件契約を解約し、平成25年1月19日までに明け渡す旨の解約通知書を発送した。
平成24年8月31日	賃貸人は、賃借人に対し、平成24年6月分の光熱費等及び7月分から9月分までの滞納賃料等合計252万7,506円の支払を求めるとともに、期限までに支払わなければ本件契約を解除する旨の通知を発送し、同年9月2日に到達した。
平成24年9月5日	上記解除通知書における支払期限が経過した。

裁判所の判断理由

本件契約は、平成24年9月5日の経過により、賃借人の賃料等の不払が原因で解除されたというべきである。

違約金条項による違約金は、保証金の5割相当分（750万円）であり、高額であるといえるが、本件建物は、日本有数の商業地である六本木にあるテナントビルであり、その収益性は高く、賃料の確保は最大の関心事であると認められるから、その確保や滞納者の居座りを防止することを念頭に、ある程度高額になる違約金条項や損害金条項を定めることは許されると考えられること、本件において、賃借人も賃貸人も、不動産賃貸や仲介を業としている、いわば専門家といえること等からすると、本件においては、通常の貸主と一般消費者との関係と同様には論ぜられず、違約金条項や損害金条項が公序良俗に反して無効であるとまでは認められない。

次に、違約金条項に基づく請求が権利濫用になるかの点であるが、同条項は有効である上、同条項は、次の賃借人が見つかるまでの賃料を確保する目的を有していると認められる。

賃借人（本訴原告・反訴被告）は、本件では、解約申入れをしており、新たな賃借人の確保までの時間的余裕はあるから、本件において違約金条項を適用することは権利濫用であるとする。しかし、違約金条項は、賃借人に債務不履行があった場合の違約罰でもあり、心理的に賃借人が、債務不履行をすることを防止する目的も存在すると考えられる。そして、解約の効力が発生するまでの賃料が確保できるかも明らかでないことや、予定した時期に明渡しが完了するかも判然としないことを考えると、本件解約申入れがされているとしても、違約金条項の心理的効果や、本件における解除時点での状況に鑑み、賃貸人の権利行使が権利濫用とまではいい難い。

280　第7章　賃貸借契約における信頼関係破壊法理に付随する諸問題

解　説

1　違約金の設定と公序良俗違反

　本件は、賃借人の責めに帰すべき事由による解除の場合に、賃借人に対し、賃料約10か月分相当額の違約金の支払義務を課す条項が、公序良俗違反等に該当せず有効であると判示したものである。

　判示でも述べられているように、賃借人の責めに帰すべき事由による解除の場合の違約金を設定しておくことは、次の賃借人が見つかるまでの賃料相当額の確保に加え、債務不履行の防止にも役立つものであり、賃貸人にとって重要であるから、実務上も設定されることが多い。

　もっとも、あまりに高い違約金を設定すると、公序良俗違反として無効と判断される可能性もあるため、合理的な範囲内での金額の設定が望ましい。公序良俗違反の該当性判断は、違約金の額、賃貸借の期間及び当事者の属性や意思等を総合的に考慮して行われるところ、本件は、両当事者が不動産業者であったことや、本件建物が日本有数の商業地におけるテナントビルであったこと等を考慮して、上記のような違約金条項の有効性を認めたものであり、具体的事例として参考になると思われる。

2　類似判例

　類似の裁判例としては、期間10年、賃料月額2,100万円の定期賃貸借契約において、賃借人の自己都合又はやむを得ない事由による契約の中途終了の場合には保証金2億円（賃料の約9.5か月分）が全額没収される旨の違約金条項の有効性を認めたもの（東京地判平20・8・18判タ1293・299）や、期間4年の建物賃貸借において、中途解約した場合に解約予告日の翌日から期間満了日までの賃料等相当額の違約金の支払義務を定めた条項に基づき、賃貸人から3年2か月分の賃料等相当額の違約金が請求された事案で、賃料1年分を超える違約金を定めた部分について公序良俗違反を認め、一部無効としたもの（東京地判平8・8・22判タ933・155）等がある。

3　消費者との契約の場合

　もっとも、本判決及び上記類似判例は事業者間の契約事例であり、消費者との契約事例ではない。消費者との契約においては、消費者契約法9条1号が適用される結果、その違約金額が「当該事業者に生ずべき平均的な損害の額を超える」場合は、その超える部分について無効とされるため、本判決や上記類似判例よりもさらに賃貸人側に厳しく判断されることに注意が必要である。

第7章　賃貸借契約における信頼関係破壊法理に付随する諸問題　　281

＜参考となる判例＞

○期間4年の建物賃貸借において、中途解約した場合に解約予告日の翌日から期間満了日までの賃料相当額の違約金の支払義務を定めた条項について、賃料1年分を超える違約金を定めた部分は公序良俗違反により無効であるとした事例（東京地判平8・8・22判タ933・155）

○期間10年、賃料月額2,100万円の定期賃貸借契約において、賃借人の自己都合又はやむを得ない事由による契約の中途終了の場合に、2億円（賃料の約9.5か月分）の違約金を定めた条項の有効性を認めた事例（東京地判平20・8・18判タ1293・299）

282　第7章　賃貸借契約における信頼関係破壊法理に付随する諸問題

第3　定期賃貸借契約の適用

59　契約更新に関する条項が存在し、契約書面上、契約の更新がない旨が一義的に明示されているとはいえないとして、定期賃貸借契約に関する借地借家法38条1項の適用を否定した事例

（東京地判平20・6・20（平19（ワ）7245））

信頼関係破壊の判断ポイント

賃貸人の主張	賃借人の主張	裁判所の判断
賃借人（原告）との賃貸借契約（以下「本件契約」という。）は、定期建物賃貸借として締結されたものである。	本件契約締結に際し、賃貸人（被告）から契約の更新がない旨の書面による説明を受けていないため、定期建物賃貸借の特約は無効である。	賃貸人の主張を排斥し、賃借人の主張を認容する。
争う。	定期建物賃貸借とする旨の特約と同時に、契約更新に関する条項が存在し、両者は矛盾しているから、同特約は借地借家法30条により無効である。	賃借人の主張を認容する。
争う。	平成12年7月の更新の際に作成された契約書にも定期建物賃貸借の特約があったが、賃貸人はその説明をしておらず、当該契約期間満了時に明渡しを求めることもなかった。にもかかわらず、今回の契約期間満了時に同特約による契約終了を主張するのは、信義則違反である。	結論の導出のために不要となったため、判断せず。
本件契約は期間満了により終了	本件契約は、有効に更新され、	賃借人の主張を

第7章　賃貸借契約における信頼関係破壊法理に付随する諸問題　　283

| している。 | 存続している。 | 認容する。 |

事　実　経　過	
昭和54年8月16日頃	賃借人は、賃貸人から、建物の一部を賃借した（本件契約）。
平成15年7月頃	複数回にわたる更新の後、本件契約を以下の約定で更新する合意が賃貸人と賃借人間で成立した。 ・期　　間　平成15年8月1日から平成18年7月31日まで ・特　　約　「本契約は平成12年3月1日制定の定期借家制度に基づくものとする。」 なお、本件契約では、契約更新に関する定めが設けられていた模様であるが、その内容は判示からは不明である。
平成18年8月17日	賃借人からの、賃料減額の意思表示を内容とする内容証明郵便が賃貸人に到達した。
平成18年8月22日	賃貸人は賃借人に対し、本件契約が期間満了によって終了する旨を通知した。

裁判所の判断理由

　借地借家法38条1項は、書面によって契約するときに限り、契約の更新がないこととする旨を定めることができることを規定し、同条2項は、かかる賃貸借をしようとするときは、賃貸人は、賃借人に対し、あらかじめ、当該賃貸借は契約の更新がない旨を書面により説明しなければならないことを規定するところ、その趣旨は、同条所定の定期建物賃貸借が建物賃借人の権利を大きく制約するものであることに鑑み、事前にその旨を明示すべきことにあり、したがって、契約書面上、契約の更新がない旨が一義的に明示されていることを要すると解すべきである。

　しかるに、本件契約の契約書には、22条3項に「本契約は平成12年3月1日制定の定期借家制度に基づくものとする。」との条項が存在する一方、同時に、17条に契約更新に関する条項が存在し、契約書面上、契約の更新がない旨が一義的に明示されているとはいえないから、本件契約について、定期借家契約には該当せず借地借家法38条1項は適用されないというべきである。

284 第7章 賃貸借契約における信頼関係破壊法理に付随する諸問題

解 説

　本件は、建物賃貸借契約の契約書の中に、定期借家契約であることを定める条項と、契約更新に関する条項の両方が併存していた事案において、契約書面上、契約更新がないことが一義的に明示されていないとして、定期借家に関する借地借家法38条1項の適用を認めない旨を判示したものである。

　判示からは、「契約更新に関する条項」がいかなる内容であったかについては明らかでないが、定期借家契約の締結においては、契約の更新がないことを明示的に規定し、これと矛盾する可能性のある特約等は設けないことが重要である。

　この点、本件とは別の判例（東京地判平21・7・28（平20（ワ）4129））は、建物賃貸借契約における「本契約は、上記期間の満了により終了し、更新がないが再契約可。再契約に合意するごとに、契約を7回することが出来ること」との規定について、定期賃貸借の合意の存在と矛盾するものではないとした上で、定期賃貸借の合意の成立を認めている。もっとも、同判例は、契約締結までの両当事者のやり取りの内容から、賃貸人が定期借家契約でなければ賃貸借契約を締結する意思がないことが明確に示されていたこと等も認定した上で、契約の更新がないことの合意についての説明が不十分であったとはいえないとの判断に至っているものであることに注意が必要である。

　以上を踏まえれば、契約書の文言としては、あくまでも賃借人に対して契約更新についての期待を抱かせないよう、「更新」はもちろん、「再契約」の可能性を留保するような規定は極力避けるべきである。また、賃借人側の強い要請により、契約期間満了後、改めて合意をすることによって賃貸借を継続する可能性を契約書上明記する場合であっても、「更新」という表現は用いないようにし、あくまでも協議の上、新たな賃貸借契約を締結することができる、といった表現にとどめる必要がある。

＜参考となる判例＞

○「更新がないが再契約可」という規定のある建物賃貸借契約について、定期借家の合意の成立を認めた事例（東京地判平21・7・28（平20（ワ）4129））

判例年次索引

○事例として掲げてある判例は、ページ数を太字（ゴシック体）で表記した。

月日	裁判所名	出典等	ページ
【昭和25年】			
5. 4	名古屋地	下民1・5・678	10
【昭和27年】			
4.25	最 高 裁	判タ20・59	2・3・150
【昭和28年】			
9.25	最 高 裁	判時12・11	2・76・94
【昭和30年】			
9.22	最 高 裁	民集9・10・1294	94
【昭和31年】			
9.20	大 阪 高	民集12・1・50	71
【昭和32年】			
12.10	最 高 裁	判時137・7	67
【昭和33年】			
1.14	最 高 裁	民集12・1・41	70
【昭和35年】			
5.19	最 高 裁	民集14・7・1145	11
【昭和37年】			
4.26	東 京 地	判時312・31	164
【昭和38年】			
9.27	最 高 裁	判時354・28	127

月日	裁判所名	出典等	ページ
【昭和39年】			
7.28	最 高 裁	判時382・23	2・39・108
8.28	最 高 裁	裁判集民75・127	24
11.19	最 高 裁	判時396・37	93
【昭和41年】			
1.27	最 高 裁	民集20・1・136	65
【昭和43年】			
9.12	最 高 裁	判時535・52	64
11.21	最 高 裁	判時542・48	3・23・24 63
【昭和46年】			
7. 1	最 高 裁	判時644・49	127
【昭和47年】			
2.18	最 高 裁	判時661・37	148
11.16	最 高 裁	判時689・70	249
【昭和48年】			
4.24	最 高 裁	裁判集民109・193	150
【昭和49年】			
11.22	東 京 高	判時767・35	111
【昭和50年】			
2.20	最 高 裁	判時770・42	242・250
7.24	東 京 高	判タ333・195	136
8.21	東 京 高	判タ333・204	164

月日	裁判所名	出典等	ページ
【昭和51年】			
11. 9	大 阪 高	判時843·59	111
12.17	最 高 裁	判時848·65	21·215 216
【昭和54年】			
3.27	京 都 地	判タ387·94	104
12.18	東 京 高	判時956·65	36
【昭和55年】			
6.20	東 京 高	判時971·55	211·212
【昭和56年】			
8.25	東 京 高	判時1014·73	20
【昭和58年】			
1.20	大 阪 地	判時1081·97	160
1.28	東 京 地	判時1080·78	154
11.16	名古屋高	判タ519·152	257·258 264
【昭和59年】			
4.20	最 高 裁	判時1116·41	56·57
9.26	名古屋地	判タ540·234	132
10. 4	東 京 地	判時1153·176	151
11.27	東 京 地	判時1166·106	262·263
【昭和60年】			
1.30	東 京 地	判時1169·63	132·206 221
3.28	東 京 高	判タ571·73	139
8.16	東 京 地	判タ582·78	168
10. 9	東 京 地	判タ610·105	222·240 241

月日	裁判所名	出典等	ページ
【昭和61年】			
2.28	東 京 高	判タ609·64	128
10.27	千 葉 地	判時1228·110	20
10.31	東 京 地	判時1248·76	100·122 221·240 241
11.17	東 京 高	判時1213·31	139
【昭和62年】			
3. 2	東 京 地	判時1262·117	154
7.14	福 岡 地	判タ646·141	139
9.22	東京北簡	判タ669·170	159
11.27	宇都宮地	判時1272·116	139
12.11	横 浜 地	判時1289·99	20
【昭和63年】			
12. 5	東 京 地	判タ695·203	132
【平成元年】			
1.27	東 京 地	判タ709·211	207
4.13	大 阪 地	判タ704·227	196
9.25	横 浜 地	判時1343·71	16
10.27	横 浜 地	判タ721·189	246
【平成2年】			
6.29	東 京 地	判時1377·71	251
【平成3年】			
7. 9	東 京 地	判時1412·118	132·202 221
12.19	東 京 地	判時1434·87	118·136 206·217

月日	裁判所名	出典等	ページ

【平成4年】

月日	裁判所名	出典等	ページ
3.13	大 阪 地	判タ812・224	269
4.21	東 京 地	判タ804・143	123
6.19	神 戸 地	判時1451・136	91
8.13	神 戸 地	判時1454・131	271・272
8.27	東 京 地	判タ823・205	231
9.25	東 京 地	判タ825・258	53

【平成5年】

月日	裁判所名	出典等	ページ
4.21	大 阪 高	判時1471・93	88
8.25	東 京 地	判時1502・126	48
9.27	東 京 地	判タ865・216	237・238
11.22	東 京 高	判タ854・220	259

【平成6年】

月日	裁判所名	出典等	ページ
3.16	東 京 地	判時1515・95	177
10.31	大 阪 地	判タ897・128	137
12.16	東 京 地	判時1554・69	112

【平成8年】

月日	裁判所名	出典等	ページ
7.12	最 高 裁	判時1579・77	19
7.15	東 京 地	判時1596・81	271・272
8.22	東 京 地	判タ933・155	280・281
10.14	最 高 裁	判時1586・73	86

【平成9年】

月日	裁判所名	出典等	ページ
6.25	名古屋高	判時1625・48	235
12. 4	大 阪 高	判タ992・129	27・29

【平成10年】

月日	裁判所名	出典等	ページ
5.12	東 京 地	判時1664・75	172
6.26	東 京 地	判タ1010・272	173
9.30	東 京 地	判時1673・111	195

【平成13年】

月日	裁判所名	出典等	ページ
3. 7	東 京 地	判タ1102・184	144

【平成14年】

月日	裁判所名	出典等	ページ
11.28	東 京 地	平13(ワ)17443	29

【平成15年】

月日	裁判所名	出典等	ページ
6.20	東 京 地	平14(ワ)26310	133

【平成16年】

月日	裁判所名	出典等	ページ
10.18	東 京 地	平13(ワ)24669	132

【平成17年】

月日	裁判所名	出典等	ページ
9.26	東 京 地	平16(ワ)27507	169

【平成18年】

月日	裁判所名	出典等	ページ
2.17	東 京 地	平16(ワ)21860	132
3.10	東 京 地	平17(ワ)8108	155
4.28	東 京 地	平17(ワ)16420	53
5.15	東 京 地	判時1938・90	86
6.26	東 京 地	公刊物未登載	168・194
11.30	東 京 地	平17(ワ)4075・平18(ワ)8275	119

【平成19年】

月日	裁判所名	出典等	ページ
1.18	東 京 地	平17(ワ)15236	58
3. 8	東 京 地	平18(ワ)18301	35
3.28	東 京 地	平19(ワ)2093	28・29
7.27	東 京 地	平17(ワ)17005	58
12.20	福 岡 高	判タ1284・253	277

月日	裁判所名	出典等	ページ
【平成20年】			
6.20	東 京 地	平19(ワ)7245	282
8.18	東 京 地	判タ1293・299	280・281
【平成21年】			
3.19	東 京 地	平20(ワ)24804	187
7.28	東 京 地	平20(ワ)4129	284
12.28	東 京 地	平20(ワ)14319	255
【平成22年】			
3.16	東 京 地	平21(ワ)12359	59
5.17	東 京 地	平20(ワ)11894	53
5.20	東 京 地	平20(ワ)36400	82
9. 2	東 京 地	判時2093・87	78・79・80
【平成23年】			
2.25	東 京 地	平22(ワ)33088	54
7.25	東 京 地	平22(ワ)27854	53
12.15	東 京 地	平23(レ)462・ 平23(レ)881	40
【平成24年】			
1.19	東 京 地	平22(ワ)24975	74
10. 3	東 京 地	平24(ワ)10805	30
【平成25年】			
3. 7	東 京 地	平23(ワ)29604	96
3.11	東 京 地	平24(ワ)11939	176
3.28	東 京 高	判時2188・57	273
5.24	東 京 地	平24(ワ)28046	183
6. 5	東 京 地	平22(ワ)37548	122
12.26	東 京 地	平25(ワ)1342	182

月日	裁判所名	出典等	ページ
【平成26年】			
8. 5	東 京 地	平25(ワ)12984	78・80
8. 5	東 京 地	平25(ワ)31726・ 平26(ワ)13214	25
9.18	大 阪 高	判時2245・22	79
10.20	東 京 地	平25(ワ)34512	198
12.11	東 京 地	平26(ワ)6462	78・79・80 81
【平成27年】			
2.24	東 京 地	判時2260・73	191
4.10	東 京 地	平25(ワ)30032	58
9.24	東 京 地	平26(ワ)5765・ 平26(ワ)11461	278
11.10	東 京 地	平26(ワ)30888・ 平27(ワ)5161	186
【平成28年】			
5.23	東 京 地	平26(ワ)10246	226
5.25	東 京 地	平27(ワ)34763	165
7.28	東 京 地	平27(ワ)34152	44

契約違反と信頼関係の破壊による
建物賃貸借契約の解除
－違反類型別　賃貸人の判断のポイント－

平成31年１月16日　初版発行

編　集　弁護士法人
　　　　御堂筋法律事務所

発行者　新日本法規出版株式会社
　　　　代表者　服　部　昭　三

発 行 所　新日本法規出版株式会社

本　　社　(460-8455)　名古屋市中区栄１－23－20
総轄本部　　　　　　　電話　代表　052(211)1525

東京本社　(162-8407)　東京都新宿区市谷砂土原町2－6
　　　　　　　　　　　電話　代表　03(3269)2220

支　　社　札幌・仙台・東京・関東・名古屋・大阪・広島
　　　　　高松・福岡

ホームページ　http://www.sn-hoki.co.jp/

※本書の無断転載・複製は、著作権法上の例外を除き禁じられています。
※落丁・乱丁本はお取替えします。　　　　ISBN978-4-7882-8497-5
5100047　建物賃貸借契約
　　　　　　　　　　　ⓒ弁護士法人 御堂筋法律事務所 2019 Printed in Japan